城市投资建设管理研究专辑

上海城市投资建设与高质量发展研究

Research on Shanghai Urban Investment Construction and High Quality Development

上海市固定资产投资建设研究会 ◎ 主编

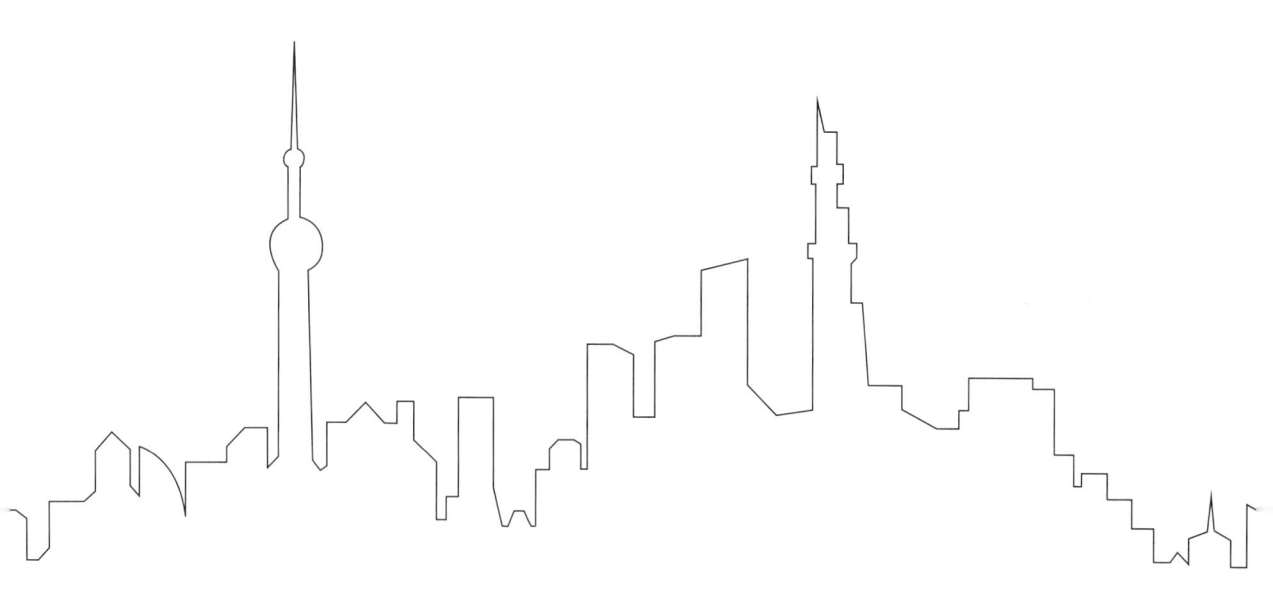

上海财经大学出版社
SHANGHAI UNIVERSITY OF FINANCE & ECONOMICS PRESS

图书在版编目(CIP)数据

上海城市投资建设与高质量发展研究/上海市固定资产投资建设研究会主编. —上海:上海财经大学出版社,2023.12
(城市投资建设管理研究专辑)
ISBN 978-7-5642-4294-7/F.4294

Ⅰ.①上… Ⅱ.①上… Ⅲ.①城市建设-投资-研究-上海 Ⅳ.①F299.275.1

中国国家版本馆CIP数据核字(2023)第227888号

□ 责任编辑　刘　兵
□ 封面设计　贺加贝

上海城市投资建设与高质量发展研究
上海市固定资产投资建设研究会　主编

上海财经大学出版社出版发行
(上海市中山北一路369号　邮编200083)
网　　址:http://www.sufep.com
电子邮箱:webmaster@sufep.com
全国新华书店经销
上海华业装潢印刷厂有限公司印刷装订
2023年12月第1版　2023年12月第1次印刷

787mm×1092mm　1/16　18.75印张(插页:1)　322千字
定价:98.00元

编委会

主　任：王志强

副主任：吴冠军　丁　健

编　委：应望江　钱耀忠　戴晓波　马国丰

　　　　王智勇　杜静安　李宏廷

序 言

这是一本在记录中沉淀、在传承中创新、在探索中精进的学术专辑,汇集了近年来上海市固定资产投资建设研究会积极践行人民城市重要理念,贯彻落实上海"加快建设具有世界影响力的社会主义现代化国际大都市,在新征程上继续当好改革开放排头兵、创新发展先行者"的发展要求,深入开展"上海城市基础设施投资建设与高质量发展"主题学术研究的成果精粹。

上海市固定资产投资建设研究会成立至今已有 38 年历史,其发展历程与上海城乡建设管理事业有着密切联系,多年来一直围绕城市基础设施的投融资、建设、运维和管理等重要领域开展理论研究与实践探索。学会始终坚持以习近平新时代中国特色社会主义思想为指引,瞄准一流学术社团建设目标,在落实城市发展战略、推动行业转型、引领学术研究、回应社会关切等上海城乡建设和管理诸多方面开展了大量富有成效的工作,提供了许多富有价值的学术成果。本书是学会研究成果的公开出版,这些研究成果紧贴行业实际和时代背景,主题突出、观点新颖、应用性强,凝结了研究人员的智慧、汗水和经验。本书是一本难得的理论与实践相结合的学术参考书籍,有益于广大读者和业内人士分享借鉴。

新时代新征程,城市的战略地位和作用进一步凸显,上海城市建设和管理事业正迎来改革发展的重要时期,许多新情况、新问题不断出现,需要深入进行理论研究和创新实践,进而提供更多的决策参考和有效的解决方案。希望学会以出版此书为动力,着眼应用型学术社团的特点,围绕贯彻高质量发展总体要求,立足新发展阶段,贯彻新发展理念,进一步深化重大工程建设和城市空间格局优化、城市管理精细化和数字化转型、营商环境改革和绿色低碳发展、实施城市更新和韧性城市建设等方面的学术研究,积极探索如何通过深化体制机制改革推动城市基础设施的投资、建设、运维与管理

的高质量发展,为推进有效投资、高效建设、安全运维和科学管理提供理论指导和政策建议,不断增强学会的学术引领力、社会公信力和行业影响力,力所能及地为上海谱写中国式现代化城市发展新篇章而持续发挥好建言献策的智囊作用。

上海市住房和城乡建设管理委员会副主任

2023 年 12 月

前　言

上海市固定资产投资建设研究会成立于1985年，主要职责是围绕城市基础设施投融资、建设、维护和管理领域开展学术研究，为政府、社会和相关企业提供决策咨询和专业服务。成立至今，在上海市社联、上海市住建委的关心和指导下，研究会学术研究工作得到了较好的推进与发展。

近年来，研究会紧紧围绕党的二十大提出的"高质量发展是全面建设社会主义现代化国家的首要任务"这一总体要求，以习近平新时代中国特色社会主义思想为指导，紧贴上海城市建设发展实践，以"上海城市基础设施投资建设与高质量发展"为研究主题，先后围绕"新基建""数字化转型""城市基础设施有效投资、高效运营、精准治理""高质量推进社会主义现代化国际大都市建设"等内容，组织开展了一系列学术研究活动，形成了一批具有一定学术价值的研究成果。

本书针对政府提出的任务、社会关注的热点、实践中遇到的问题，贯彻"人民城市人民建，人民城市为人民"的重要理念，从理论与实践上开展研究探索，以期引起相关政府部门、行业单位和专业人士的思考与讨论，进一步促进中国式现代化进程中城市建设高质量发展的学术研究，为上海实现建设社会主义现代化国际大都市的目标贡献智慧和力量。本书从创新探索与未来展望、城市更新与绿色发展、有效投资与高效运营、智慧城市与数字转型四个方面，系统反映了高质量发展在城市基础设施发展中需要深入思考与重视解决的理论与实践问题，既有理性思考、创新探索，又有案例分析、经验借鉴，体现了应用型研究会的研究特色，是一本力图为社会、为读者提供多维度、多视角的学术研究参考书籍。

上海市固定资产投资建设研究会理事长
2023年12月

目 录

创新探索与未来展望

高质量城市建设若干问题的思考 ……………………………………………………（3）
论中国式现代化理论引领上海城市的未来发展 ………………………………（21）
超大城市风险与韧性能力建设研究 ……………………………………………（33）
进入存量时代的固定资产投资与建设 …………………………………………（48）
城市建设中良好营商环境的构建
　　——上海市工程建设项目审批制度改革思考与实践 ……………………（65）
长三角生态绿色一体化发展示范区协同立法研究 ……………………………（75）

城市更新与绿色发展

践行人民城市理念 推动高质量城市更新
　　——以上海地产集团参与城市更新实践为例 ……………………………（89）
区域更新与开发的规建运管一体化
　　——上海新五年城市建设的思考与实践 …………………………………（104）
上海国际化大都市建设中的绿色金融发展之道 ………………………………（112）
新基建在提升城市管理、促进城市更新和城乡建设中的效用 ………………（132）
绿色低碳驱动下城市垃圾处置设施更新发展之路 ……………………………（146）
环境、社会和治理（ESG）管理实践与发展趋势 ……………………………（160）
上海建筑领域碳排放测定及实现碳中和的路径研究 …………………………（176）

有效投资与高效运营

城市轨道交通发展历程中项目融资悖论与网络融资全面创新 …………… (189)
创新驱动 价值引领 打造投融资模式升级版
    ——以 PPP 模式为例 ………………………………………………… (196)
国内外特大型城市基础设施运行保障机制共性特点研究 ………………… (200)
坚持价值投资 全力打造国际一流的建筑全生命周期服务商 …………… (208)
有效投资促进高质量发展格局形成的机理与提升策略研究 ……………… (218)

智慧城市与数字转型

智慧城市建设推动产业结构升级的效应分析 ……………………………… (229)
大型建筑智能运维平台设计与关键技术研究 ……………………………… (238)
浅谈上海市城建领域推进数字化转型 构建城市智慧治理示范"力" ……… (249)
加强极端天气风险智慧应对 着力提升城市基础设施韧性
    ——以上海桥梁设施运维为例 ……………………………………… (260)
城市数字化转型对基建项目投融资改革的影响 …………………………… (267)
上海市交通行业数字化转型的现状与思考 ………………………………… (272)
区块链在能源互联网的应用和上海发展建议 ……………………………… (278)

后记 …………………………………………………………………………… (289)

创新探索与未来展望

高质量城市建设若干问题的思考

王志强　吴冠军

摘　要：高质量发展是我国全面建设社会主义现代化国家的首要任务。城市建设是社会经济发展十分重要的组成部分，也与人民群众的生活质量密切相关。习近平总书记在多次讲话和报告中对如何高质量地开展城市建设作了重要的论述，提出了"人民城市人民建、人民城市为人民"的思想。本文基于长期对城市建设的观察体验并结合近年来各地城市建设的实践，试图从较为宽泛的视角对高质量城市建设做一些初步的探索和思考。

一、高质量城市建设提出的背景

（一）我国城市建设的现状

一般而言，城市建设是以规划为依据，通过实施过程对城市人居环境改造，对城市系统内各物质设施建造，是为管理城市创造良好条件的基础性、阶段性工作，是过程性和周期性比较明显的一种特殊的经济活动。从全生命周期的角度来考虑，城市建设包括前期的决策、规划和设计，中间的投资和建造，以及后期的运营和服务，是一个完整的闭环。

我国的城市建设取得了举世瞩目的成就。特别是在经历了改革开放以来大规模、高速度和集中化的城市建设以后，我国已经基本实现了从"乡村中国"向"城市中国"的

王志强，正高级会计师，原上海城投集团副总裁，上海市固定资产投资建设研究会理事长。

吴冠军，高级工程师，原上海城投集团副总经济师，上海市固定资产投资建设研究会副理事长兼秘书长。

转变。根据我国住房和城乡建设部发布的数据,截至2022年末,全国城市建成区面积6.4万平方公里,城市数量达691个。在城市建设的持续推动下,我国常住人口的城镇化率从1978年的17.9%上升到2022年的65.22%,每年增长1.08个百分点,相当于每年新增城镇人口1000多万,比欧洲一个中等国家的总人口还要多。农业转移人口市民化加快推进,基本公共服务均等化水平进一步提高。在满足居民基本生活、环境卫生、交通出行和绿色生态需求方面的供水、排水、生活污水处理、燃气、集中供热、生活垃圾无害化处理、轨道交通、道路通行和城市绿地等基础设施已基本建成,已初步形成较为完整的基础设施体系,广大居民的生活水平有了大幅度的提升。

(二)我国城市建设存在的问题

多年来我国城市的快速建设积累了一些问题,这些问题也是在城市的发展过程中经过不断演化而渐次显现出来。

一是城市建设的结构布局有待优化。部分城市片面地追求规模扩张,超过了城市的实际承载力水平;城市建设不均衡、不充分和不完善的矛盾逐步显现。

二是城市建设的治理水平有待提高。在实施过程中,往往重外延轻内涵,重建设轻管理;建设项目的决策机制不够完善,公众参与度不高;城市建设全生命周期管理体系较为薄弱。

三是城市建设的设施功能有待升级。城市规划的前瞻性和科学性不够;城市基础设施和公共服务功能不够配套,应急保障能力尚显不足,不能适应城市的快速发展和完全满足广大群众的实际需求。

四是城市建设的经济效用有待增强。建设带来的资源环境成本和社会成本不断递增;部分城市建设规模和速度超出财力,造成债务负担过重;存在配置超前、设施量冗余、使用效率不高和城市建设投资获得的边际效用逐渐递减的现象。

(三)高质量城市建设的意义

当前,我国社会主要矛盾已经转化为人民日益增长的美好生活需要和不平衡、不充分发展之间的矛盾。推动高质量发展是解决这一矛盾,满足人民对美好生活向往的根本途径。高质量发展带动高质量城市建设,主要体现在四个方面:一是通过协调好高质量发展与稳定增长的关系,满足城市建设的需求升级;二是借力协调发展和结构升级,优化城市建设的结构布局;三是推动创新发展和提高全要素生产率,提高城市建设的治理水平;四是强化绿色发展和生态保护,通过转变发展方式,增强城市建设的经济效用。所以,传统的城市建设只有进入高质量的发展阶段,历史上积累的问题才可能逐步得到有效化解。

二、高质量城市建设的内涵

(一)基本定义

目前国内对高质量城市建设尚没有直接的和标准的定义,只能从政策导向、行业趋势和具体的发展规划与建设实践之共性来总结和提炼。总体来看,我国城市建设已经走过了解决"有没有"等各类短缺问题的时期,而进入要提供"好不好"和"精不精"的城市产品和服务的阶段。以直观体验而言,"好不好"一般是指质量和功能的提升,"精不精"一般指类型更加丰富和细分,可以满足多角度、多层次的需求,也可以指价值升级,人们在使用城市产品和服务的时候,不是边际效用的递减,而是综合效用的递增。所以,结合这一阶段城镇化发展的主要特点,高质量城市建设可以初步从质量、功能、规模、类型、结构和价值等方面加以定义。所谓高质量城市建设,是指城市通过某种方式建设、改造和完善以后,能够提供的产品和服务的质量水准提高、功能强化充实、规模合理适度、类型丰富多样、结构配置均衡,综合价值上升。

(二)基本要素

在高质量发展的大背景下,推动城市建设走向高质量发展的人力、技术、资本和管理等关键要素的质量和水平也要迈上一个新的台阶。由于是高质量,不仅这些传统要素要升级,同时还要进一步创新。创新也是高质量的一个关键要素。

在人力方面,传统的体力劳动密集的建筑工人将会被知识密集型的产业工人甚至是工业化以后的自动化制造设备取代。在技术方面,新材料、数字化、智能化得到普遍应用,BIIB[建筑信息模型(BIM),物联网(IoT),建筑工业化(Industrialization),大数据(Big Data)]已经逐步渗透到城市建设的方方面面。在资本方面,随着经济发展,政府财力投资基建项目的实力不断增强,同时随着投资建设领域的市场不断放开,社会资本参与等多元投资主体参与城市建设成为大势所趋。由于资金来源渠道多元,社会资本能有更多的资金和政府财力共同快速促进基础设施升级换代并提高运营绩效。在管理方面,随着投资主体的多元化,政府监管手段不断完善,方式更加多样,管理的目标更加精细,管理的信息更加透明。在创新方面,会面临着一系列发展、改革和转型的要求,如建设、运营和服务的理念创新、技术的创新、管理的创新、体制机制的创新和

运作模式的创新。

（三）基本条件

我国城市建设迈入高质量发展已经具备基本的条件。

一是经济水平的提高。我国经济长期持续、健康的发展，为全社会积累了巨大的物质财富，这进一步刺激并保障了人们对城市建设需求的提升。而城市建设的升级换代又拉动了经济增长，促进了就业和消费。所以，经济增长为城市建设提供了财力保障，同时，高质量的城市建设又为城市经济发展创造了良好的外部条件和发展动力。两者是相辅相成、协同促进的。

二是科学技术的进步。自古以来，科技发展一直是城市建设水平前进的动力，各种现代化的基础设施都离不开技术进步的推动。当前，新技术、新材料和新工艺在城市建设领域广泛应用，并深入决策、规划、设计、投资、建造、运营和服务的各个环节，城市建设行业逐步发展到高端化、精细化和服务化的阶段。

三是创新能力的驱动。在全社会鼓励创新的大背景下，创新已经作为高质量城市建设的基本要素，并逐步渗透到城市建设和运营管理的方方面面。随着拥有创新能力的各类实体不断涌现，促进创新发展的体制机制不断完善，进一步推动城市建设向内涵式、集约化和高质量发展。

三、高质量城市建设的要求

（一）以人为本

"人民城市"的核心是以人为本。这是一切高质量城市建设的出发点，也是归宿点。在这个过程中，要坚持奉行"以人为本"的理念。城市是人们生活、工作和学习的场所，因此城市建设的目标应该是让人们生活更舒适、工作更便捷、学习更充实。城市建设者要积极关注人民的具体需求和实际利益，制定相关政策和规划，保障人民从高质量城市建设中感受到获得感和幸福感。"以人为本"也是"以自然为本"，高质量城市建设更要从开始就要遵循可持续发展的原则，保护生态环境，注重人与自然的和谐共生。

（二）平衡与匹配

高质量的城市建设要注重各要素的平衡与匹配。平衡是指供需平衡，也就是城市建设的供给容量与需求容量大致处于相近的水平。落实到具体建设上，就是项目的可行性。城市建设的规模和功能要与各个发展阶段的实际需求保持相对动态平衡,既不能过度超前,也不能过于落后。匹配是指城市建设要与各主要要素匹配。要素匹配包括:城市建设服务的人口要与用地指标匹配,城市建设的规模和能级要与当地资源和环境承载力匹配,与当地的财政收入预期匹配,也要与当地能够整合的建设和运营管理能力相匹配。

(三)效率与效益

城市建设首先强调的是社会效益,同时在实施过程中也必须注重投资建设的经济性,也就是效率和效益。城市建设的效率是指中长期建设项目的投入产出比。城市建设的效益是指带来的社会总收益和总福利。高质量的城市建设,希望不仅带来较高的项目效率,还要追求较高的总收益。除了城市建设环节,运营环节的效益和效率也是十分重要的。要使城市建设项目同时具有高效率和高收益并不是容易的工作,需要在资源要素上有相应的配置,在体制机制上有科学的安排。

(四)系统性治理

在城市建设的初期,城市基础设施短缺,建设的重点往往是简单或单体的项目。随着城市建设规模和数量不断增加,基础设施的单体项目逐步增多,各种类型和性质的项目逐渐形成为一个大系统,并且越来越复杂。所以,高质量的城市建设会面临这些系统问题。在管理上可以把系统分为两个维度,一是空间维度,二是时间维度。对空间而言,要正确、高效地处理局部与整体的关系,科学布局城市基础设施与生产、生活、生态空间,使工作、居住、休闲、交通、教育、医疗等有机衔接。这里不仅是基础设施单系统,而且还要和其他社会、经济和生态系统共生;不仅要对基础设施系统管理,还要对多系统进行协同治理。对时间而言,要正确处理建设时序与城市发展的关系。高质量的城市建设,要精雕细刻,"快"不是主要目标,要科学合理安排系统中各个项目的建设时序,统筹考虑投资、建设、运营和经营的节奏以及由此带来的资金配置。在城市更新规划中,经常要做到统一规划、分步实施,这样做不仅可以减少大资金沉淀的压力,更重要的是可以使整个更新项目尽可能地顺应城市发展的经济周期,减少项目的投资风险。

空间和时间两个维度结合在一起,就是规划。所以,高质量城市建设,可以将规划作为城市系统治理的关键,探索建立经济社会发展、城乡、土地利用规划的"三规合一"或"多规合一"机制,从规划源头提高超大、特大城市系统化、精细化治理水平。

（五）全生命周期管理

城市建设需要立足于全生命和全过程的角度进行考量和安排。在全生命周期管理的框架下，项目的策划、规划、设计、投融资、建设、运营和管理的环节间互相连通，彼此影响。策划决定了项目的必要性和合理性，也决定了后续各环节的实施效果和效率。高质量的城市建设更要将项目的策划做深做细做实。在实施阶段，尤其对设计、建设和运营三个环节总体考虑并统筹安排，务必彼此信息共享，不要造成各种脱节的现象。这样更易形成精准和有效的投资，也使城市建设最终能更好地服务于生产、生活、生态等城市各项功能。

（六）绿色发展

绿色发展是以效率、和谐、持续的方式促进城市以长期稳定发展为目标的经济增长和社会发展。从内涵看，绿色发展是建立在生态环境容量和资源承载力的约束条件下，将环境保护作为实现可持续发展的一种新型增长模式。如前所述，高质量城市建设要考虑资源与环境的承载力，所以高质量城市建设与绿色发展是一脉相承的。更进一步，高质量城市建设是将环境资源作为内在要素，既是高质量的组成部分，也是高质量的实现目标，进而促进经济、社会和环境的可持续发展。所以，以环境为导向（EOD）的开发项目应运而生。另外，高质量城市建设还要把过程和结果的"绿色化""生态化"和"低碳化"作为绿色发展的主要内容和途径，绿色建材、绿色建造、生态治理和低碳城市建设成为必然的要求。

四、高质量城市建设若干问题的思考

（一）城市功能的提升

城市建设是城市功能的物质基础，也对城市功能的转型和升级起到积极的促进作用。作为一个大系统，城市建设对城市功能升级的促进作用包括点、面和体三个层面。在"点"上是传统功能升级和延伸，在"面"上是各类功能协同，在"体"上是追求系统韧性。

1. 传统功能升级和延伸

"紧凑城市"和"精明增长"是寻求在不随意增加资源和能耗而通过内涵建设来满足市民需求的方式和方法。沿着这一思路，就需要城市在一个"点"上的基础设施的功能升级、复合和延伸。简言之，不仅是功能服务的品质提升，还要在传统单一功能的基础上叠加多个其他功能,这不仅节约用地等资源,而且对人们的生活带来了便利和体验的提升。

2.各类功能协同

除了在原有功能基础上的升级和扩充以外,在高质量城市建设过程中,不同基础设施的不同功能需要通过一个载体或平台,在"面"上进行协同配置。以简单的交通枢纽为例,一个地铁车站往往在周边几分钟步行距离的范围内配置多个交通方式和相应的基础设施,仅交通功能就可以有多层次的叠加。在片区开发项目中,往往是在传统的交通基础设施底板上,配之以休闲、会展、文化、旅游和商务等多项功能并建设与之相配套的基础设施。

3.系统韧性

近年来,城市的抗灾防灾和减灾的功能日益得到人们的重视。高质量的城市建设,不仅要通过抵御各类灾害来保护人民的生命安全和城市发展的成果,而且还要有抵御各类灾害的能力。这就是城市系统安全能力,也是系统韧性。城市建设作为一个主系统,在规划和实施过程中,越来越要注重平灾结合与平急两用。而在系统内部还有各种子系统,各子系统功能之间需要联系、互补、合作与协同。高质量的城市建设,就是要促进各系统之间有机融合和无缝衔接,最后才能形成系统的韧性,进而构建更加敏捷和强劲的大系统,成为一个整"体"。做好各种灾害的情景模拟和应对预案,当系统暂时瘫痪时,还可以借助其他系统来修补损失和抵御灾害,确保城市运行安全。

(二)城市布局的优化

城市布局是指建成区的平面形状以及内部功能基础设施系统的结构和形态。高质量城市建设是服务于高质量发展,调整和优化城市布局,推动城市进入跨越式发展的重要载体。优化城市布局的手段首先是利用城市建设来调整城市密度,统筹城市空间的集聚与分散,并在用地结构和空间利用上加以适配,灵活配置土地的单一或综合用途;其次是在城市形态上统筹好城市建设与生产和生活的布局关系,促进产业、人口和城市的良性融合。

1.城市空间的集聚与分散

城市建设的空间布局,既有集聚,也有分散。进入高质量阶段,城市建设已经不再是在一张白纸上谋划,而是需要在原有的基础上进行重新调整。一方面,对城市建设的边界予以限制和纠正。城市空间集聚,实际上是"聚财"。高质量的城市建设是做精

品,要向"小区域""集约化"和"微改造"转化,腾出多余的建设用地用于配置其他的城市功能,从而促进城市功能的丰富和完善。另一方面,对于过度聚集和密度过高的地方,就是要通过城市更新进行有机疏散,形成适宜和可持续的人居空间,这需要在一开始的空间规划与建设上就有合理布局,降低城市的承载压力,减少城市建设对自然生态的损耗。

2. 用地结构的单一与综合

高质量城市建设要走集约化道路,要"统筹空间、规模、产业三大结构"。这样一来,在一块土地上就有可能存在多种业态,不仅在水平方向分布,而且还会在地上地下垂直分布。在这样的思路下,用地性质不能简单地划分为经营性用地、公益性用地等类型。因为在公益性用地上很有可能有经营性业务,例如现在高速公路的服务区会配置酒店和餐厅。在经营性地块上也会有公益性业务,如片区开发,为了提高项目的吸引力和经济强度,会在投资建设房地产项目的同时,还投建一些诸如医院、养老院、中小学和幼儿园等项目。所以,综合或混合用地的做法是高质量城市建设空间规划布局里重要的一环。

3. 城市建设与产业空间的联动

城市空间布局要综合考虑建设与产业。城市建设往往领先于城市产业。高质量的城市建设会降低产业的成本,从而吸引更多的产业的导入,而产业的繁荣又为城市带来了新的活力和税收,成为城市建设重要的资金来源。在高质量时代,产业更是城市建设的"命题者",城市建设要根据产业的需求变化而顺势升级,否则城市竞争力会下降,甚至产业也会转移。所以,高质量的城市建设,需要得到产业的持续支撑,既要为产业提供配套服务,也要为产业预留发展空间。

4. 产、城、人三者融合

除了产业以外,人民群众也是高质量城市建设的"命题者"。要着重处理好产业、城市和人口的关系,三者均是城市建设过程中的核心要素。产业发展推动人口集聚和城市空间扩张;城市为产业生产和人口生活提供空间;产业布局影响城市空间形态,人口集聚为产业提供劳动力,为城市建设带来空间需求和活力。产业结构、人口结构和城市结构相辅相成。只有三者相互匹配、相互适应,才能有效避免错配带来的低效和不协调,实现高效率、高品质和高质量发展。随着城市建设规模的不断扩大、功能的不断增加,组团式和多中心、网络化的空间结构是普遍选择。在高质量建设城市组团和副中心时,更加要注重以人为本、多功能和集约化发展。尤其是要力求做到"职住平衡",合理配置构成产业的就业岗位以及多层次的住房供给;推动组团之间沿交通走廊的职住平衡和以枢纽站为核心的站城融合发展,形成枢纽与面向区域功能中心紧密结合的空间形态。

(三)投融资机制的创新

城市建设投融资机制是指投资主体、资金来源渠道以及投资以后获取回报的方式。高质量城市建设,需要多元化投资主体和丰富的融资渠道以及合理的利益分配机制。创新投融资机制,就是在这几个方面要针对以前已经出现的一些突出矛盾和困难,寻找解决问题的路径和方法。当前需要重点研究和解决的有:引入更多合格的投资人参与城市建设、按不同项目性质强化现金流平衡、管理和盘活存量资产等。

1. 政府与社会资本合作

高质量城市建设离不开资金的持续投入。如果政府短期财力不够,就需要通过发行债券或向市场融资等方式来解决投资资金不足。向市场融资就是通过建设项目向社会资本进行融资,包括国有企业和民营企业。政府和社会资本合作,不仅拓宽城市建设的资金来源渠道,解决建设投资的资金缺口,还能帮助建设项目在技术、管理和服务以及提高效率等诸多单一主体难以解决的问题。所以,高质量城市建设的投融资可以进一步打开市场壁垒,引入更多的社会资本,形成政府引导,国有资本和民营资本多方联合的资金生态格局。

2. 投入产出与现金流平衡

城市建设的资金安排也要基于全生命周期管理的框架,既要有资金投入,也要有现金流产出,高质量城市建设更加离不开投入和产出的现金流平衡。由于城市建设项目往往有较强的公益性和外部性,一般而言,有两种现金流平衡方法:一类是项目本身可以平衡,如有收费机制,即要经过很长时间才能收回投资并取得回报,投资期和回报期之间存在或长或短的时间性差异;另一类是项目本身不能平衡,如没有收费机制,投入和产出之间永远不能达到现金流平衡,投资期和回报期之间存在永久性差异。在城市建设项目投融资管理中,要事先严格区分现金流时间性差异和现金流永久性差异项目,并对这两种不同性质的差异进行不同的平衡方法和管理。

对于资金平衡存在时间性差异的项目,由于还是有平衡机制存在,在平衡进程中可以配置各种创新融资工具来降低成本和延长偿还周期,投资主体也可通过努力提高

建设与运营的效率和效益来加速弥补和缩小差异。时间性差异的项目现金收支平衡机制主要是靠项目的收益来解决的。对于资金平衡存在永久性差异的项目,由于资金永远无法平衡,永久性差异项目往往具有很强的外部性和社会效益,其现金收支平衡机制主要是通过政府财力建立偿债机制予以平衡。对于永久性差异项目要特别关注投资的规模,控制在政府财力覆盖的范围内,防止出现过大的缺口而形成政府债务风险。

3. 管理和盘活存量资产

进入高质量阶段的城市建设面临着三大形势特点:一是就城市本身而言,存量设施规模远远大于增量设施,城市建设构成进入以存量为主、增量为辅时期;二是市场上资金供给充沛,融资工具齐备;三是存量资产与存量负债并重,存量债务高企,风险尚未得到释放。所以,迈入存量经济时代,更应该对城市建设存量资产提出对策。对策之一是加强管理,通过提升管理来挖掘原有的基础设施功能潜力,降低成本和提高效率。对策之二是盘活存量,盘活存量资产通过变现来拓宽资金来源。具体可以从三个转变着手:一是转变经营主体,将存量基础设施移交至更有效率和专业能力的运营者手上;二是转变经营机制,通过完善价格等回报机制和增加功能来提高存量资产的经营强度;三是转变经营模式,通过 REITs 等创新融资工具,来吸引更多资金,从而降低债务风险与规模。

(四)项目实施的提质增效

基于全生命周期管理的视角,项目实施是指建设工程从前期策划到最终落实建造的全过程。高质量的城市建设,就是吸收先进的项目管理理念和技术工具,将项目策划、设计、施工、质量和投资控制等关键环节和重点工作推上一个更高的台阶。

1. 前期策划

要推进高质量的城市建设,项目的前期策划是龙头。城市建设项目决策一般要经过审批项目建议书、可行性研究报告、初步设计和核定概算三道基本程序。项目建议书主要解决项目的必要性,是"要不要干"的问题。可行性研究主要是解决项目建设的可行性,是"能不能干"的问题。在项目的全生命周期里,这两个问题是最能影响项目成本和风险的重要环节。在这一环节中,重要的不仅是决策的结果,还有决策的过程。具体而言就是提高项目建议和可行性研究的深度、精度、广度和厚度,提高项目决策的科学性。初步设计和核定概算主要解决项目"怎么干、花多少钱干"的问题,是控制项目总投资的依据。每一个城市建设项目都有个性和特色，代表城市的形象，都需要精心打造。所以，在高质量的城市建设中，为了提高项目投资的有效性和精准度，尤其要注重项目的前期策划，要充分加大项建书、可行性研究报告和扩初设计的精力投入及工作深度，要统筹考虑项目投资建设对地区经济发展、劳动力就业、生态环境等方面的综合影响，使项目前期决策更加客观、科学和精准。

2. 优化设计

优化设计是从多种方案中选择最佳方案的设计方法。高质量建设是要通过优化设计，力求达到所设计的项目结构最合理，功能最强、质量最好和成本最低。因此，为了项目在后续得以更好地实施，项目设计单位在扩初设计阶段即应对设计进行的优化，包括如何在达到目标的前提下降低建设成本、提高项目的可实施性等。同时，作为实施单位的企业也有必要对城市建设项目的设计提出进一步优化，如果对项目相关的信息掌握更多、更细，企业甚至可以在项目策划的早期提出思路和建议。另外，运营单位可以提前介入设计环节，借此将后续运营中可能出现的问题提前化解在设计之中。

3. 建设模式

在高质量时代，基于功能提升，城市建设的项目往往是组合的、复杂的和系统性的。所以，选择适当的建设模式，明确建设责任主体对推动项目实施是至关重要的。这些年来，经过市场的迭代，建设模式已经从项目法人责任制逐步演化到项目代建、设计施工总承包、施工总承包+专业分包和EPC等多种类型。业主要根据不同的项目特点确定相应的建设模式，选择的原则就是将责任分担和专业能力匹配，不能错配。对一个复杂的和系统性的项目，需要有一个有丰富专业经验的建设单位来负责组织和推动实施，协调各方面关系和应对各种复杂的局面。在《政府投资条例》中，提出了"项目单位"这一概念，就是基于全生命周期的项目组织者和实施者。代建模式是引自外来的"项目管理"概念，实际上是协助项目建设单位推动项目的实施，提高实施绩效。如果建设单位的专业能力和组织协调能力足够强，往往自身就可以发挥代建单位的作用。在具体实施过程中，也要根据项目特点、重点与难点采用相应的模式，但是无论何种模式，都需要建设主体强大的协调和管理能力，这也是高质量城市建设对业主所要求的专业素养。

4. 质量管理

提高质量的关键是制度和措施。在高质量时代，完善城市建设的质量管理制度和

体制机制也是系统和多维度的。可以从若干方面加以考虑,包括建立国家级和省部级的建筑质量标准的专门研究机构,完善建筑质量标准更新提升机制;用数字化技术推动建筑企业向工业化、高端化和产品化发展,转变粗放的建设质量管理和作业方式;在完善建筑行业市场化机制的同时,要改变简单的"低价中标"的做法;完善建筑行业总分包制度,大力发展专精特优的中小型建筑分包企业以及强化建设质量监督制度和机制等等。

5. 投资控制

影响项目投资实际发生总额的因素很多。一个关键因素就是项目实施方案的合理性,应该在项目前期通过优化方案和优化设计来减少设计变更和变更设计,强化施工图预算。安全、进度和质量等因素也能最终影响项目投资实际发生总额。如果对之不加以严格和精准的管理,就会产生各种隐性和显性的成本,投资甚至会失控。所以,高质量的城市建设离不开标准化和精细化的工程项目管理。另一方面,随着时代的进步,各种数字化的管理手段应运而生。例如,BIM用于设计变更管理和造价管理,可以显著减少设计变更,使造价控制更精确。在基础设施项目前期已开始采用数字孪生等技术,最大限度消除未来在建设和运营中的不确定性,从而锁定投资造价。

(五)运营管理的升级

运营管理是城市建设的另一个重要核心。高质量城市建设就是要消除重建设轻运营、轻管理的现象,并在此基础上,要显著提升运营管理水平,重点包括提高精细化管理水平、大力推广智慧运维、注重服务品质和强化安全保障等方面。

1. 精细化管理

随着我国对城市建设要求和治理水平的提升以及数字化、人工智能等新型技术和管理工具的出现,城市基础设施运营开始呈标准化和精细化的趋势演化。标准化体现在行业的运营标准的提高和统一。精细化体现在对运营的考核指标更加全面、丰富和立体。标准化和精细化共同作用的结果,就是运营的产品化。也就是说,基础设施的运营不仅仅是任务保障,更是一种服务的产品。考察一个产品的指标包括稳定的服务标准、运营过程中对企业、社会和环境的影响、运营的成本合理以及公开透明等多个方面。除此以外,优秀的基础设施运营商还要满足不同客户的差异化需求,根据客户的订单,具备在各种条件、范围和场景下服务的能力,这也反过来促进传统的基础设施运营企业加快向市场化、专业化和产业化转型。

2. 智慧运维

近十年来，数字化技术已经覆盖到城市运营的全过程。在运营、养护和服务阶段，数字化技术更加得以大显身手。由于数字化和人工智能技术的大量介入，建成以后的城市设施的维护可以充分利用智慧管理和虚拟场景等新型措施。城市运维已经逐步走向智慧化、少人化和无人化的地步。大数据和机器学习已经开始代替人工进行日常或特殊时期的决策，大幅提高全过程运营管理决策的科学性、及时性、安全性和准确性。有了物联网和大数据及人工智能等技术的辅助，基础设施的预养护和养护后监督管理就可以有充分条件得以精准实施。

3. 服务品质

高质量城市运营，提供的不仅是产品，还有服务。简言之类似于家电的售后服务，所以就有了城市基础设施运营服务的品质等评价指数，如服务满意度指标等。在此基础上，正是有了大数据、智能手机以及延伸出来的各种应用程序(APP)，使包括基础设施在内的各种城市服务从产品服务走向场景服务，显著丰富和提升了用户对公共服务的直观体验。服务水平和品质迈向新的高度，更要接受广大用户的监督，反过来又可促进基础设施和城市建设向更高质量升级换代。

4. 安全保障

基础设施运营和公共服务的安全保障，主要是指运营服务的持续性。高质量城市建设，就要尽力杜绝基础设施运行中断和服务的短缺，这既是要求，更是底线，否则会带来一系列负面连锁效应。随着技术和管理水平的提高，可以大幅降低运营中的事故发生率，甚至可以做到提前排查，消除隐患。运营安全保障也是背后运营企业管理能力的集中体现，甚至是在极端应急环境下企业韧性管理水平的体现，这也代表了运营企业的综合实力和社会担当，展现了社会治理的水平。另外，高质量城市安全的保障，不仅是硬件基础设施的保障，还有软件基础设施的保障。这里软件基础设施是指法律、法规和相关的一系列管理制度等，这些都要加以充实和完善。

（六）推进城市更新

在高质量城市建设中，城市更新是一个十分重要的内容。城市更新的主要目的是通过适当的改造把与城市发展不相适应的老旧区域重新激发活力，唤醒生机，是对城市的"活化"。高质量的城市更新，要正确处理增量与存量关系，注重对历史传承和文化功能的提升，完善对城市更新的空间控制与平衡各方利益。

1. 增量与存量

基础设施类城市更新要协调好增量与存量之间的关系。存量孕育增量,增量带动存量。对于增量项目,要提高建设标准,首先起点就要上一个或几个台阶,不能建成不久就落后于时代的要求。在存量项目上,要对存量设施分阶段、分范围进行更新改造,既可以"旧瓶装新酒"式的升级改造,也可以"新瓶装旧酒"式的挖潜赋能,通过优化管理,提高使用效率,延长使用寿命。另外,增量项目和存量项目在本质上还是属于一个系统,增量项目最终还是要融入存量系统中,在考虑新建增量项目的时候,要深入研究增量项目与存量系统的匹配度和相容性。

2. 历史传承和文化功能的提升

高质量的城市更新,不仅仅要往城市的未来看,还要往城市的过去看。城市本质上是时间积累的产物,是历史形成的资产。城市更新也要借助历史的力量。所以,城市更新不一定要有很大的投入,如果举措得当,花小成本也会获得大收益。一个街区、片区和社区的建筑风貌、历史建筑、人文景观、文化特色、街道布局、基础设施、生态环境、公共服务、商业氛围、法制和营商环境等是当地赖以生存和发展的重要城市资产,既是"乡愁",也是吸引外来人口、强劲城市经济的强大支柱。所以,城市更新的目标和手段就是要维护、恢复和提升这些城市资产的价值。

3. 空间控制与利益平衡

高质量城市建设需要从"大而全"向"小而美"、"小而精"的城市更新转变,就要对城市根据街区或者社区进行小尺度划分,进行空间控制,分片区开展更新、改造和活化,甚至可以点状开发、点片融合,最后形成区域经济的系统网络。住建部近年来在各地推行城市体检制度,要求城市更新之前要做深做透城市体检,"不体检就不更新",实际上是对城市资产做全面的评估,使城市更新真正做到有的放矢,缺什么补什么,把钱用在刀刃上,要注重"留、改、拆"并重。由于是小尺度开发与更新,更加有可能吸引社会资本的参与。为了提升城市更新项目的吸引力,就要做到参与各方利益平衡,最重要的是适度提高经济强度。提高城市经济强度的工具包括充分配置单体项目的容积率,拓展产业和商业空间,借此来唤醒城市的生机。

(七)推动绿色发展

城市建设是高耗能和高耗材行业,面临着更为严峻的低碳减排压力。因此,城市建设要达到高质量,要从整体上实现建设提质增效,形成可持续的生产管理模式,推动行业的绿色发展。可以在项目、产业和企业三个方面实现绿色发展目标,包括低碳节能、绿色建造和在企业中推行ESG管理理念和制度。

1. 低碳节能

首先在城市建设的项目上。要求研究拟建项目与扩大内需、共同富裕、乡村振兴、科技创新、节能减排、碳达峰碳中和等重大政策的符合性。与此同时,在可行性报告中还要编制"生态环境影响分析",要从推动绿色发展、促进人与自然和谐共生的角度,分析拟建项目所在地的生态环境现状,评价项目在污染物排放、生态保护、生物多样性和环境敏感区等方面的影响。编制"资源和能源利用效果分析"要从实施全面集约战略、发展循环经济等角度,分析论证除了项目用地(海)之外的各类资源节约集约利用的合理性和有效性,提出关键资源保障和供应链安全等方面措施,评价项目能效水平以及对当地能耗调控的影响。编制"碳达峰碳中和分析",要通过估算项目建议和运营期间的年度排放总量和强度、评价项目碳排放水平,以及当地"双碳"目标的符合性,提出生态环境保护,碳排放控制措施。

2. 绿色建造

在城市建设的产业上,近年来,国家有关部门出台了一系列政策,既有针对行业实现"双碳"目标、发展绿色建筑、调整产业结构促进绿色发展等内容,也有在其他相关领域政策中对绿色项目、绿色评估体系、绿色建筑标准等进行了阐述。如国家发改委《绿色产业指导目录(2019年版)》要求提升重大基础设施建设的绿色化程度,提高人民群众的绿色生活水平,包括建筑节能与绿色建筑、海绵城市、园林绿化等内容。中国人民银行、国家发改委、证监会发布《绿色债券支持项目目录(2021年版)》将绿色项目分为节能环保产业、清洁生产产业、清洁能源产业、生态环境产业、基础设施绿色升级、绿色服务六大领域。在循环经济方面,最为典型的就是绿色建造。住建部出台的《绿色建造技术导则(试行)》明确,通过科学管理和技术创新、采用有利于节约资源、保护环境、减少排放、提高效率和保障品质的建造方式,大力推行绿色建材,将可循环利用的建材纳入绿色建筑评价指标中,实现人与自然和谐共生的工程建造活动。可以说,绿色建造对城市建设减碳甚至接近零碳,实现全行业高质量发展具有重要意义。

3. ESG理念和制度

ESG(环境、社会和公司治理)是国际上关注企业环境、社会、治理绩效的投资理念和企业评价标准。基于ESG评价,公众及投资者可以通过观察企业ESG绩效,评估

其在促进经济、环境和社会可持续发展方面的表现。由于大型城市建设工程建设周期长、参与链条多、影响范围广,在利益相关主体关系上表现较为复杂,因而在利益相关方管理上难度较大;另一方面,由于基础设施类建设项目体系庞大,经济外部性较大,在人权平等、劳工关系、生命健康、气候变化、环境协调、公司治理等方面的管理易受到监管部门和外部舆论的重点关注,因而对城市建设企业推广应用ESG理念,建立相应的管理制度并构建ESG指标是必要而又可行的。

(八)提升效率与效益

城市建设需要进一步提升效率和效益,这也是走向高质量发展的阶梯。具体来说就是建立城市建设的物有所值评价机制,协调平衡局部和总体效率和效益,做好绩效监督与激励。

1. 物有所值

总体来看,在高质量时代,城市建设项目要做到物有所值,就是在全生命周期里,要做到成本与效益得到最佳组合,就是用最小的成本,得到最多的效益,这里既要有项目直接的经济效益,也要有社会效益和综合效益,至少也要达到成本与效益的平衡。即使不能做到精确计算,在做投资、建设和运营决策的时候也要有投入与产出比的意识。在可行性研究过程中,要纳入城市建设项目物有所值评价。特别要注意运营阶段的成本,要引入基础设施资产管理的思想、技术与工具,促进基础设施运行集约化,通过基础设施的自身改造,优化全生命周期内运营成本,做到运营品质与成本之间,运营收益和成本之间有最佳匹配,最终提高资产价值和运行价值。随着时间的推移,城市项目资产损耗,如果还能继续运行并发挥作用,这就做到物超所值了。所以要做好养护,尽可能延长基础设施的使用寿命。

2. 多方利益平衡

在高质量时代,城市建设的重心从增量建设转到存量运营,城市基础设施已经形成一个大网络、大系统。出于社会总成本最低的角度考虑,基础设施网络系统的价值远远大于单体项目的价值。系统设施的效率的重要性要远远高于单体设施的效率,不能用单个设施效率的提高带来整个系统效率的损失。另一方面,对各个参与主体而言,制度和机制设计要照顾到各方的利益,要使政府、企业和用户各方利益均衡,各司其职。任何一方的利益长期受到严重损失,整个基础设施的运作就不可持续,最终受损失的是用户得不到高质量的服务,这与高质量发展和高质量城市建设的初心是背道而驰的。

3. 监督与激励

高质量的城市建设更加需要政府和社会的监督,在建设阶段,除了政府加强指导并强化建设资金审计以外,公众参与规划并监督实施也是重要的补充。对于高质量城市建设项目,政府也可对实施主体给予一定程度的表扬和奖励。在运营阶段,更要加强政府监管和公众监督,采取成本监审与公开和价格听证来提高运营管理效率、降低运行成本。如果运营商对成本绩效管理成效显著,政府可以在价格或补贴方面给予一定的激励。在成本管理和提高效率方面,完善的特许经营制度也可以起到不错的效果。

(九) 完善体制机制

城市建设的体制是指在投资、建设和运营阶段,政府、企业和其他各方的职责和管理边界。机制是指在推动落实具体项目中各方的工作方式、运转模式和实施路径。要推动城市建设进入高质量发展阶段,完善相应的体制和机制是必由之路。

1. 体制:政府、企业、社会和市场

在短缺时代,城市建设主要由政府主导推进,用财力资金投入。随着社会主义市场经济体制建立和完善,政府、企业、社会和市场的关系变化,建设的体制就会逐步转变,成为政府引导,企业、社会和市场多方参与和协同的体制。在高质量城市建设阶段,就是要注重发挥市场的作用。随着企业的专业能力提升与市场机制和手段的应用,企业成为实施城市建设的核心和关键力量。政府、企业和社会在功能操作上各有侧重,各施其能。所以,在体制转变的基础上,完善相应的法制对推动高质量城市建设也是至关重要的。

2. 机制:决策、监督、价格和激励

体制的转变决定机制的调整。在决策机制设计上,可以由企业提出策划或规划,由政府审批;或者政府规划,企业重点参与或优化。在监督机制方面,政府也可以有多种选择,既可以由政府部门实施,也可以委托专业的第三方机构。公众也可以利用公开媒体等手段进行监督,通过社会舆论监督、宣传表彰等形式来弘扬先进。在价格机制方面,随着城市建设进入高质量阶段,基础设施和公共服务的价格机制日趋完善和健全,可以按照服务标准和投入进行全成本定价并做到优质优价。激励机制也可以利用价格工具,将基础设施和公共服务的定价设计成激励运营绩效的手段。

（十）强化风险管理

城市建设项目在实施过程中会面临各种风险，高质量城市建设也可能面对更多的风险。主要包括投资、建设和运营等微观风险，也包括政策与市场等宏观风险。

1. 投资风险

在高质量时期，判断城市建设投资风险的重要指征就是在全生命周期里项目的资金流能否全覆盖，这里包括在项目建设阶段资金能否得到保证，在项目运营阶段能否有足够的资金来确保运营和维护。对于投资的项目，社会资本能否收回投资并获得应有的回报。这些都受到项目前期工作的完备性、投资方案的精准度、项目运营的体制机制以及当地的营商环境的影响，务必在项目前期和实施过程中加以研判和应对规避。

2. 建设风险

建设风险主要是指进度、成本和质量达不到预期，并伴随施工安全风险。由于动拆迁难度大，建设进度和成本被拖累，造价得不到严格的控制。在资金受限的情况下，各种管理措施无法充分到位，反过来会影响质量，建设安全也容易被忽视。所以，建设管理体制和机制的设计要有风险管理意识，在实施中要强化风险识别和风险防范。

3. 运营风险

高质量时代的运营风险，最要紧的是遇到突发事件时的应急管理，不仅要求运营商提前预判，还要有有效的应急预案和落实机制。更进一步，就是从容有序应对突发重大事件对基础设施系统的挑战，这就要求政府、社会和运营商开展韧性管理。这是一个更大的系统工程，要提前做好周密的安排，特别是要强化运营商敏捷快速的韧性反应能力。

4. 政策与市场风险

政策风险是指政策或法规的变化对城市建设的规划、项目和技术标准产生的一定影响；市场风险是指市场环境变化而导致城市建设的目标受到不利的影响。城市建设也会面临政策与市场风险，一个典型的例子就是在城市建设过程中经常会伴随的房地产政策与市场风险。高质量城市建设的实施主体要对政策及发展趋势做正确的判断和深刻的领悟，对市场的风险，除了识别并尽可能规避外，还要灵活应对；要择机对短期的市场波动作调整适应，要有纠偏机制和能力，更要避免陷入长期的系统性风险而对自身和城市建设项目带来难以挽回的损失。总体而言，要成功应对政策与市场风险，归根到底是要"做正确的事"和"正确地做事"。

论中国式现代化理论引领上海城市的未来发展

丁 健

摘 要：本文初步解读了中国式现代化的内涵，阐述了中国式现代化对上海建设社会主义现代化国际大都市的理论指导意义，并从上海未来需要重点推进现代化的三个方面，对上海建设社会主义现代化国际大都市提出了基本思路和路径。

一、对中国式现代化的粗略解读

习近平总书记在二十大报告中深刻阐述了开辟马克思主义中国化时代化的新境界、中国式现代化的中国特色和本质要求等重大问题，擘画了全面建成社会主义现代化强国的宏伟蓝图和实践路径。中国式现代化是中国人民在中国共产党的领导下光明正大地、毫不迟疑地选择的发展道路，同时为人类现代化提供了新的选择。中国式现代化与西方现代化有着本质的区别。

（一）现代化的本质

从事物的本质而言，现代化不是西方化，而是通过改变自身支配社会禀赋结构，确定构建符合自身发展逻辑的生产方式和社会运行方式的过程以及取得的成效，同时确立起与此相适应的上层建筑和制度安排，保障这一进程的有序推进，覆盖社会的所有领域。

丁 健，上海财经大学教授，上海市固定资产投资建设研究会特聘专家。

(二) 两种现代化的内涵不同

中国式现代化与西方现代化的内涵比较见表1。

表1　　中国式现代化与西方现代化的不同内涵

中国式现代化的内涵	西方现代化的内涵
人口规模巨大的现代化	以资本为中心、私利当头的现代化
全体人民共同富裕的现代化	制造两极分化有利于少数人的现代化
物质文明和精神文明相协调的现代化	以物质主义膨胀为特征的现代化
人与自然和谐共生的现代化	不断解构人与自然关系的现代化
走和平发展道路的现代化	以对外扩张掠夺为路径的现代化

(三) 两种现代化的逻辑天壤之别

西方在实行现代化的过程中,对内:通过市场化运作将大部分利益传导给具有垄断地位的特殊既得利益群体(如美国的军工联合体、华尔街等),使其利益最大化;同时推行保护有钱人的法治、民主和自由的制度,保证其窃取社会红利。对外:西方国家在政治上通过所谓的民主化扰乱他国的政治生态,寻找代理人为其利益服务;在经济上通过推行自由主义摧毁他国的工业基础和社会服务,将发展中国家推入债务陷阱;在国际规则方面利用所谓的法治化实行长臂管辖,打压竞争对手,以保证自己的霸权利益,等等。

中国式现代化的中心任务就是全面推进中华民族伟大复兴。因此,在这个前提下,中国式现代化就要让全体中国人民都参与并受益,一个都不能少;中国式现代化不仅重视经济发展,更在于不断提升中国人民的精神文明程度和道德水准;中国式现代化秉持人类命运共同体理念,既不掠夺其他国家,也不掠夺大自然,因此是可持续的现代化。在习近平同志为核心的党中央英明领导下,中国式现代化取得了举世瞩目的成就——消除了绝对贫困,实现了全面小康,促进了科技进步,提高了生态文明程度,以及基本实现了共同富裕等。中国式现代化是西方现代化无法比拟的。

通过中国式现代化来实现中华民族伟大复兴还有很长的路要走,前途是光明的,道路是曲折的。实现中国式现代化需要全体中国人民在习近平总书记的掌舵领航下团结奋斗,不懈努力,同时要保持高度的警惕性和底线思维,针对错综复杂的传统安全和非传统安全的态势,必须做好长期顽强斗争的准备,要敢于斗争、善于斗争,确保中国式现代化宏伟目标的圆满实现。

中国式现代化模式的创立预示着"现代化等于西方化"的神话一去不复返了,中国式现代化将是人类文明的新希望!

二、中国式现代化理论引领上海城市未来发展的取向

在2023年上海召开的人代会政府工作报告中提出,上海将加快建设具有世界影响力的社会主义现代化国际大都市,努力使"世界影响力"的能级显著提升、"社会主义现代化"的特征充分彰显、"国际大都市"的风范更具魅力。这个目标的理论根基就是中国式现代化,而建设具有世界影响力的社会主义现代化国际大都市更是实践中国式现代化理论的具体行动方案,是在空间点上的突破和对这一理论的验证。

加快建设具有世界影响力的社会主义现代化国际大都市,必须在现代化上下功夫,必须不断提升城市现代化水平,进而以高水平现代化来扩大大都市的世界影响力,展现社会主义优越性,增强城市的魅力。我们认为,上海需要大力推进现代化进程的领域包括如下几个方面。

(一)经济体系的现代化——支撑城市高质量发展

经济体系现代化的基本标志,就是"配置有效,质量第一,效益优先"。

其一,建立健全高标准市场经济体系是构建现代化经济体系的主要组成部分,也是充分发挥资源配置效能的核心平台和体现经济现代化水平的重要标志。上海应该在高标准市场经济体系建设方面率先撤卡点、破堵点、铲壁垒,立破并举,不断完善以统一制度规则为基础、以高标准基础设施联通为支撑、以统一要素和资源市场为重点、以高水平统一商品和服务市场为目标、以公平统一市场监管为保障的现代化市场体系,让市场真正发挥配置资源的决定作用,更加激发出市场的活力,有力促进城市的高质量发展。

同时上海必须充分发挥国内首位经济中心城市的市场枢纽作用,需要积极开展区域市场一体化建设和服务于双循环的市场平台建设,推动国内市场高效畅通和规模拓展,链接国际市场渠道多样,参与国际竞争专业服务支撑有力,并加快营造稳定公平透明可预期的营商环境,进一步降低市场交易成本,促进科技创新和产业升级,培育参与国际竞争合作新优势。另外,高标准市场体系建设有利于保持和增强对全球企业、资源的强大吸引力,更好推动市场相通、产业相融、创新相促、规则相联,促进国内国际双

循环。

其二,要通过促进互联网、大数据、人工智能和实体经济的深度融合,形成和壮大新动能,并在中高端消费、创新引领、绿色低碳、共享经济、现代供应链、人力资本服务等领域积极培育新增长点。

其三,必须重塑和发展具有国际标准和国际竞争力的传统产业和现代服务业;大力培育若干世界级的高端制造业集群——重点抓好集成电路、生物医药、人工智能三大先导产业和电子信息、智能及新能源汽车、高端装备、先进材料、生命健康、时尚消费品六大重点产业的发展;激发和保护企业家精神;全面培育具有劳模精神和工匠精神的知识型、技能型、创新型社会主义劳动者和新型工人阶层,形成强大的人力资本支撑。

(二)主要功能的现代化——强化资源要素的控制力和辐射力

主要功能的现代化是以主导产业的现代化作为基础的。因此加强以现代服务业为主体、战略性新兴产业为引领、高端制造业为支撑的现代产业体系是重中之重,并以此提升上海城市功能的能级与核心竞争力。

第一,现代服务业不仅要看在其GDP中的比重,更要注重现代服务业的效能、服务实体经济的广度和掌控深度。

上海的国际金融中心功能要充分体现人民币的国际化规模和水平,要完善以供应链金融为代表的产业金融,同时积极发展数字化为特征的产业新金融和绿色金融;尤其要打造全过程金融服务体系——引导直接融资体系重点聚焦保障企业原始创新活动,间接融资体系重点护航创新成果市场经营活动,增强间接金融体系提供大规模优质资本以维护产业链供应链稳定发展的能力,同时积极发展普惠金融,从根本上解决"普而不惠"的问题,提高金融的高质量服务能力。上海国际金融中心未来的发展取向,就是不断提升功能的能级,把强化全球资源配置功能作为主攻方向,着力打造更富韧性、更具活力的金融市场体系,逐步建立供给丰富、紧贴需求的金融产品体系,强力锻造功能完备、分工协作的金融机构体系,扎实建设技术先进、安全高效的金融基础设施体系,推进高质量服务中国式现代化伟大实践。上海加快建设世界一流的国际金融中心,必须大力营造金融发展的最优生态,持之以恒完善金融人才服务,进一步为各类人才提供便利服务,并且持之以恒优化金融发展环境,通过深化改革形成与国际金融活动相适应的金融规则制度,有力防范金融风险,维护金融安全稳定,加强监管科技运用,全力保障国际金融中心建设行稳致远。

上海的国际航运中心功能不单是展示集装箱的吞吐规模和航线的覆盖率，更要讲究转运货箱量和创造的货币价值。上海必须围绕保障全球产业链供应链畅通、促进国际航运业健康发展、深化国际航运事务合作，积极推动工作并取得新的成果。2022年上海港集装箱吞吐量突破4 730万标箱，连续13年排名世界第一。在此基础上，上海航运中心需要通过完善物流体系，增强应变能力；推动绿色智慧，实现进口放货全流程无纸化，提高装卸效率；持续深化国际航运事务合作，促进国际航运业健康发展等进一步增强上海国际航运中心的功能能级。同时创造条件拓展航运金融与保险市场的规模，不仅为金融保险市场开辟新的领域，并且为国际航运中心功能补足一块短板。

上海的国际贸易中心功能必须在货物贸易与服务贸易规模化的基础上引领国内外的消费潮流，充分发挥其国际贸易枢纽功能。国际贸易中心建设要全方位提高统筹利用全球市场的能力，大力发展高能级的总部经济；尤其要做好进博会这个对外开放的大平台，从季节性的进口商品交易平台逐步建成常态化的具有全球吸引力的进口商品交易市场。另外，上海国际贸易中心功能建设的一项重要内容，就是优化贸易营商环境，促进部门协同，推进流程再造，建立起高效的行政审批环境、风清气正的政治环境、公平公正的法治环境、透明贴切的政策环境、优质高效的服务环境、厚德礼尚的人文环境以及宜居宜游的生态环境等，让投资者和企业感受到政府精心服务的获得感，同时，促进形成整体协同、高效运行、精准服务、科学管理的智慧政府基本框架，保障国际贸易中心功能的有效发挥。

国际贸易中心还应不断努力为新消费发展破障碍、通堵点，促进新消费模式壮大。一是要在优化完善新型数字基础设施上下功夫，抓紧推进数字消费相关配套设施建设。通过创新数字产品和服务供给、健全数字消费标准管理体系、加快打造一批数字消费品牌等举措补齐短板，强化数字消费领域综合协同治理。二是要加快构建智慧物流标准体系，丰富数字化应用场景。培育建设国际消费中心城市，增强大城市和城市圈的辐射带动作用。加强相关法律法规建设，规范行业发展。此外，要加大财政支持，优化金融服务，完善劳动保障，实现资源优化配置和产业深度融合。

第二，在高端制造业的发展方面，必须抢占价值链的高端，维护供应链的完整和理顺产业链的环节，从整体上提高高端制造业的韧性和竞争能力。同时，坚持高成长性、高附加值、关键核心技术的产业战略方向，在制定关键产业技术标准、培育本市跨国企业等方面形成突破，进而提升高端制造业中心功能的硬度和韧度，为经济的高质量发

展提供依托。

第三，积极打造"关键共性技术＋前沿引领技术＋现代工程技术＋颠覆性技术"这四个方面的应用创新体系，切实加快促进以"科技强市、质量强市、航天强市、网络强市、交通强市、数字强市、智慧社会"建设为内涵的现代化经济体系的形成。

(三)科创体系的现代化——充分发挥创新的引领作用

上海的科创中心功能的提升，首先，要强化策源转化功能，加大基础研究的持续投入力度，为夯实高科技自立自强的基础做出突出贡献；其次，必须充分保护市场主体创新成果转化积极性，更加重视发挥大科学装置的联动运用作用；再次，需要不断强化在科研设施建设和成果应用领域的国际合作，打破科技封堵，发挥科技国内外合作的协同作用。

上海在推进科创体系现代化的过程中，必须更加突出实现高质量发展应该依靠高水平科技自立自强的强有力支撑和引领，科技创新工作要以高质量发展为目标，在自立自强的大局中找准方向、定位和重点。

第一，培育和支持企业真正成为科创的主体，形成科创主体集群。企业要成为技术创新决策、研发投入、科研组织和成果转化中的主体。上海要支持企业更大范围、更深程度参与城市和国家创新决策，建立企业家科技创新咨询座谈会议制度，加快推进企业创新高端智库网络建设，提升企业科技创新自主决策能力。

第二，加快建设高素质科创人才队伍。上海在推进科创体系现代化的过程中，必须统筹推进教育、科技、人才工作。一要加强科技教育协同发展，强化科技人才全链条培养，完善人才战略布局，培养战略科学家、科技领军人才、高素质科学家工程师队伍、高技能人才和创新创业人才；二要以科技项目为载体，培养高素质科技人才，依托重大科技任务和重大创新平台建设培养造就科技领军人才，依托重点科技项目研发培养青年科技人才，依托科技创新主体和载体建设培养创新创业人才。

第三，加强战略科技力量的协同运作能力。激发各战略科创力量的协同意愿，推进其联系和互动，增强其组织和协同效能，形成面向特定领域的持续突破能力，进而打造出战略科技力量。上海在未来一个时期，必须以实施国家科技重大专项为抓手，明确战略科技力量的主攻方向；要依托大科学装置，策划和组织大科学计划和大科学工程，探索战略科技力量协同攻关的长效机制；同时要面向新兴产业集聚发展，加快建设国家产业创新中心等功能性枢纽，强化战略科技力量与产业转型升级的互动。

第四，构建高水平的科创发展生态。推动大众创业、万众创新，是促进科技与经济结合的有效纽带，是稳定市场主体和扩大就业的重要支撑，也是推动新旧动能转换和结构转型升级的重要力量。上海一方面要以新技术、新产业、新业态、新模式推动传统产业改造升级，推动制造业加速向数字化、绿色化、智能化发展；另一方面要依托各类高新区尤其是科创中心打造高新技术产业集群，布局未来产业发展，壮大战略性新兴产业和现代服务业。

除此以外，上海要利用自身有利的区位条件和对外开放的优势，扩大国际科技交流合作，一要重点聚焦规则、规制、管理和标准等领域，推进科技领域的高水平制度型开放，在全球科技治理中争取更多主动；二要构建多元化的国际科技合作渠道，探索灵活多样的合作策略，不断拓展合作新空间，深度嵌入全球创新网络；三要探索设立全球科研基金，依托大科学装置，策划和组织国际大科学计划，吸引全球英才，为科技造福人类作出中国贡献。

在积极推进科创现代化的过程中，上海必须坚持战略导向，即紧紧围绕国家和本市科创发展战略，集聚所有科创力量，以基础研究、应用基础研究、关键核心技术攻关、产业共性技术研发等公共属性研发活动为核心业务，将各种科创要素纳入跟踪、引导和资助体系，有力推动科创事业的高质量发展。

上海必须坚持市场导向。在微观层面，推动科创机构实行理事会、董事会领导下的院长、所长、总经理负责制，依照章程实施管理；鼓励科创机构实行市场化的用人机制，并在落户、安居、外籍人才引进等方面强化保障。在中观层面，以合同形式对任务、预算等予以约定，并按照负面清单进行经费使用管理，赋予机构最大自主权。在宏观管理层面，尤其对社会力量兴办的新型研发机构，围绕研发投入与产出、人才引进与培养、成果转化与产业支撑等方面，开展年度绩效评价，根据评价结果，调整备案名单和补助力度；对绩效评价结果优异的机构，在人才引进、科研用地等方面，予以重点支持。

（四）城市治理体系的现代化——保障城市有效与安全运行

深化改革是推进城市治理体系现代化的可靠途径。从城市经济治理现代化的角度讲，改革是推进经济治理体系现代化的必要手段，其重点包括：国有资产管理体制改革，以全面实施市场准入负面清单制度为内容的商事制度改革，创新和完善宏观调控、完善促进消费的体制机制改革，深化投融资体制改革，加快建立现代财政制度和预算制度以及深化金融体制改革等。通过深化改革来提升城市经济治理现代化的水平，就

是为了保障经济运行的安全,降低运行成本,提高运行效率,为高质量发展保驾护航。

从构建城市现代化社会治理角度看,以人民为中心是体现现代化社会治理模式的内核特征,即民有所呼、政有所应。城市政府要以百姓最关心最直接最现实的利益问题为导向,把解决房价失衡、交通拥堵、环境污染等"城市病"作为突破口,对接群众需求实施服务供给侧改革。要突出地方自然人文特色,处理好城市更新和历史文化遗产保护利用的关系,注重文化传承,让城市留下更多记忆,给后人留下清晰的城市足迹。推动城市治理现代化的过程中,必须重心下移、资源下沉,强调精细化操作,一件事情接着一件事情办,一年接着一年干,让治理的针脚更细密,把群众大大小小的事情办好。

从科技"智"理的要求审视,上海必须向科技借力,以科技创新赋能城市治理,以科学规划绘制发展蓝图,以科技"智"理破解城市运行难题,不断推进城市治理体系和治理能力现代化,这是上海这座国际化大都市必须交出的高质量答卷。

三、上海将建设社会主义现代化国际大都市作为实现中国式现代化的印证

上海建设社会主义现代化国际大都市既是实现中华民族伟大复兴第二个百年梦想的伟大实践之一,也是实现中国式现代化的全新探索。它的核心要义在于建设一个什么样的社会主义现代化国际大都市和怎样建设社会主义现代化国际大都市。我们把上海建设社会主义现代化国际大都市放在推进中国式现代化的大背景下加以思考,并提出以下的思路和推进路径。

(一)上海必须加快构建现代化产业体系

上海必须加快构建以现代化产业体系为基础,高标准市场体系为平台,合理的收入分配体系为激励,城乡与区域发展体系为腹地,绿色发展体系为底板,全面开放为拓展空间,产业链、供应链和价值链相对完善的强韧度产业体系。同时通过解放思想和新一轮的改革建立能充分发挥市场配置资源决定作用、更好发挥政府监管作用的经济体制,进而不断提高劳动效率、资本效率、土地效率、资源效率,空间效率,并以此抢占未来发展制高点,在激烈的国际和区域竞争中赢得主动,形成优势和发挥排头兵的作用。

(二)上海必须强化现代化功能体系的特色优势

1.打牢以高端制造业为核心的实体经济基础,充分发挥高端制造业中心功能。以

发展高端制造业(航空航天、人工智能、现代生物医药、新材料、新能源等)为主攻方向,深入实施制造业竞争力提升行动,加快培育一批标志性引领性产业链,在积极推进数字产业化和产业数字化的基础上大幅提升产业集群形态和质量,全面提升实体经济竞争力。

根据国家战略,主动积极地培育战略性新兴产业,抢占未来产业发展高地,加快生产制造的前沿技术研发和应用推广,形成数字经济、绿色经济、低碳经济、海洋经济和文旅经济等新经济业态群,推动各产业、各要素跨界融合,最大化提升产业协同升级的整体效益。

2. 上海国际金融中心建设要突出优势和锻造专业特色。上海国际金额中心是基于人民币资产形成的国际金融中心。因此她需要发挥人民币金融资产配置中心和全球资管中心功能、人民币金融资产风险管理中心功能、国内外金融市场链接枢纽功能、金融科技支持平台功能、金融业深化改革扩大开放示范功能、优质金融营商环境托底功能和金融人才集聚中心功能等;并且积极推动规则、规制、管理、标准等制度型开放,支持创新金融产品、财富管理产品和金融服务模式,不断提高金融要素的集聚度,扩大金融服务广度和深度,增强金融服务的能力和效率,在国际金融中心网络中占有重要位置。

在服务实体经济的过程中,上海必须提高金融服务的科技水平,引导社会金融服务从主体信用向交易信用的创新转变;坚持科技机构和金融机构各司其职,协同合作,共建生态,促进实体经济降本增效;并且有效控制系统性金融风险,助力实体经济转型升级。

在促进资本市场规范发展方面,上海必须坚持以人民为中心的金融发展观的必然要求。需要深入推进实施公平竞争政策,使各类资本机会平等、公平进入、有序竞争;正确处理资本和利益分配问题,既保障资本参与社会分配获得增值和发展,也更加注重维护按劳分配的主体地位;依法加强对资本的有效监管,全面提升资本治理效能,促进资本规范发展。同时尽可能发展多层次资本市场,全面实行注册制,健全退出机制,进一步扩大直接融资,切实发挥资本市场和风险投资在支持科技创新方面的重要作用。

在深化金融体制改革进程中,上海需要鼓励各类银行加大对先进制造业、战略性新兴产业的中长期资金支持,发展"耐心资本",扩大对科技型中小企业的知识产权质押融资、信用贷款等;放宽银行对股权投资的限制,支持商业银行具有投资功能的子公司、保险机构、信托公司等出资创业投资基金、政府产业投资基金等,为科技企业发展提供股权融资;支持资产管理产品依法投资包括未上市科技企业股权及其受(收)益权在内的权益类资产,实现资管产品期限与其所投资资产期限相匹配、与企业成长周期相匹配。

3. 上海国际航运中心在集装箱吞吐量多年位于全球港口第一的基础上,需要依托自贸试验区,持续提升集装箱转运规模和航运中心的衍生服务(海铁联运、航运金融、航运保险、保税服务、理货服务、货单交易、审计会计等);加快推进全链条自动化集装箱转运业务,全面实现全流程无纸化;通过集聚高上海能级航运主体,汇集高端航运人才,支持离岸航运服务发展,升级航运金融保险服务等,尽快形成全球航运资源配置中心功能,增厚上海国际航运中心的实力和竞争力。

4. 上海全球科创中心排名已经进入世界前10位,为科创中心的提级升位奠定了坚实的基础。未来上海全球科创中心建设着重需要补短板——卓越创新人才稀少、顶尖科研主体缺乏、创新引擎企业数量有限、高质量创新成果不多、高水平开放创新不足等。

同时,必须提升创新策源力——重点放在基础科研的原始创新、关键核心"卡脖子"技术两大主攻方向;必须发动创新新引擎——着力破除制约创新发展的机制障碍,"放"体制、聚人才、谋布局、优环境;必须构建开放协同创新高平台——打造外资研发中心的高地,筹划在更大范围、更高层级的国际合作,通过双向开放让创新的"朋友圈"可以在更大范围内集聚,并有效配置创新资源和要素。

5. 上海国际贸易中心功能,除了不断扩大国际贸易规模,建好自贸试验区,办好进博会以外,需要着力打造一流中央商务区和国际贸易中心新平台,加快集聚世界级的贸易企业总部、功能机构和专业服务企业。特别是要对标"GaWC175"名单,集聚和培育高能级的全球专业服务机构,吸引高端专业服务领域的国际行业组织、协会等机构落户,提升资源配置能力和服务能力水平。尤其要加快引进具有影响力的国际经贸组织、贸易促进机构、商会协会等,提升进博会和自贸试验区的放大效应,为保障国际供应链的稳定发挥固锚作用。

(三)上海必须完善城市现代化治理体系,提升治理能力

紧紧抓住城市现代化治理的重点——服务、共享、融合,调动多元主体共治的积极性,发动市民、企业、社会组织、社区组织等共同参与,打造共建共治共享的城市现代化治理的新格局。

第一,上海的城市现代化治理城市治理应当从"管制型"转为"服务型",从"网格化管理"转为"网格化服务",并满足市民个性化需求。

第二,上海的城市现代化治理,不但要体现公共资源的共享、工具化共享和信息化共享,更重要的要突出价值共享和获得感共享。

第三,上海的城市现代化治理,应该破解城市碎片化难题,促进城市居民之间的观念融合、新旧体制之间的有序交替和公共治理的融合。

第四,上海的城市现代化治理,必须强化政府治理、市场治理和社会治理的协同性,提高整体的治理效果,保障城市的有序安全运行,并且不断提高城市的韧性度。

第五,上海的城市现代化治理,要在法制保障的基础上探索集成式治理模式,即法治、自治、德治三治集成,通过机制创新实现互动贯通、共融共生,产生乘数效应,提高整体的治理能力和治理质量。

(四)上海必须加快城市数字化转型

第一,通过数字化技术迭代融合、集成创新,城市数字化运行的技术底座要加速构建。

第二,通过数字化改革推动形成数字化思维、数字化认知,加快城市运营的体制机制、组织架构、方式流程、业务逻辑、手段工具全方位、系统性重塑,将数字赋能固化为制度赋能。

第三,通过城市全尺度、全要素、全周期和全场景的数字化改造,数据融合、场景融合、服务融合和产业融合将迈向更深层次、更高阶段,城市将成为全域感知、要素融合、智能分析、一体联动的智能生命体。

第四,完善优化城市数据大脑、城市运营管理平台、时空大数据云平台、国土空间基础信息平台等;加快实现与CIM平台有序对接互通,城市全域数据汇聚应用、数字化映射、可视化运行;通过建立复杂精确的城市级数字仿真模型,推动实现全局规划优化、提供预建预判预防和智能分析服务,助力形成"联动指挥、协同处置、科学决策"的城市数字化治理模式。

第五,完善法律法规,建立健全公共数据开放共享机制;尽快搭建数据交易平台,创新数据交易模式、估值办法和定价方式等,有效促进数据资源价值深度挖掘和开发利用。

第六,率先建立政企联合共建智慧城市新机制,吸引更多社会力量参与到新型智慧城市建设运营中,构建形成新型智慧城市建设运营生态圈。其中政府、投资商、平台商、设备和方案提供商、工程建设商等主导主体将在新型智慧城市建设顶层设计、统筹协调、评估考核、框架搭建等方面发挥好核心和主导作用。另外行业协会、产业联盟、商会、普通民众等新生力量也将逐步参与到智慧城市建设与运营中来,在资金筹措、场景应用、方案优化、运营维护等方面献计策、做贡献,聚合力共筑新型智慧城市发展新格局。

超大城市风险与韧性能力建设研究

孙建平　范　辉

摘　要：超大城市实现发展和安全的统筹，必须探索城市安全发展的新范式。安全韧性城市是适应、应对城市发展新风险挑战的有效方式，是城市风险防控理念和能力的系统转型升级，能较好满足统筹发展和安全的需要。但韧性城市建设是一个系统工程，目前仍处于起步阶段，还缺乏具体的行动方略。本文认为应从城市韧性能力建设为切入点，抓住免疫力、治愈力、恢复力这一能力框架，系统推进韧性城市建设，在城市运行关键领域按照这一能力框架系统提升韧性能力，逐步实现韧性城市建设目标。

韧性城市是具备在逆变环境中承受、适应和快速恢复能力的城市，是城市安全发展的新范式。例如上海这样的超大型城市，产业高度聚集、人口大量迁徙流动、高层建筑林立、道路交通满负荷运行，常住人口接近2 500万。城市公共安全风险长期存在。随着极端天气引发的自然灾害等不确定因素影响日益增加，大数据、人工智能、无人驾驶等新兴技术加快推广应用，技术创新带来的"双刃剑"效应逐步显现。在错综复杂的发展格局下，超大城市面临的风险挑战更具不确定性和复杂性，成为各类传统和非传统安全风险的"高发地"。

党的二十大提出，以新安全格局保障新发展格局，推动高质量发展，打造宜居、韧

孙建平，原上海市交通委员会主任，同济大学城市风险管理研究院院长，上海市固定资产投资建设研究会特聘专家。

苑　辉，同济大学城市风险管理研究院宣教中心主任。

性、智慧城市。韧性城市是未来发展的方向,尽管上海等超大城市等提出了"韧性城市"的建设目标,并已经逐步从理论走向实践,但韧性城市作为一项极其复杂的系统工程,还缺乏具体的行动方略,韧性城市建设仍处于起步阶段。

从当前城市发展的内在要求和外在压力来看,韧性城市建设应抓住能力提升这一关键,对城市的韧性能力作出评价,从免疫力、治愈力、恢复力三个关键维度推进安全韧性城市建设,不断提高超大城市韧性建设发展水平。

一、中国城市化进程提速需要安全保障

当前我国城市化进程已进入高质量发展的新阶段。增强城市韧性,已成为城市可持续发展的核心要素之一。

(一) 中国城市化进程提速

现代化是人类社会发展的潮流,城镇化是现代化的必由之路。改革开放以来,我国经历了世界历史上规模最大、速度最快的城镇化进程,取得了举世瞩目的成就。

大规模城镇化推动数亿农村富余劳动力和农村人口向城镇转移,改革开放以来,我国城镇化快速推进,平均每年新增城镇常住人口超过1 600万人。1978年我国城镇化率约17.9%,国家统计局发布2022年国民经济和社会发展统计公报显示,2022年年末全国常住人口城镇化率为65.22%。[①] 数据显示:2021年末,全国城市数量达691个,比2012年末增加34个。城市人口规模不断扩大,按2020年末户籍人口规模划分,100万~200万、200万~400万、400万以上人口的地级以上城市分别有96个、46个和22个,分别比2012年末增加14个、15个和8个;50万以下、50万~100万人口的城市分别有47个和86个,分别减少7个和22个。

根据国务院于2014年下发的《关于调整城市规模划分标准的通知》,城区常住人口1 000万以上的城市为超大城市,城区常住人口500万以上1 000万以下的城市为特大城市。根据住房和城乡建设部于2022年10月公布的《2021年城市建设统计年鉴》,截至2021年末,全国共有超大城市8个,分别为上海、北京、深圳、重庆、广州、成都、天津、武汉。

党的十八大以来,各地区积极贯彻落实新发展理念,着力提升城镇化水平和质量,

---

① 国家统计局. 中华人民共和国2022年国民经济和社会发展统计公报[EB/OL]. (2023-2-28). http://www.stats.gov.cn/sj/zxfb/202302/t20230228_1919011.html.

扎实推进以人为核心的新型城镇化战略,城市规模结构持续改善。城镇化空间布局持续优化,大中小城市和小城镇协调发展,城市群一体化发展水平明显提高。总体看,进入新时代,新型城镇化建设是要在城市规模不断扩大的同时实现以人为核心的高质量发展。

(二)中国式现代化城市发展要求统筹发展与安全

党的二十大报告明确:中国式现代化是人口规模巨大的现代化,是全体人民共同富裕的现代化,是物质文明和精神文明相协调的现代化,是人与自然和谐共生的现代化,是走和平发展道路的现代化。[①]

笔者认为中国式现代化的提出,进一步明确了未来中国城市化的方向。中国的城市化是在超大规模和超常规速度下的高质量城市化;是以人为核心,人人享有城市化发展成果的城市化;是物质文明和精神文明的协调发展,兼顾城市硬实力和软实力的城市化;是融入大自然,让居民望得见山、看得见水、记得住乡愁的城市化,是融入现代元素,也是延续城市历史文脉的城市化。[②]

这一发展要求的丰富性说明城市发展面临的挑战不仅表现在速度方面,更多表现在质量方面。在高速增长转向高质量发展的过程中,"换挡转轨"往往会带来新的矛盾和问题。各种矛盾风险源、各类矛盾风险点相互交织、相互作用。如果防范不及、应对不力,就会传导、叠加、演变、升级,使小的矛盾风险挑战发展成大的矛盾风险挑战,局部的矛盾风险挑战甚至发展成系统的矛盾风险挑战。统筹发展与安全正是解决这一矛盾的路径。

(三)人民对美好生活的向往对城市运行安全提出新要求

十九大报告提出中国特色社会主义进入新时代,我国社会主要矛盾已经转化为人民日益增长的美好生活需要和不平衡不充分的发展之间的矛盾。[③]

社会主要矛盾的转化反映出,要实现各方面更加均衡地发展是人民的愿望。中国式现代化和高质量发展,不仅要解决"有没有"的问题,更要解决"好不好"的问题。安

[①] 高举中国特色社会主义伟大旗帜 为全面建设社会主义现代化国家而团结奋斗——在中国共产党第二十次全国代表大会上的报告[EB/OL].(2022-10-16). www.qstheory.cn/yaowen/2022/10/25/c_1129079926.htm.
[②] 孙建平.中国式现代化为中国式城市化指明方向[EB/OL].(2022-11-23). http://wenhui.whb.cn/zhuzhanapp/cs/20221123/497176.html? timestamp=1669217070335.
[③] 决胜全面建成小康社会夺取新时代中国特色社会主义伟大胜利——在中国共产党第十九次全国代表大会上的报告[EB/OL].(2017-10-18). https://www.xuexi.cn/lgpage/detail/index.html? id=8806938689412914247&item_id=8806938689412914247.

全关乎人民福祉,是城市为市民提供的基本服务,只有推动公共安全治理模式向事前预防转型,才能不断把人民对美好生活的向往变为现实。统筹发展与安全,反映出以人民为中心的价值判断,是建设人民城市的指向。

党的二十大提出的把公共安全治理的工作重心转向事前预防,正是将各种风险化解在萌芽状态的有效举措。从传统的防灾减灾救灾向韧性提升、风险治理、协同应对的可持续发展方向转变,是人民呼唤、时代要求、历史选择。[①] 工作重心向事前预防转型正是韧性城市建设的重点。

(四)城市运行安全是总体国家安全观的具体体现

2014年4月15日,习近平总书记在中央国家安全委员会第一次会议中首次阐述了总体国家安全观的基本内涵。党的十九大报告指出:坚持总体国家安全观。统筹发展和安全。党的二十大报告对总体国家安全观进行了更详细的论述。提出了"推进国家安全体系和能力现代化",并将其作为落实总体国家安全观的具体行动。

城市容纳了我国65%以上的常住人口,以人民安全为宗旨,可以说总体国家安全观的各项要求集中体现于城市安全的具体要求中。从城市角度看城市发展中各种风险源、风险点相互交织、相互作用。如果防范不及、应对不力,就会传导、叠加、演变、升级,使小的矛盾风险挑战发展成大的矛盾风险挑战,局部的矛盾风险挑战甚至发展成系统的风险挑战,会给人民生命财产安全带来巨大挑战。因此保障城市运行安全是落实总体国家安全观的具体体现。

(五)新发展格局对城市运行安全提出新要求

党的二十大报告指出以新安全格局保障新发展格局。

从根本上说,构建新发展格局是适应我国发展新阶段要求、塑造国际合作和竞争新优势的必然选择。提出构建新发展格局,是对我国客观经济规律和发展趋势的自觉把握,是有实践基础的。构建新发展格局是开放的国内国际双循环,不是封闭的国内单循环。构建新发展格局是以全国统一大市场基础上的国内大循环为主体,不是各地都搞自我小循环。

超大城市一般为国内大循环的节点、国内国际双循环的链接,在构建新发展格局中具有举足轻重的地位。从空间位置和城市服务功能上看,超大城市要素集聚,发展动能强劲,对一批战略性产业的健康发展有着基础性支撑作用和至关重要的影响。城

---

① 孙建平.推动公共安全治理模式向事前预防转型[N].中国应急管理报,2022-12-27.

市在应对慢性压力和在急性冲击下的有序运行能力和快速恢复能力对新发展格局的塑造和健康发展至关重要。

二、超大城市安全发展的现实挑战

从城市发展的一般规律看,城市风险客观存在,是在特定的城市空间和场域下,可能性的耦合及其引发的不良后果。[①] 从多个维度分析城市风险,才能更好地认识我国城市发展面临的挑战。

(一) 城市发展过程中的普遍挑战

1. 城市化进程与城市风险的一般规律

美国城市地理学家诺瑟姆在对英、美等西方国家工业化进程中城镇化率变化趋势进行分析的基础上,于1979年提出了城镇化发展的一般规律,大致可以分为三个阶段:初期(人口城镇化率在30%以下);中期(人口城镇化率30%~70%):工业基础比较雄厚,经济实力明显增强;后期(人口城镇化率70%~90%):农村人口向城镇人口的转化趋于停止,这个过程的城镇化不再是人口从农村流向城市,而是城镇人口在产业之间的结构性转移,主要是从第二产业向第三产业转移。

城市化不同阶段城市风险的主要特征,一般研究认为三个阶段的风险特征是有所差异的。第一个阶段往往是工业化初期,主导产业是轻纺工业,生产性事故比重较大,城市风险比重较小。第二个阶段往往是工业化中期或扩张期,主导产业是钢铁、化工、机械等重化工业,这时人口和产业向城市集中,产生了劳动力过剩、交通拥挤、住房紧张、环境恶化等"城市病",生产性事故与城市风险并重。第三个阶段往往是后工业化时期,虽然还没有到来,但是可以大胆地假设。随着工业4.0的全球推进,生产的本质可靠性将极大提升,但是新的风险会不断出现,城市风险的比重将会加大。

2. 我国城市风险挑战具有独特性的主要原因

一是我国的城市化进程与西方城市发展在底层价值观上有显著的不同,我们的城市发展在不同历史阶段都将满足广大人民的需求摆在首要位置。事实上,很多风险灾害对城市运行的影响是无差别的,城市基础设施和公共服务的不均衡往往引发更为严重的灾害。总体来看,在应对这些风险挑战的过程中,我国城市发展的底层价值观和制度优势表现出了更强韧的抗风险能力。二是西方国家城市化进程有着

---

① 孙建平.城市风险管理学[M].上海:同济大学出版社,2021:31,45.

较为清晰的发展阶段,其所面临的风险往往有着较为清晰的特征。中国的城市化进程是压缩式的,中国城市在发展过程中面临的风险往往是西方城市不同发展阶段风险的叠加。三是我国的文化传统与西方文化传统有显著不同,中国是传统的农业大国,文化与社会组织方式与西方国家不同。中国城市化与快速工业化同时发生,社会变革中催生了一些独特的矛盾冲突,带来了一些独特的挑战,对城市安全运行产生影响。

(二) 超大城市面临的风险态势

当前我国城市规模仍在扩大,城市群建设正在快速推进。超大城市面临的风险挑战日益引发关注。未来一段时间,超大城市安全运行受到的挑战将日益复杂。当前超大城市普遍面临小概率风险日趋频发,常态风险叠加并发;"大白象"式的潜在风险集中爆发的态势。

1. 超越认知的小概率风险日趋频发

党的二十大报告指出:我国发展进入战略机遇和风险挑战并存、不确定难预料因素增多的时期,各种"黑天鹅""灰犀牛"事件随时可能发生。我们必须增强忧患意识,坚持底线思维,做到居安思危、未雨绸缪,准备经受风高浪急甚至惊涛骇浪的重大考验。

这是对我国未来一段时间发展环境的总体判断。二十大报告进一步指出:当前,世界之变、时代之变、历史之变正以前所未有的方式展开。从城市安全运行角度来说,"世界百年未有之大变局"意味着城市在快速发展的同时面临多重挑战。

一是大量超越认知的,小概率的新型风险正在增多。例如,20年内,已经有多种新型病毒影响人类生活。新型病毒的出现,挑战了人们对医疗行业发展的信心,带来了新的挑战。人类已经知的7种人感染冠状病毒中,5种是在2000年以后发现的。[①]

二是自然灾害的强度超出人们的认知,且这类灾害发生的频率正在增加。极端天气气候事件是近年来大家感受最深的黑天鹅事件。2021年郑州"7.20"特大暴雨灾害:因灾死亡失踪398人,其中郑州市380人,占全省95.5%;直接经济损失1 200.6亿元,其中郑州市409亿元,占全省34.1%。

2023年4月21日世界气象组织发布《2022年全球气候状况报告》显示,由于吸热

---

① 楚侃侃,郭玲,陈利,张云智.冠状病毒分类、宿主动物与所致人类疾病研究进展[J].中国公共卫生,2022,38(6):815−820.

温室气体达到了创纪录水平,陆地、海洋和大气发生了全球范围的变化。就全球温度而言,尽管过去3年拉尼娜现象产生了降温影响,但2015年至2022年仍是有记录以来最热的8年。

从社会角度说,当今世界正经历百年未有之大变局,新一轮科技革命和产业变革深入发展,百年变局与世纪疫情交织叠加,深层次矛盾突出,不稳定性不确定性增加。在疫情、气候变化以及结构性不平等因素的叠加冲击之下,粮食危机、贫困、疾病等连锁性危机亦接踵而至,世界极端贫困率自20世纪90年代以来首次上升。2023年达沃斯世界经济论坛发布的《全球风险报告》考虑了自然环境、地缘政治紧张局势升温、各种社会经济风险"融合"。报告认为,在这样的背景下,大流行病造成的各种长期后果日益显现,带来更多的危机,甚至会影响到人们应对长期风险的行动。[①] 这一国际环境正是我国城市安全发展面临的外部挑战之一,也是中国城市特别是超大城市可能面临小概率风险日趋频发挑战的原因所在。

2. 城市生命体复杂系统固有的常态风险叠加并发

二十大报告指出:中国式现代化是人口规模巨大的现代化。我们的城市化充分体现了这种规模性。我国14亿多人口整体迈进现代化社会,规模超过现有发达国家人口的总和,艰巨性和复杂性前所未有,各种风险客观存在。

城市重点行业的安全生产事故是大概率发生的,总体趋势看,这些领域安全生产管理水平逐年提升。2012—2022年,十年间,全国范围来看:重特大事故的起数从2012年的59起,就是平均每个月大概是5起,下降到2021年的17起,平均每个月1.4起左右,下降幅度达到了71%。[②] 例如近3年来上海安全生产事故数和死亡人数持续下降,2021年各类安全事故数减少至430起,死亡人数降低至457人,比上年分别下降5.91%和8.78%,亿元GDP死亡率0.011。

在这些领域虽然总体安全态势向好,但也有很多新的问题影响这些领域的安全运行。例如技术工人缺乏:人口老龄化等多种原因造成越来越多的年轻人不愿意从事制造业、建筑业等。设备老化:每个企业都会遇到的常见现象,一方面不少企业在设备维护上相对粗放,另一方面由于资金等原因,设备用了再用,不能满足安全生产的要求。技术更新:最近几年技术迭代,技术更新迅速,但操作手册、管理手册不能满足技术需

---

① 苑辉. 全球风险报告:"融合"视角下的风险研判与城市发展挑战[J]. 上海城市发展,2023(2).
② 推动我国应急管理事业取得历史性成就、发生历史性变革. https://www. xuexi. cn/lgpage/detail/index. html? id=2345655818606751520&item_id=2345655818606751520.

求等都造成这些重点领域面临新的安全挑战。

这些新的特征势必造成未来很长一段时间内,我国城市在安全运行方面面临着这类风险叠加并发的挑战。

3. 潜在风险集中爆发

党的二十大报告指出:改革开放和社会主义现代化建设取得巨大成就,党的建设新的伟大工程取得显著成效,同时一系列长期积累及新出现的突出矛盾和问题亟待解决。

"大白象"式的风险是笔者根据城市风险的特征提炼的。是指由于城市生命体的复杂性导致的大而不易察觉的潜在风险。这类风险量大面广、长期积累,不少是在城市快速发展中积累的、需要巨大的投入和冒一定的风险才能解决。

"大白象"式风险中包含大量"导致风险失去控制的有意忽视态度和行为",即回避态度。这些行为产生的原因主要由系统的复杂性导致:其投入大,而效益展示度不大,从而选择对其忽视不见,只寄希望其不要在管理者任期内产生问题,或宁可事后救援出成绩,也不要事前投入出效益。

其本质是对城市生命体延续、关联、共生等特征理解不透,对城市的规模、密度、事故灾害的危害认识不深。简单来说,对风险"眼盲""心盲"。

原因之一是我国的城市化发展是一种压缩式发展,过去一些问题被快速发展遮蔽了,或者说,花精力解决投入大、收益小,自然很难集中人力和物力来解决。这些问题积累到今天,不少问题集中爆发,很多安全事故都是源于此。

总体看,这三类风险是超大城市面临的普遍性风险类型,管理难度大,亟需我们在城市管理能力上进一步提升,韧性能力建设是系统性防御这些风险的有效路径。

三、构建韧性城市的能力框架

韧性城市建设内涵丰富,是一个庞大的系统工程,一般认为韧性城市理论中的韧性就是在特殊致灾因子和孕灾环境的共同作用下,城市空间与社会系统所表现出的御灾能力。在从理论到实践的过程中,很多城市的韧性城市建设只体现在理念导向上,而缺乏具体的落脚点。本文结合城市风险样态的复杂性,从城市生命体特征出发,认为城市韧性城市建设应以保障城市安全运行为核心导向,围绕"免疫力－治愈力－恢复力"这一能力框架开展系统的能力提升工程,建设韧性城市。特别是要确保城市关键基础设施具有较强的风险"免疫力",在危机灾害冲击中保持较强的治愈力,从而穿越风险实现快速恢复。

(一)韧性能力建设是统筹发展和安全的有效路径

统筹发展与安全,关键在于统筹。韧性能力是城市风险防控能力的系统提升,是统筹发展和安全的有效路径。

1. 韧性理念的发展

学术界大多认为,韧性最早被物理学家用来描述材料在外力作用下形变之后的复原能力。1973年,加拿大生态学家霍林(Holling)首次将韧性概念引入生态系统研究中,定义为"生态系统受到扰动后恢复到稳定状态的能力"[1]。自20世纪90年代以来,学者们对韧性的研究逐渐从生态学领域扩展到社会—经济—自然复合生态系统研究中。随着时间的推移,韧性的概念经历了从工程韧性、生态韧性到演进韧性的发展和演变。从最初的工程韧性认为韧性是系统在遭遇外部扰动时恢复到平衡或稳定状态的能力,到后来的生态韧性将韧性定义为系统在改变其结构前吸收干扰的能力。

安全韧性城市强调一座城市在面临自然和社会的慢性压力和急性冲击后,特别是在遭受突发事件时,能够凭借其动态平衡、冗余缓冲和自我修复等特性,保持抗压、存续、适应和可持续发展的能力。

2. 韧性城市能动态适应发展和安全的统筹

统筹发展与安全,关键在于统筹。提升城市的韧性能力,是达到统筹的有效路径。提升城市韧性能力意味着城市无论是在面对急性冲击还是慢性压力下,都可以最大限度地保持有序运行,当风险防控体系被击穿时,也能快速恢复,在动态适应中应对多种风险挑战。

韧性城市强调对各类风险从机械防御转向动态适应,从防御的单一视角转向了"减缓+适应+恢复"的多重视角,用发展的视角处理安全问题,在动态发展中解决安全问题,使风险受控,是统筹发展和安全的有效路径。

总体而言,在风险防控理念上应实现以下五个转变:

(1)从单一到整合。比如由单一风险分析转变为多风险耦合评估,由单尺度、描述性分析到多尺度、机理性评估,由单部门孤军作战到模块化城市治理等。

(2)从短期到长期。由"短期止痛"转变为"长期治痛",城市治理的理念要实现"工

---

[1] 邱勇哲.韧性城市—越弹性越可持续[J].广西城镇建设,2018(12):40-56.

程思想"向"生态思想"的转变。工程思想强调在最短的时间内恢复原状,而生态思想强调不断更新、协同进化。

(3)从响应到适应。由"亡羊补牢"转变为"未雨绸缪",由被动的应急响应转变为主动的风险调控,要始终让城市风险保持在城市发展和治理可接受的水平之下。

(4)从静态到动态。由终极蓝图式的静态城市发展目标转变为适应性的动态弹性城市发展目标,要积极探索多种可能的途径以应对城市发展中的不确定性。

(5)从刚性到柔性。由刚性的城市危机处理及抵御对抗转变为柔性城市风险防控与消解转化,并且能够从外部冲击、风险或不确定性中获益成长。

3. 韧性城市建设从理论走向实践

韧性城市是一个由西方学者和国际机构率先倡导的舶来品,"韧性城市"目前已成为联合国防灾减灾和可持续发展领域的重要内容。2002年,倡导地区可持续发展国际理事会(ICLEI)在联合国可持续发展全球峰会上提出"韧性"概念。[①] 2005年联合国国际减灾战略将建设韧性的国家和社区作为《兵库行动框架》的主旨。2012年纽约遭遇历史罕见的"桑迪"飓风袭击,屋毁人亡、停水断电,损失惨重,这一极端天气事件直接推动了《一个更强大、更具韧性的纽约》适应性规划的出台。同年,联合国减灾署启动亚洲城市应对气候变化韧性网络。

《中共中央关于制定国民经济和社会发展第十四个五年规划和二〇三五年远景目标的建议》明确提出"建设韧性城市,提高城市治理水平,加强特大城市治理中的风险防控"。同时,国内上海、北京、深圳、广州等一大批特大或超大城市,在其"十四五"规划中,也纷纷提出推动"韧性城市"建设的愿景计划,旨在全面提高城市的安全高效运行。目前,除了个别城市制定了韧性城市建设的实施意见外,大多数城市的韧性建设还处于起步阶段,尚未形成明晰的建设路径和总体方略。

(二)韧性城市建设的三个关键能力

笔者认为,城市和生命体高度类似,城市和生命体都是复杂系统。城市可以看作是一个各个"器官"、各个子系统充分联系、高度协作的有机生命体。对城市的认知不应该是机械的、割裂的,而应该是联系的、系统的。

城市系统和生命系统高度相似。从生命系统获得启发,结合相关理论对城市综合

---

① 唐皇凤,王锐. 韧性城市建设:我国城市公共安全治理现代化的优选之路[J]. 内蒙古社会科学(汉文版),2019(1).

防灾安全过程韧性研究,韧性建设要点在于增强三个关键能力:免疫力、治愈力、恢复力。

1. 免疫力:识别"非己",自我恢复

免疫力,是韧性能力的关键。

城市和生命体一样,是一个开放、复杂的、内部环境不断流变—突变,同时与外部环境不断发生信息、物质、能量交互的复杂不稳定巨系统。

每一个生命体都有自身的免疫系统。医学上,免疫系统功能之一在于区别"自己"和"非己",对危险的"非己"物质进行识别和清除。免疫系统的医学定义是针对人体这一复杂系统提出的,其反映了人类抵御多种疾病以及和多种"非己"物质适应、共生的原因所在。

(1)基础设施的基本防御能力

城市免疫力包含的第一层能力是基础设施的基本防御能力。城市空间中的各类基础设施本身都具备安全属性,对各类干扰都具备基本的防御能力,这是城市系统免疫力应包含的基本能力之一。

(2)风险监测发现能力

生物体的免疫功能有一套对病毒的识别机制,与生命体类似,城市系统的免疫力还要包含风险监测、发现能力。

(3)自我纠错、自动调节能力

韧性城市的免疫力还体现在面对各种干扰因子能够自我纠错,快速回到稳定状态的能力。一个企业将安全生产贯穿在日常管理的全过程,落实在每一个员工的日常行为中,这是一种免疫力。当台风来临,及时发出预警,各部门落实好各项防控措施,广大市民主动避险,城市运行系统未受影响,就是一种自我防御、自我恢复,是免疫力的体现。这种免疫力的形成有赖于文化的塑造、技术的支撑、管理的精细。

免疫力提升过程中,离不开外在控制、制约。

对于个体生命来说,生命系统有自身的免疫机制,主动管理健康是一种非常自律的行为,可以发挥增强免疫功能的作用;对于企业这样的市场主体来说,主动管理安全是一种需要付出巨大成本的行为;对于城市这个巨系统来说,安全是公共管理的基本职能。从韧性城市建设的角度看,必须建立一整套制度、机制激励、约束各类主体行为,才能使整个城市具有更强的免疫力。

从长期看,韧性城市建设的最终目标是提升免疫力。党的二十大报告明确提出"推进国家安全体系和能力现代化",提出了四项具体举措。其中最鲜明的特征之一是强化预防。从体系建设、能力提高等不同角度强调预防工作的重要性。提升韧性能力,免疫力提升是重中之重,是实现韧性城市建设目标的核心。

2. 治愈力:有效控制风险损失的能力

治愈力是有效控制风险损失的能力,是韧性能力的重要内容,是从各种冲击中快速恢复的基础。

不同类型的风险其演化规律不同,风险传导的速度不同,造成的灾害损失不同,"治愈方法"也不同。例如传染病传播方式等不同,传播速度则不同,疫情产生的直接和间接原因不同,控制手段就不同。

治愈力主要是外在的控制力,治愈力在机制层面指建立一套责权明晰、行之有效的响应机制,能够在危机来临时迅速启动奏效;在决策层面指应对危机时能够科学、迅速地做出决策,精准控制危机带来的危害;在行动层面要确保信息通路高效透明,各类要素资源具有一定的冗余或高效的"平灾"转换能力。

3. 恢复力:应急处置,全面恢复

对于城市安全这一复杂系统而言,恢复力是重要的保障能力。

第一,恢复能力表现为应急处置能力。统筹应急资源、建立快速反应、有效应对的应急机制,确保事故发生后,最快速度实施救援,最大程度降低事故损失。比如系统打造水域、高层、轨交、化工、大跨度建筑等专业攻坚力量,积极鼓励引导街道、社区、企业、单位等基层应急力量和社会救援组织承担一定的初期抢险救灾职能。还应积极推行社会应急装备物资、大型工程器械联储联动机制。确保事故发生后,有正确的人,配备正确的装备,配足正确的物资在正确的时间出现在正确的位置上,开展救援。

第二,系统从消极状态中恢复的能力。城市生命体从各类突发事件和慢性压力带来的负面影响中恢复往往是多方面的。主要包含三个方面:物理空间功能的恢复;各类管理系统、公共秩序的全面恢复;公众情绪特别是对未来发展预期的恢复。这一能力由制度优势、文化优势、技术优势以及市场激励手段共同构建。

第三,系统整体迭代提升的能力。一个"韧性"组织在各种不确定挑战的冲击下,会快速形成大量行之有效的工作方法,并通过一套行之有效的筛选机制,快速迭代、升级、提升能力,不断应对新的不确定性挑战。

要逐步固化为主动防御的能力,内化为主动控制的自愈能力,直至迭代为免疫力。从治愈升级为自愈的过程可以分解为三个层次:一是及时总结,每一次突发事件后,通过经验总结,沉淀优秀做法;二是逐步形成行业操作规范、操作手册等,在行业内推广直至在更广泛的领域推广;三是整合协同,整个城市管理系统会在这样的反复实践、训练、纠错中实现系统迭代。随着管理成熟度的提升,管理人员,特别是一线人员可以主动地在各种支持下根据事态的动态变化,在第一时间做出判断,调动资源、采取行动,即为一种自愈能力。

韧性能力看似复杂,但抓住免疫力、治愈力、恢复力这一能力框架,就能根据自身特点,找到提升路径。

(三)提升城市安全韧性能力的三个关键

韧性能力是城市风险防控能力的系统升级,体现了生命至上的原则和目标,是安全体系和能力现代化建设的重要内容,有三个关键需要关注。

1. 从被动应对到主动适应的目标转变

韧性能力提升,意味着我们应对各类冲击时,整个城市运行体系的目标发生了变化,不仅包含被动防御,还包含主动预防,主动减缓和适应,预防为先,守护生命。

例如在应对自然灾害方面,不仅要被动防御,还要主动减缓,探索适应新变化的方式。2022年5月,生态环境部等17部委联合印发《国家适应气候变化战略2035》,首次将适应气候变化提高到国家战略高度,推动重点领域和区域积极探索趋利避害的适应行动。在这一指导思想下,主动减缓温室气体排放、对气候变化加强风险预警,提升气象服务能力,与各行各业共同提高应对极端天气等举措被提上议事日程。

目标的转化,其实质指向发展和安全的统筹,用发展的眼光看待安全问题,在发展的过程中确保安全,是更深层次的预防。

2. 以"平战结合"为核心的要素重构

"平战结合"是在适应慢性压力和极端冲击中高效、经济的策略,是实现主动适应目标的有效手段和突破口。

从常态到非常态的快速转换能力是"平战结合"的重要内容。这一转换能力的实现可以从三个角度发力。

一是实现基础设施、管理单元功能的多样性和模块化,为"平战结合"奠定基础。

设施功能的多样性,确保了安全和成本之间的平衡,可以较小的投入实现常态和

非常态功能的转化和结构调整。基础设施功能的模块化一方面可以实现功能的快速重新组合,快速实现系统功能的转化。另一方面也可以分散干扰,锁定增益,阻断风险。在抗击疫情的过程中,很多企业能够快速转产口罩生产,很大程度上依赖于今天我国工业制造在多样性、模块化方面的卓越能力。从系统的管理结构上来说,只有实现了基础设施和管理单元功能的多样性和模块化,才可能实现城市运行系统在各种状态下的机构调整、快速转化。

二是以适度冗余为基础的韧性能力提升。

冗余是实现防御急性冲击的最基础性措施,但冗余意味着成本,有效协同和适度冗余的结合往往更具适用性。如世博会举办期间上海充分挖掘周边城市的综合资源,通过多渠道合作分流游客的居住压力和接待压力,强化公共交通基础设施网络,增强交通聚散能力,形成多层次、多方位的服务体系,通过疏散人流缓解压力,实现了风险分散。

随着信息技术的发展、物流能力的提升,以效率降低成本更具可行性。对于一个高效协同的系统而言,分布式布局是一种非常经济的"动态冗余"。党的二十大报告提出"加强国家区域应急力量建设",直指区域高效协同。各类资源合理的分布式储备,一地突发事件,一地资源不足,但只要可以快速协调,就是具有一定的冗余性,是一种典型的"动态冗余"。[①]

三是充分利用各种新技术,新工具,赋能基层,构建高效系统并提高战时组织结构转化能力。

城市运行管理的层级多,链条较长,在突发事件中,难免反应速度慢,不能适应战时状态。相对而言,扁平化系统效率更高。基于信息技术实现组织结构的调整是一种有效手段。正如党的二十大报告指出的提升社会治理效能要"完善网格化管理、精细化服务、信息化支撑的基层治理平台"系统从常态转化为战时,必要条件之一是要确保建立完备的信息沟通机制,赋能还要赋权,让基层快速行动起来。

3. 以协作为保障的环境塑造

城市韧性能力提升,需要全社会的共同努力,离不开一个重视互助、协作的社会环境。

党的二十大报告指出"健全共建共治共享的社会治理制度,提升社会治理效能"。一个韧性的城市必然是人人参与建设、人人享有安全的城市。实现最广泛地动员要有

---

① 孙建平.用发展的眼光看待安全问题[N].解放日报,2022-12-20.

激励机制,也要有文化基础。中华民族是坚韧的民族,中国传统文化蕴含着坚韧、团结的基因;近代以来特别是"五四"新文化运动以来,在党和人民的伟大斗争中培育和创造的思想理论、价值追求、精神品格,又凝聚了中国人民顽强不屈、坚韧不拔的民族气节和英雄气概;在社会主义建设时期,中华民族的务实、创新、探索蕴含的勃勃生机。千百年来的积淀,让我们这个民族在大灾大难面前,有着不一样的品格和难以比拟的动员能力。无论在灾害防御、应对还是恢复的过程中,文化可以凝聚最广泛的力量。个人、家庭、社区都是城市韧性的坚实保障,是真正的韧性力量所在。

结束语

韧性城市建设是一个系统工程,需要发挥各行各业的主动性不断推进,又需要在很多领域打破行业界限树立新的管理理念,优化责权范畴,明确总体的能力建设框架,有利于相关管理部门在城市安全发展上形成一致的目标,和相对统一的发展步调,推进城市运行关键领域韧性能力的提升,建设韧性城市。

进入存量时代的上海固定资产投资与建设

戴晓波

摘　要：我国在经历了改革开放四十年的增量发展阶段后，开始进入存量发展时期。从投资方向看，在经历了工业化和园区建设、城市化和基础设施建设、房地产化和商品房建设后，固定资产的规模扩张时代已经结束。从建设内容看，固定资产投资开始转向新基建和科技创新，主要是提升基础设施质量和使用效率。从投融资角度看，高负债、高周转和高回报的资金投入模式难以为继，资金转向追求资产高效率、资本高价值和财富高升值的综合要素投入。从城市发展看，建设用地不再扩大、城市边界受到控制、固定资产投资建设主战场转向城市更新、旧房改造和乡村振兴等领域，固定资产投资建设从规模扩张转向高质量发展。总之，固定资产投资建设已经进入存量发展新时代。

一、从增量到存量的城市发展

（一）存量发展的概念

增量和存量原本是用于企业经营和社会资源管理的专业术语。在西方经济学中，存量（Stock）概念是指在某一时间点上，过去生产与积累起来的产品、货物、储备等结存的数量。资源和资产存量的主要形态有以下三种：一是资源存量，包括了已有发现的土地、矿产、劳动力、能源和原材料等自然资源；二是资产存量，包括了处在生产和消费使用中的产品和商品、未销售产品的库存、现有的厂房和设备、土地使用权以及账面

戴晓波，上海社科院应用经济研究所房地产研究中心主任、研究员，上海市固定资产投资建设研究会副理事长。

资金等;三是要素资产存量,如企业知识产权、商标商誉等。固定资产增量通过投资形成,在固定资产总量饱和后,成为存量资产。

经济增量发展作为一种经济增长方式,是指主要通过供给侧的资源投入和资产总量增加实现经济增长的模式,这段时期可称之为经济增量发展阶段。在通过资源投入增加和资产增加带来的GDP增长的经济发展方式不可行时,经济存量发展是指寻找出新的经济增长要素替代不再增长的资源和资产等原有要素,同时改变现有经济增长模式。在固定资产投资与建设领域正在经历从增量发展到存量发展的转型,在固定资产饱和后,投资建设的主要任务不是规模扩张,而是用于存量资产质量提升和提高产出效率。

(二)土地存量资源和城市建设用地

土地资源利用指的是在某个国家、某个区域所包含的全部领土范围内,根据土地的用途差异和不同的开发需求组对土地资源进行开发、使用和保护。土地利用作为人为的干预过程,指的是人类通过物理手段,对土地资源加以资本和劳动力的投入,进而期望在未来取得某种收益的表现;或者人类通过经济活动与土地资源相结合,并从中取得一定的物质产品与服务所得。我国把土地资源在分布上可分为城市土地和农村土地,在用途上分为建设用地和非建设用地。

城市土地是城市建设的基本资料与物质基础,对我国区域经济发展和社会发展有着十分重要的作用。城市建设用地是指原有划归城市的土地和新增来自农村的土地,包括集体经济组织所有的土地,以农村用地征用和占用而来并划归国有的土地。城市土地由政府作为土地的分配主体,通过规划、划拨或者市场交易等手段对城市建设用地进行投资、建设、出让和获益,为城市建设和社会经济活动提供基本的物质载体,为城市居民的生活工作提供操作空间和活动场地。城市建设用地主要是城市中用于非农用途的、地理位置处于中心、人口聚集程度高、建筑面积大和基础设施完善的土地。

我国建设用地根据土地供应方式的不同分为存量用地与增量用地,其中,增量土地指的是由政府通过对农地或城乡未被利用土地的征收而取得的供乡发展的新增建设用地;存量土地是指城乡发展过程中已规划或已占用的土地,包括已使用和未使用或被闲置浪费的土地,这些土地可以直接在二级市场上的现有土地使用者之间进行交易。

"十二五"期末,我国建设用地增长逐步进入达峰期。主要表现在严格的耕地管控制度、城乡建设用地按省份进行总量控制和省内区域间流转的政策,新编的城乡规划不再以增加建设用地为目的。"十三五"以来,中国全面实现了新增建设用地零增长,城市规划和开发边界得到管控,农耕地得到保护,固定资产投资和建设重点领域从过去的新区和新城的开发建设为主,转向城市更新、老城区改造和乡村振兴等存量土地的再开发和增能提效等方面。

(三)城市增量规划与存量规划

增量土地与存量土地作为城市的两个组成部分,二者不可分割,都承载着城市发展的使命。与其相对应,增量城市规划主要是以城市新增建设用地作为供应手段来扩展城市空间规模,进而推动城市发展。存量城市规划主要基于现有城市空间规模不变和控制城市扩张的前提下,对已规划、已占用的土地进行再规划,对城市现有建设用地进行盘活、优化、挖潜、提升等一系列规划行为,实现城市的转型发展。

上海的上一轮城市增量规划(2001—2020年)就是典型的城市建设用地和固定资产投资的扩张性规划。在土地制度、规划和固定投资建设等因素的共同影响下,固定资产投资方向主要是郊区产业园区和浦东新区的空间拓展,通过这一轮城市规划的实施,加快了工业投资和城市基础设施建设进程,上海城市建设用地的面积从1990年的1 000平方多公里,在短短的二十年内就扩张到了近3 000平方公里,同期上海住房保有量也从建筑面积2亿平方米左右增加到14亿平方米左右,实现了上海城市化进程中的规模性跨越。

上海在新一轮城市存量规划的指引下,固定资产投资的重点也发生了变化,主要在存量土地上进行建设,一是房地产投资规模比重不断增长,城市居民的居住条件和环境质量得到进一步提高,城市更新和旧区改造进度加快,如基本消灭了棚户简屋和二级旧里等历史遗留的危房和旧房;二是对产业地结构进行调整,通过固定资产投资建设,将原有近1 000平方公里的工业园区集中到400多平方公里的园区内,并导入产业创新活动,提高了产业用地的效率;三是大力进行农耕地保护、生态地维护、大江大河治理等环境改善性固定资产投资建设。目前,上海正在经历国际化大都市进程中的高质量提升阶段,对固定资产投资建设也提出了新的挑战。

二、从三权分置到固定资产扩张

(一)三权分置理论

产权中的"三权"指的是所有权、财产权和使用权及其相关权利等,在三权中,所有权是产权的基础、财产权是产权价值的"种子权"、使用权等其他权利是产权使用价值实现的关键。产权的"三权分置"是指同一个资产的三项权利分置于二个及以上不同的权利主体,实现产权基础、利益核心和实用价值的三位一体。一是所有权,在我国,《宪法》中明确以公有制为主体,法律同样也保护非公有的产权权利。二是财产权,一般情况下土地所有权决定了所有者的财产权,但是在"三权分置"的特定条件下,土地财产权可以与所有权分离、分置和让渡,分别归属于两个不同的产权主体。土地财产权作为产权的"种子权",决定了房地产价值衍生的使用权、租赁权、处分权、继承权、抵押权等其他权利。例如,城市土地所有权归国家所有;但是,无论是国有企业还是民营企业的房产公司,通过土地"招拍挂"批租获得的土地,实际就拥有财产权;又如,房地产的财产权按照《民法典》被称之为物权。三是使用权,使用权包括了占用权、承包权、租赁权和其他物的使用衍生权力,使用权是最终使用价值实现的权力。

从历史维度观察,新中国成立以来的土地产权制度大致经历了"私有私用""公有公用""公有私用"三个阶段,形成了相对稳定的城市建设用地和农地的"两权分离"模式,并逐步过渡到现在与"三权分置"结合的并行模式。

(二)土地制度改革与开发建设

1988年,上海的城市建设资金严重不足,城市基础和住房欠账严重,住房问题和交通问题成为当年的老大难问题,当年发生了黄浦江轮渡踩踏、甲肝流行等多起社会公共事件,引发政府和市民对城市基础设施建设的密切关注和期待。同年,我国对宪法和土地法进行了修改,在原有城市土地的国家有权和划拨使用的基础上,增加了国有建设用地土地市场出让和土地批租的用益物权,实现了城市建设用土产权的三权分置。之后,衍生出商品房产权,以及由批租土地出让年限和房屋所有权构成的房地产财产权。这个制度使得银行的房地产抵押业务可以开展,随着金融杠杆的介入,各城市的工业建设用地、城市建设用地和房地产建设规模快速扩张,固定资产投资和建设总量大幅度增长。

1992年中央宣布建立浦东新区以来,上海城市建设拉开了大规模土地开发和基础设施建设的序幕,上海"九五"计划(1996—2000年)的城市基础设施建设与房地产投资占比达到了全社会固定资产投资的一半,之后的十年(2001—2010年)又达到了2/3,再后的十年(2011—2020年)进一步达到了九成以上。城市建设投融资渠道多元、规模急剧扩大,城市基础建设加快,城市化地区迅速扩张,城市基础设施和住房历

史欠账大部分已还清。与此同时,上海的两大机场和洋山深水港、高铁和城轨、地铁和公交网络、高速公路网和高架快速路网等城市基础设施相继建成,同时房地产开发建设规模也随之扩大,一个现代化的国际大都市呈现在我们面前。

(三)住房制度改革与房地产发展

1980年6月,国务院72号文公布了全国住房改革新政:包括准许职工私人建房、买房和拥有自住住房,现有住宅也可以出售;国家建设的住宅可向私人出售,房款一次付清可给予优惠,鼓励公私合营或民办公助建房等;之后,允许外销商品房在国内上市。在商品房利好政策下,中国到1990年的每年新增住房面积提高到1 000万平方米左右。1988年,国务院成立住房制度改革领导小组,并召开了第一次全国住房改革会议,提出"提租补贴、租售结合"等房改政策。

1991年5月1日,上海市住房制度改革方案正式出台,系统性的实施"推行公积金、提租发补贴、配房买债券、买房给优惠、建立房委会"等五位一体改革,在房地产三权分置的理论基础上,这项改革基本覆盖了住房市场化的资金与投资、建设与销售、流通与租赁、物业与服务等全部环节,为房地产市场化奠定了坚实的市场化运行机制基础。1997年,全国取消住房福利分配,全面推行住房公积金、住房市场化和住房保障三大制度;形成廉租房政府托底保障、经济适用房社会促进和商品房市场交易等三个层次的住房供应全覆盖体系。从此,全国逐渐进入房地产市场和房地产业的大发展时期。

房地产投资对拉动中国经济发展起到了积极的作用。房地产固定资产投资与建设在满足城市居民住房需求和改善居住条件、带动其他工业产品消费、支撑金融货币价值、增加政府税收、拉动经济和GDP贡献等方面都具有举足轻重的作用,在中国经济快速发展中,房地产投资与工业投资、基础设施投资和城市建设投资共同发挥了积极的作用。

房地产市场在资源配置中发挥了积极的作用。三十多年来,我国房地产市场体系框架已经初步建立,房地产一级市场从分散到集中,大量土地供给为政府创造了批租收入。房地产二级市场新建商品房销售,主要包括新建商品住房和新建商办用商品房,也包括用于转让或者出租的新建工业用商品房等。二级市场作为市场交易主流,为居民提供住房、为政府提供税收;还间接拉动建筑和家电等第二产业,以及金融与物业管理等现代服务业。

根据《中国人口普查年鉴2020》,2020年全国人口14.1亿,其中城镇人口9亿;随着中国房地产市场繁荣和住房供应规模增长,2020年人均住房建筑面积全国为41.76平方米,其中镇和乡村别为42.3平方米和46.8平方米;城市为36.52平方米(折合居住面积18平方米),人均住房建筑面积是1980年的近6倍。全国住房建筑面积总量达517.2亿平方米,是1980年的7倍多;其中城镇住房总量为294.6亿平方米,是1980年的16倍多。如果再加上公共用房、商办楼和厂房仓库等非居住房屋,中国的房屋保有建筑面积总量超过千亿平方米。中国住房问题由此得到解决,广大城镇居民从住房困难转为居住小康。

目前,随着住房存量规模的不断增加,房地产三级市场开始进入繁荣期,二手房转让和住房租赁市场活动活跃,促进了存量房屋的流动性交易,存量商品房同样包括商品住房、商办用商品房,可在市场上出租或出让用的工业厂房等可带动中介服务、装修装饰和抵押保险等其他产业。存量房屋与新建商品房的市场交易比例,随着商品房总量的不断增加而增加。从国外房地产市场发展规律看,市场化完善的国家和地区,二级市场一般依附于三级市场。在二级市场房屋短缺的时候,开发商再向一级市场购买土地或者动用储备土地。如德国,曾有过很多年没有新增住房入市供应的情况。中国城市在不久的将来,也将纷纷面临住房存量时代的到来。

三、从三资理论到投资转型

(一)三资理论

资源、资产和资本是相互不同的概念。资源是指自然界赋以人类的各种自然资源,如土地、水、植物和人类自身的劳动力等。资产是指人类通过劳动形成的产品,资产分为固定资产和流动资产,其中建设用地、房屋和基础设施等不动产主要就是指固定资产。资本是资源和资产的价值形态表现,在生活动中投入和产出的价值,一般理解为资本价值。资源、资产和资本之间有着紧密的联系。如果说,资源是资产之母,那么资本就是资产之父。资源是资产之母,是因为资产是通过投资对资源进行整合和生产后形成了固定资产和流动资产;资本是资产之父,是因为资产是被资本控制和是由资本定价的,资产可以通过投资形成,也可以通过租赁、转让、收购和兼并等市场化资本投资手段获得。

增量发展时期,固定资产投资建设的主要任务是将资源转化为资产,并实现资本

价值。按照产业分类,第一产业的固定资产投资建设任务主要进行资源性开采和生产,如农业生产和矿产资源开发,其生产的资源提供给二产的制造业和建筑业。二产制造业的主要任务是生产用于市场消费的商品,以及设备、仪器和交通工具等固定资产;建筑业主要任务是基础设施和房屋等固定资产的建设,并形成固定资产。这一阶段,国民经济中的第一和第二产的GDP占比较高。

存量发展时期,固定资产投资建设的主要任务是将固定资产与其他资产结合,并实现新的资本价值。随着固定资产的增加和资源消耗总量趋于稳定,如建设用地零增长就意味着土地资源不再新增用来建设、存量住房饱和也意味着房屋总量不再增长;因此,进一步扩大投资规模进行同类资源开发的资本收益将会下降。而提升存量资产的配置效率可以创造更多的资本收益。原来搞建设的企业家,作为投资人在经历了土地、厂房、设备、技术和资金等经营整合的投资扩张过程后,转型为经营固定资产的经理人;新企业家的任务是通过收购兼并、股权转让交易等资本运作过程,通过原有固定资产和其他新资产的嫁接,创造更多的资本价值。

(二)土地的三资属性

土地"三资"问题的提出源于新型城市化建设需要,土地资源、土地资产和土地资本具有不同内涵和相互不可分割的关系。首先,土地资源是指一个区域的全部土地,如上海的土地资源包括了6 300平方公里的全域国土面积。其次,土地资产是指已经具备供人类生活和生产活动、已成为固定资产的土地,经过城市基础设施和房屋建设等用地,如上海城市土地资产主要是城市建设用地和部分整治过的生态地和农地,其中城市化建成区包括了近3 000平方公里的建设面积。再次,土地资本是指通过招拍等市场化手段实现出让和经营的土地价值,这些土地虽然价值很高,但在土地资产中用地面积的占比仍然很低。如经过测算,上海以土地完全竞价批租方式通过市场化实现的具有资本价值的城市建设用地,仅占全部建设用地面积的10%左右,无论在供地数量和用地品质上,价值提升还具有很大的空间。因此,未来城市建设用地的发展方向是提升存量土地的利用效率和资本价值,以替代过去依靠土地规模扩张获得固定资产投资收益的模式。

在农村,农民朴素地认为地是资源、田是资产。所以农村承包制主要是让农民承包林地和荒地,通过三十年及以上的承包权出让,鼓励农民长期开荒垦殖、种树造林,通过长期投入形成土地资产。而对于良田,农村集体组织每隔三五年会进行一次评估,确认农户的劳动力和农业技能能否胜任种植收益,以此调整土地承包权。农村大田的形成则主要依靠政府进行水利设施修建、大田平整和配套建筑建设,形成农业资产的规模化和利用高效率。

(三)提升固定资产的综合效率

通过投资与建设形成固定资产积累是增量时代的主要任务,在资固定资产总量达到一定规模后,存量时代的主要任务将转化为以下几个方面。

一是提升基础设施资产的系统综合效率。随着各类存量固定资产数量和品种的增加,资产系统效率问题开始显现,如电网对于电厂、风能和太阳等新能源的整合效应越来越明显。在上海城市建设中,随着轨道交通占据主导地位,道路公交系统的固定资产效率开始下降,因此,如何让原来在城市公交中占主导地位的公共汽车交通网络转向为轨道交通配套服务的公交网络,成为城市公交资产优化的主要议题。

二是提升不同主体的资产综合利用效率。从资源充分利用的角度评价资产是否得到合理的配置,也是存量资产能否有效利用的命题。比如,城市中众多科技园区、商场和居住小区的停车库,工作日的白天,园区停车位往往不够用,而商场和居住区的停放车辆稀少;在休息日和平时晚上,园区车库却空空荡荡,但是在隔壁的居住小区和商场的停车位却不够用。由于行政分割、产权问题和管理体制,园区、商场和社区的停车位都没有很好的综合利用。因此,设计出以价格为导向的停车库联动机制,可以有效利用各类存量车库通车,降低总和停车成本、提升总和车库使用效率。

三是以科技手段提升资产效率。存量固定资产的综合价值,需要依靠科技资源、管理人才等外部资源的介入。还是以上述停车库为例,如果科技园区、居住小区和商场的车库引进统一的信息化管理,将空置的停车位显示出来,配合不同的收费标准,就可以引导外来车辆实现资源配置。同时,按照产权确定各自车库的停车收益分配,实现利益最大化。

(四)新基建与固定资产投资创新

基本建设的简称是基建,源于俄文。基本建设经济概念来自于苏联的计划经济模式,指国民经济各部门为发展生产而进行的固定资产的扩大再生产,即国民经济各部门为增加固定资产面进行的建筑、购置和安装工作的总称。例如公路、铁路、桥梁和各类工业及民用建筑等工程的新建、改建、扩建、恢复工程,以及机器设备、车辆船舶的购置安装及与之有关的工作,都被称为基本建设。按建设的经济用途可分为生产性基本建设和非生产性基本建设。生产性基本建设是用于物质生产和直接为物质生产服务的项目的建设,包括工业建设、水利建设、运输建设等;非生产性基本建设是用于人民物质和文化生活项目的建设,包括住宅建设、卫生建设、公用事业建设等。新中国建立后,当时国内以轻工业为主,缺少支撑国计民生的重工业。因此,中国的"一五计划"(1953—1957年)采取了优先发展重工业的指导方针。数据显示,我国1957年的社会总产值"达到1606亿元,比1952年增长了70.9%","钢产量达到535万吨,比1952年增长近3倍;原煤产量达到1.31亿吨,增长98.5%","以工业品为原料的产品产量增长幅度更大,自行车增长了9倍,缝纫机增长了3.2倍,收音机增长近20倍"。基本建设经济支撑了当时的经济发展。

固定资产投资建设的概念是在改革开放后逐步形成的。中国从计划经济向社会主义市场经济转型的过程中,源于计划经济概念的基本建设经济,逐渐向市场经济体系中的固定资产投资概念转换,基建则转为基础设施建设的简称。而固定资产体系,一是包括了国家级基础设施,主要有交通系统、通信系统、水利系统、能源系统和其他区域协调系统等固定资产。二是城市基础设施等固定资产,包括了交通系统、市政系统、环境系统、通信系统、防灾系统、社会公共服务系统、保障住房系统7个方面。三是工业基础设施,包括产业园区、工业厂房和仓储等。四是房屋等不动产,包括了各类住房、商业用房和公共建筑等。

"新基建"是新型基础设施建设的简称,是以新发展理念为引领,以技术创新为驱动,以信息网络为基础,面向高质量发展需要,对存量基础设施提供数字转型、智能升级、融合创新等服务的基础设施体系。新型基础设施主要包括三个方面的内容:一是信息基础设施,主要指基于新一代信息技术演化生成的基础设施,比如,以5G、物联网、工业互联网、卫星互联网为代表的通信网络基础设施,以人工智能、云计算、区块链等为代表的新技术基础设施,以数据中心、智能计算中心为代表的算力基础设施等;二是融合基础设施,主要指深度应用互联网、大数据、人工智能等技术,支撑传统基础设施转型升级,进而形成的融合基础设施,比如,智能交通基础设施、智慧能源基础设施等;三是创新基础设施,主要指支撑科学研究、技术开发、产品研制的具有公益属性的基础设施,比如,重大科技基础设施、科教基础设施、产业技术创新基础设施等。"新基建"的固定资产以及相关技术共有七大类,包括5G基建、特高压、城际高速铁路和城际轨道交通、新能源汽车充电桩、大数据中心、人工智能、工业互联网,涉及通信、电力、交通、数字等多个社会民生重点领域。伴随技术革命和产业变革,新型基础设施的内涵和外延会随着变化。

从固定资产增量发展到存量发展的转型期看,新基建在短期内将起到经济稳增长的作用。特别是由新基建带动的第一轮项目直接与间接投资有望达到近40万亿元,会对整个经济社会发展起到稳定与促进作用。从长远看,新基建将助于转变经济发展方式、实现固定资产投资和建设的转型,优化新增固定资产质量,进而对区域经济整体发展和一体化、城市群联动、新型城镇化建设、城市更新和乡村振兴等拓宽新型基础设施建设渠道,实现投资新价值和存量总资产的资本价值。

四、从投资负债到财富升值

(一)投资负债与财富积累

增量时代的我国工业、城市建设和房地产的固定资产投资,经历了从利用外资到利用外债、从利用国内银行贷款到利用资本市场发债获得投资资金,并通过负债率提高实现投资规模的扩张。

改革开放初期,随着广东深圳特区改革试验成功和上海浦东新区开发利好,我国经济进入快速发展期,利用境外资金和世界银行外债,并通过土地批租和外销商品房市场开放,获得了大量的外资外汇。中国2003年加入WTO后,中国融入全球化经济,世界五百强跨国公司进入中国投资,实现了产业投资新发展。但是,在2008年的美国次贷危机后,国外实业投资资金大量撤离;随着2009年中国4万亿元基建投资的刺激政策,大量外资涌入中国寻找投资机会,使得国内外汇占款增加后不得不增发人民币维持汇率平衡,而增量货币通过银行贷款等方式进入市场,发放给企业、城市投融资平台、房地产开发贷和个人按揭贷,进而使全民负债率提升和房地产等资产价格上涨。我国投资资金来源从现金储蓄为主转向资产抵押负债为主。

随着资金大量进入市场,与债务和抵押信用有关的是土地房屋资产的快速增加和积累。特别是土地制度和住房制度改革后,城市建设用地和房屋随着投资和资产规模的扩大吸收了大量货币,成为货币供应增长的重要流入地。此外,影响土地和房屋货币供应量的还包括市场交易中销售面积和销售价格增加。随着政府、投资和建设主体的债务增长加快,居民和企业贷款购买商品房的债务也在增加,更多的资金通过投资效应,形成了GDP产出和总资产财富效应,中国通过固定资产投资和建设形成了庞大

的财富积累和高负债。

由于国民经济从高储蓄向高负债经济模式的转变,以及土地和城镇住宅体制改革使地方政府建设贷款、房地产商开发贷款、企业和居民工商楼宇和住宅按揭贷款大幅度增加,2001—2021年期间,我国贷款利率开始逐步下降、企业盈利率降低、社会贷款需求相对收缩,出现了投资上升和银行存款减少等情况。目前,金融安全已经成为我国经济发展的关注重点,负债率过高容易引发系统性风险。在工业投资和城市建设投资负债率实现"零增长"以后,房地产负债"零增长"进入金融风险管控的视野。

(二)工业、城市建设与房地产的降负债

"十二五"以来,我国进入投资负债达峰期。自2012年我国就开始了工业"三去一降一补"的产业政策,逐步实现了工业企业降负债和去产能;2014年起开始了地方政府投融资平台降负债,到2017年底基本控制了政府投融资负债和财政担保风险。2020年下半年以来随着房地产企业普遍降负债,各行业都从通过高负债实现投资的模式,回归到市场理性发展。随着房地产企业的降负政策出台,标志着中国的政府、企业机构和居民的负债率在达峰后,进入缓慢的下行通道,进而可以逐步降低资金链断裂风险。

一是工业"三去一降一补"去杠杆和降负债。改革开放初期的工业投资资金主要来自银行贷款。计划经济时期,我国按照苏联模式,将投资分为基本建设和更新改造两大领域,工业基本建设和更新改造资金主要来自银行贷款,而银行贷款资金则主要来自单位和居民储蓄。改革开放中期主要引进外资和资本市场进行工业投资。我国对外开放后的20世纪80年代,通过举办"三来一补"(即来料加工、来料装配、来样加工和补偿贸易)的保税区外销商品加工产业和引进技术的中外合资企业,日本、韩国等海外资金开始进入国内,极大地促进了国内轻工业和加工工业的发展。2003年中国加入WTO以后,欧美等大量500强跨国公司进入中国,独资或者合资进行工业投资,中国银行贷款资金短缺问题得到缓解。2012年我国出现工业产能过剩、库存增加和资金占用过多等问题,部分行业的规模企业开始出现资金链断裂现象,为此,政府提出了"一带一路"倡议和工业去产能、去库存、去杠杆和降负债、补短板的"三去一降一补"政策。工业企业的负债率就此得到控制,并在整体上基本实现了负债率的"零增长"一直至今。

二是城市建设与投融资平台债达峰。随着全国各个城市的建设规模不断扩大和负债率持续上升,土地财政问题日益显现。地方政府通过投融资平台,高度依赖土地出让收入偿债。对于银行来说,国有企业的隐性政府担保以及土地资产抵押价值较大,都使得商业银行更倾向于对国有企业放贷,这样就放大了国有企业的杠杆率。2014年起,以新的《预算法》为开端,国家出台多项政策清理地方政府的负债,同时限制地方投融平台负债率水平,各地相继进入政府投融资"债达峰"时代。

三是房地产企业负债控制。2020年以来,国家开始重视房地产企业的负债率过高问题,在房地产去库存和提高去化率的同时,限制房地产企业的"高负债、高周转和高回报"模式,转向投资长租房、资产管理和提高物业服务管理水平等高质量的投资转型。

(三)基于供给侧价值提升的固定资产利用

围绕当前经济体制改革和产业转型,提升存量资产使用效率是成为非常关键的举措,需要在认识上和方法上加以突破。一是从资源充分利用的角度评价资产是否得到合理的配置一旦资产没有充分利用,就说明使用价值的浪费。二是通过市场化机制优化配置固定资产资源。例如,某个国有资产办公楼的业主委托专业化的物业公司进行物业管理和招商引资,通过国有企业重资产与民营企业轻资产的结合,实现了双赢的价值和利益最大化。三是资产价值的综合实现,科技资源、管理人才的引进等外部资源的介入,可以更好地实现资产价值。例如,在楼宇经济中,通过智慧楼宇等科技手段的介入,提升了楼宇管理和服务水平,并进一步实现了楼宇的租赁价值,就是楼宇综合价值的实现。

存量固定资产价值还需要通过新的投资和建设来深度挖掘,一是可以促进服务业和第三产业等城市楼宇经济的发展。如商铺和办公楼等固定资产,可以通过出租实现商业服务和商务服务等方式,直接支撑服务业的发展;楼宇资产本身也可以获得租金和物业管理费等回报。二是可以利用专业化、市场化和信息化等手段,提高资产的利用效率。例如,中国的北方和中原等中部农业地区,规模化和市场化的联合收割机等农业机械队伍一年一度自北向南开展收费收割作业业务,几个月的时间,收割机将从黑龙江一直工作到湖南。这种跨地区、机械化和专业化的水稻收割作业,大大提高了农机固定资产的使用效率,对于缺乏劳动力的农村是一个福音。三可以通过科技等无形资产的叠加效应,进一步提高资产的利用和管理效率。例如,通过智能楼宇的建设,可以在信息化、节能环保、消防安全等各个方面提升物业资产的品质和管理服务水平,通过租金和物业管理费用的价值附加,实现资产价值的提升。

(四)基于需求侧财富增长的价值投资

存量固定资产如果由不同的经营者去经营,可能会产生不同的回报。如,一个企业家花1 000万元资本投资一个餐厅,甲企业家经营的餐厅每个桌子每日平均只接待一次客人,所获得的年投资收益达到餐饮业10%的市场平均利润率,这个餐厅的市场出让价格还是1 000万元;如果乙企业家经营的餐厅花高薪聘请了著名厨师和高端服务人员,让这个餐厅的每个桌子每天平均接待慕名而来的两批客人,其资产收益率就比其他餐厅提高了1倍达到餐饮业20%的超额市场利润率,那么这个餐厅的市场出让价格就达到了2 000万元,餐厅固定资产通过著名厨师的新资产嫁接后,包括固定资产在内的总资产价值升值1倍。

同样的资产如果用于不同的业态,也会有不同的回报。如位于上海市中心区的居住小区商业配套用房,一般在居住区刚刚竣工验收和销售后,这些商铺大多是租赁给建筑装潢和小吃摊位等商家做店铺;2~3年后,随着居住区的入住率提高和房价的上涨,店铺租约到期后,租户的会改变为汽车装潢、家具家居和连锁餐馆等居民生活的新业态;再过2~3年,如果这个小区变成了繁华的市中心区,商铺也会变为旺铺,随着二手房价的进一步上升,租户会进一步调整为超市、品牌专卖店、酒店酒吧、饰品饰件和美容店等更高端的店铺。在上海的大拇指广场和联洋社区等地方,可以见证到这些店铺物业资产的业态变迁和升级。

发挥股市资本对资产优化配置的作用。通过资本市场让更多的资产纳入资本市场的调节,可以扩大股市的规模、提升资产质量,让各类资产,包括现金资产、房地产资产、其他流动性资产和无形资产在通过股权得到汇集,用以提升总体质量水平。同时,社会在满足了居住等资产消费需要后,只有在股票收益大于资产收益的情况下,他们才会进一步投资股票来获利,以满足养老、教育等更进一步的高级需求。过去在资产供给还无法满足国民消费需要,或者资产收益率大于股权收益时,投资者一般会选择投资资产而不是投资股票。目前,中国公民的私有不动产资产主要是住房,诸如土地、知识产权、商标商誉等无形资产还没有成为居民资产的组成部分,这些资产需要通过"大众创新、万众创业"的持续推广,才能进行。

五、从建设到更新的新型城市

随着上海等城市进入存量发展时期,作为现代化国际大都市的新型城市化将成为未来发展的主流,城市规模扩张将让位于城市高质量发展。因此,城市建设的重点也从城市建设转向城市更新、基础设施完善、城市品质提升等方面。

(一)城市更新

城市更新是上海未来发展的主题,城市更新的主要内容是基础设施更新、旧区改造和旧房改造改建等方面,城市更改包括了旧区改造和旧房改造两个方面。随着上海新一轮城市功能升级与城市更新调整,原有的老旧区环境和住房已经不能适应新的要求,迫切需要更新和再造。城市更新从空间角度看,包括了区域更新、系统更新、宗地更新和微更新等诸多方面。

区域更新,又称片区更新,通常是超过一个街区以上片区的整体更新,从市/区层面确定的大面积整体更新片区,如北虹桥区域整体开发,外滩第二里面更新改造等。区域更新突出为满足城市功能实现,从体系和整体片区上进行统筹协调,有效实现城市功能和环境的高质量。其中区域更新进一步细化可以分为体系型更新和宗地更新。区域更新中的片区更新起着至关重要的作用,它是分解体系更新的主要方式,承担区域更新的主要方式,也可以是总领宗地更新和微更新的前置方式。

体系更新是指围绕主题任务进行更新。如棚户简屋和旧式房屋拆除、危旧房整治、大江大河区域分段治理、同类园区或者社区改造、多层加装电梯和"穿衣戴帽"、残疾人和助老设施建设等,这些更新具体形态和功能要求的整体性,但在空间布局上具有分散性等特点。系统更新可以在亿个时段内完成,也可结合城市成片更新逐步完成。

宗地更新通常是介于片区更新与微更新之间更新形态,通常宗地更新是单宗土地或者单栋资产进行更行,一般是土地、资产权属边界清晰、更新责任主体明晰、更新目的和标的确定的土地和建筑。如800秀创意园,其更新开发主体一般是企业或者业主与投资人等。

微更新,又称零星更新,零星更新细分为楼宇更新和小微更新等。微更新基本不涉及房屋拆迁、产权变更、房屋主体结构变化等,通过整治、改善、保护、活化、完善设施等方式进行更新。零星更新突出直观反映"人民城市人民建"的理念,激发城市居民、市场与社会参与城市更新、建设、发展的积极性,强调主体多元,自下而上的推进城市更新。

在市场与社会主导的城市更新旧改中,利益多元机制将会替代过去单一的政府意

志，具有三个层面的协同，一是更新改造理念的协同，即城市功能和品质的政府、市场和社会目标协同；二是各种模式的协同，包括围绕政府目标的财政与公共资源支持、围绕原社区业主和居民的经济利益与社会诉求，以及他们愿意付出的相应代价；三是外部引进的资源和资金协同，外部资源作为城市更新旧改的促进要素，也有社会性和市场的不同利益诉求；四是满足城市更新旧改的相关标准和规范制约等参照标准，以及法律给予的各方利益保证。

（二）城乡一体

城市存量发展，也包括了城乡统一体的内容。2021年《中华人民共和国乡村振兴促进法》出台以来，全国范围推进乡村振兴促进立法。乡村振兴涵盖了"产业兴旺、生态宜居、乡风文明、治理有效、生活富裕"五个方面，一方面要实现"农业强、农村美、农民富"的核心要求，另一方面需要融入城乡一体发展，面向城市，承载城市补充服务功能、生态平衡和资源供应，展示城市乡村文脉和田园风光。

首先，融入新型城市化。缩小城乡差距，促进城乡均衡发展，是乡村振兴和城乡融合发展的重要目标，也是衡量城乡融合和乡村振兴成败的重要标准。城乡融合和乡村振兴具有丰富科学内涵，两者相互作用、互为支撑，推动城乡差距不断缩小，逐步实现城乡空间均衡发展。以卓越的全球城市为目标的上海，其乡村发展也将具备这五方面特征，乡村将成为构筑国际化大都市生态安全的基本单元、承载产业融合发展的重要空间、营造环境友好生活的宜居之所和保护历史文化遗产的重要载体乡村振兴对象是一个完整的乡村地域多体系统，主要包含城乡融合体、乡村综合体、村镇有机体、居业协同体等系统。

其次，乡村的城市化提升。城乡一体化中的乡村在人口流动、土地流转、经济流通和生活改善等方面，应具备融入城市和具备城市元素的功能。如在县域和镇域经济发展方面，一是包括了土地确权和流转市场化、镇域产业发展（产业结构、产业能级与经济效益）集群化、镇域投资环境城区化（包括招商引资、企业家和投资人受益或者投诉、法律与投资公平环境等评价等）。二是镇域基础设施建设的城市化，包括交通条件、居住条件、环境整洁和青山绿水等环境等。三是在镇域社会发展，包括教育、卫生、社会风气、治安、外来农民工待遇、农民受益和农民社会保障等，实现与城市服务均等化，形成特色小镇建设、美丽乡村建设、农业收入和农民保障。四是在部分农村地区和经济条件较好的乡村，已经实现了自然村向中心村、自然镇向建制镇、城市边界外向城市边界内的人口"三集中",配套的农地也是保护地和耕地成片集中、居住地向社区集中、建设用地向园区家中等"三集中"。

再次,产业化提升。一是农业现代化,以基本农田为单元,构建新型农业经营体系。构建新型农业经营体系就是要加快形成以家庭承包经营为根本,家庭农场、种田大户、农业合作社、龙头企业为主体的经营体系。从农村产业融合的实际出发,必须培养一批批具有较高水平和管理能力的新型农业经营主体为支撑。二是推动农村第一、第二、第三产业融合,推进特色农村品牌建设,建设一批精品农产品基地,坚持一村一品、一乡一业的发展规划。三是培育新产业新业态,深入挖掘农业的休闲、教育等隐性功能,推动基础性农业生产向旅游、文化、健康等产业延展,健全乡村旅游、休闲农业、民宿经济、农耕文化体验等新业态培育机制,实现城乡生产与消费多层次对接,满足城乡居民不同的生活文化需求。

(三)城市精细化管理

存量发展时期的城市精细化管理,聚焦高质量发展和生活环境品质全方位提升。城市精细化管理是涉及规划、建设、管理等一体化协同,政府、社会、市民共建共治共享的多元治理模式,可以使城市运行更安全、更干净、更有序、更便捷、更智慧。

一是系统提升城市环境,实现"美丽街区"建设创新。让美丽街区成为市民喜闻乐见的"网红打卡地",美丽街区建设任务还包括全面推进架空线入地和杆箱整治;加强城市保洁,达到无垃圾、无污迹、无积尘、无积水、见本色的保洁标准;提升城市公共空间品质,强化户外广告、招牌和景观照明管理;完善公园、绿道系统建设,推动"公园+"与"+公园"建设,强化公园与城市的全面开放、融合、提质;查处破坏房屋承重结构、"居改非"、毁绿占绿、占用公共空间等小区治理难题顽症;推动物业服务高质量发展,建立事前、事中、事后监管体系。

二是落实乡村振兴,推进"美丽乡村"升级。贯彻乡村振兴战略,以"美在生态、富在产业、根在文化"为主线,培育新业态、发展新功能、持续推进建设村镇、农村基础设施、农村文化和产业等项目。

三是加快数字化转型,"数治"赋能城市管理持续强化。加快打造城建领域数字城市底座。汇聚共享数据,夯实数字底座,实现智能感知。依托城市信息模型(CIM),推进市基础设施要素信息的"一图汇聚",形成城市管理精细化工作信息平台的三维底图。推动数字应用场景建设和迭代升级。聚焦高空坠物、工地安全监管、历史建筑保护等重点领域,研发玻璃幕墙监管、深基坑安全监管等一批具有牵引效应、示范效应的重点场景。

四是夯实制度基础,完善法规标准与科学评估体系。对标国际一流,提升城市管理标准的先进性和适用性,学习借鉴国内外城市发展经验。城市精细化管理可划分为居住社区、公共建筑、街道、绿地公园、滨水公共空间、地下空间以及乡村社区公共空间等基本创建单元,形成安全韧性、整洁有序、便捷温馨、绿色低碳、智慧转型及共建共治共享六大维度构成的关键指标体系,推进科学立法,建立健全城市管理政策法规体系。通过示范区创建,实现城市管理精细化从示范点到示范区、从专项示范到综合示范的迭代升级。

城市建设中良好营商环境的构建
——上海市工程建设项目审批制度改革思考与实践

汪毛晖　朱夏影

良好的营商环境是激发各类市场主体活力、促进经济高质量发展的必要条件,也是国家治理能力现代化的一个显著标志。近年来,上海深入贯彻习近平总书记考察上海重要讲话精神和指示要求,按照党中央、国务院的决策部署,努力推进完善营商环境工作。

工程建设领域是营商环境改革的主阵地之一,该领域的营商环境水平是地区竞争力的重要法宝,也是衡量区域发展软实力的重要标志。为此,上海市建筑业管理部门认真贯彻市委、市政府的要求,努力践行人民城市重要理念,把开展工程建设领域营商环境改革作为加快政府职能转变、深化"放管服"改革、激发市场主体活力和创造力、促进高质量发展的重要举措,精心谋划、持续发力,主动对标国际、国内先进规则和最佳实践,以"减环节、减时间、减费用、提质量"为目标,聚焦提升能力、优化服务、构建机制等维度集中发力、靶向施政,着力打通服务企业"最后一公里",为营造贸易投资最便利、行政运行最高效、服务管理最规范、法治体系最完善的一流营商环境新高地助力。

一、工程建设领域营商环境改革的背景

当今的国与国竞争,越来越表现为制度环境之争。对上海而言,当土地、劳动力等

汪毛晖,上海市住房和城乡建设管理委员会建筑市场监管处副处长。
朱夏影,上海市住房和城乡建设管理委员会行政服务中心营商环境科副科长。

要素供给的比较优势不再,制度供给越来越成为重要的发力点,推进营商环境改革正成为本市高质量发展的关键一招,成为落实三项新的重大任务、强化"四大功能"的重要保障。十八大以来,党中央、国务院高度重视优化营商环境建设,要求把优化营商环境作为新时代深化改革、扩大开放的重要任务来推进,明确上海等大城市要率先加大营商环境改革力度。习近平总书记在党的二十大报告中指出,要营造"市场化、法治化、国际化"一流营商环境,并多次强调上海是"世界观察中国的一个重要窗口",要在改革开放中发挥"开路先锋、示范引领、突破攻坚"的作用。上海市委、市政府高度重视这项改革工作,连续6年通过召开"新年第一会"部署优化营商环境工作,明确要把优化营商环境摆在上海现代化建设的重要位置。

2018年5月,国家决定在北京、上海等16个城市开展工程建设项目审批制度改革。同年7月,《上海市工程建设项目审批制度改革试点实施方案》制定出台,正式拉开了本市优化工程建设领域营商环境改革建设大幕。在推动改革持续深化的过程中,上海市建筑业管理部门始终坚持围绕世界银行营商环境评价标准和国家全覆盖全流程改革这两条主线,加速打造国际一流营商环境,滚动升级多个版本的营商环境改革政策。

二、上海工程建设领域营商环境改革的迭代之路

2018年,重点聚焦社会投资项目,上海市制定发布了《进一步深化本市社会投资项目审批改革实施办法》,搭建形成"1+4"的顶层框架体系,针对"全过程审批部门多、环节多、要求多、时间长"等瓶颈问题,率先提出以"流程再造、分类审批、提前介入、告知承诺、多评合一、多图联审、同步审批、限时办结"为核心的1.0版改革方案。

1.0版改革对标世界银行评估"办理建筑许可"指标体系,借鉴世界排名靠前的先进经济体经验,聚焦社会投资项目这个小切口,提出具有较强针对性的改革举措,通过实施革命性流程再造,正式启动以建立并完善符合国际通行规则和现代市场经济要求的建筑市场运行机制和监管体制为目标的工程建设项目行政审批改革。

2019年,改革范围进一步延伸,拓展覆盖到政府投资和国有投资项目,上海市连续出台了《上海市工程建设项目审批制度改革试点实施方案》《2019年上海市优化施工许可营商环境工作总体安排》,提出以"一次申报、一口受理、一网通办、一次发证"为核心的2.0版改革。

2.0版改革认真贯彻落实中共中央、国务院关于率先加大营商环境改革力度的重要指示,以国家特色指标为重点,坚持问题导向,聚焦办事减环节、减时间、减材料、减跑动、减成本,结合上海超大城市实际改革深化,形成一批行之有效的优化营商环境工作机制,实现营商环境快速提升、全面进步,当年创造出以特斯拉为代表的"上海速度""上海经验"更是获国务院肯定,在全国推广。

2020年,上海市在充分学习借鉴"整体政府"和"风险分级分类管理"等先进理念基础上,结合上海实际,制定出台《上海办理建筑许可对标世界银行营商环境新一轮改革总体工作方案》,明确实施以"只登一扇门、只对一扇窗、只递一套表、只录一系统、只见一部门"为核心的3.0版改革。

3.0版改革对标国际前沿和国内最好,在系统总结国内外营商环境改革好经验以及认真回应企业和市场对政务服务新需求的基础上形成,进一步聚焦提升"互联网＋政务服务"的应用效能,提升本市在世行和国家两个维度营商环境评价中的表现,实施一揽子激发市场主体活力的制度供给等方面靶向发力,力争让企业在办事过程中真真切切体会到"少跑腿、高效率、降成本"的红利释放。

2021年,上海市关注工程建设项目全生命周期管理,制定发布了《上海市全面深化工程建设项目审批制度改革持续优化营商环境工作方案》《关于进一步优化营商环境加强市、区(管委会)工程建设项目审批审查中心建设的实施意见》,提出以"复制推广一批、补齐短板一批、巩固延续一批""三个一批"为核心的4.0版改革。

4.0版改革在前3版改革经验成果的基础上,重点在拓展、巩固、提升上下功夫,以工程建设项目审批管理系统和工程建设项目审批审查中心为抓手,将切实增强企业的获得感、满意度作为衡量改革成效的准绳,通过力度更大、范围更宽、内容更丰富等多维度推进,真实体现上海市营商环境改革从点到线到面逐步推进的全过程。

2022年,上海市以创新试点为主线,聚焦重点领域和关键环节攻坚突破,公布出台了《关于深入开展营商环境创新试点持续推进工程建设项目审批制度改革的实施意见》,构建形成"9＋2＋9"改革政策矩阵,明确在高标准完成国家"规定动作"的基础上,结合自身特色和优势,推出一批"自选动作",创造性地提出"六票统筹""水电气网联合报装一件事""中介超市""BIM技术深化应用"等改革举措,实施以"更加关注改革系统集成、更加关注重点举措和关键环节优化完善、更加关注回应市场主体关切"为核心的5.0版改革。

5.0版改革以开展国家营商环境创新试点为契机,持续开展攻坚突破。在扎实推进国家关于开展营商环境创新试点工作中明确的任务事项,在高标准完成"规定动作"的前提下,结合自身特色和优势,努力在打造高效便捷的政务环境、自主便利的投资环境、公平审慎的监管环境等方面推出了一系列"自选动作"。

2023年,上海市聚焦制度、服务和效率,加快推动工程建设领域一体化改革,制定发布《关于深化系统集成推动上海市工程建设领域营商环境一体化改革的实施意见》,提出以"着力加强改革制度系统集成、着力提升工程建设项目审批服务便利度、着力提升工程建设领域政务服务质量、着力提升工程建设领域监管质量和水平、着力提升建筑业发展能级"等"五个着力"为核心的6.0版改革。

6.0版改革紧扣世行最新BR评估体系,在改革制度设计制定的过程中更注重系统集成、更强化数字赋能、更关注高效精准监管,在更大程度上支持重点区域创新引领,在更大范围内推动区域一体化协同发展,持续助力打造贸易投资最便利、行政效率最高、政府服务最规范、法治体系最完善的国际一流营商环境。

三、工程建设领域制度改革和营商环境优化的主要做法

上海市工程建设领域营商环境改革重点围绕以下几个方面开展。

(一)流程再造分类审批,精细精准差别管理

改革坚持科学合理的原则,改变原有"一刀切"的审批管理模式,着力建立基于不同风险等级的分类审批和管理机制,结合项目技术难度、风险控制等因素,在确保质量安全的前提下,根据技术难易程度、是否涉及公共利益等,分别设定不同的审批流程、审批时限、监管方式和验收程序。在此基础上,进一步细化、优化分类标准,根据项目的预期用途、建筑面积、建筑高度、施工难度、所处区域、人员密集度、周边情况等风险因素,划分为低、较低、中低、中等、高、超高风险六种风险等级,建立基于风险的分类审批和现场监管体系。针对社会投资低风险项目,在强化建设、设计、施工、监理等参建单位主体责任的同时,进一步简化审批流程,降低办理成本。在设计方案免于审核的基础上,进一步取消了投资备案、环境影响评价、施工图联合审查、首次监督例会、消防验收、竣工验收备案等环节,减少了施工过程中质量监督频次,减免了工程勘察、工程监理、供排水外线接入等相关费用。在有序启动国家改革试点实施过程中,针对政府投资和国有企业投资项目,将基本流程划分为立项用地规划许可、工程建设许可、施工

许可和竣工验收等四个审批阶段,对应不同的工程建设项目类别,分别细化不同的审批流程、审批时限和审批方式,加以具体规范化操作指引,实现了精细化、差别化管理。

(二)多策并举权力瘦身,法治规范制度创新

改革始终坚持"把该放的权放得更彻底,以事中事后监管为原则,事前审批为特例",不断推进审批体制改革和政策制度创新。通过借鉴国际先进体的创新理念和做法,上海市按照"政府一""市场+"的原则,会同各相关部门在6轮改革中陆续制定出台了90多件规范性文件,着力对工程建设项目审批全过程、各事项开展全方位、深层次改革,通过"减、并、放、转、调"五策并举,进行权力"瘦身"和"塑形",最大程度简化审批环节、精简审批事项、优化审批流程、缩短办理时间,提出了诸如"多规合一、多评合一、多图联审、多验合一、多测合一"等一系列化"多"为"一"的创新举措。多轮改革过程中,共取消各类行政审批事项14项,将36项审批事项合并为14项,通过转变管理方式成为政府内部协作事项13项,精简审批事项和范围7项,减少各类审批前置条件4项,调整优化审批时序的24项,进一步下放审批权限3项,鼓励有条件的审批事项实现扁平化、同级化办理。对于能够通过事中事后监管纠正且风险可控的审批事项,推出了8项告知承诺事项。同时,将实践证明较为成熟可行的改革成果通过法规规章的"立、改、废"工作予以制度化、规范化。改革以来,本市累计完成修订涉及改革的地方性法规9部,修订相关政府规章5部,积极配合国家层面修订法律3部,修订法规规章近10部。

(三)搭建平台"一网通办",数字赋能智慧政务

改革将"建立一个系统,实施统一管理,构建一网通办"作为优化营商环境改革的核心内容和解决从政策制定到执行落地"最后一公里"的重要抓手。2018年起开始组建专门研发团队,进行系统平台的开发建设。过程中,立足从市场主体的视角和需求出发,严格按照世行"在线单一窗口"和国家项目审批改革"一张表单、一个系统"的要求,依托本市"一网通办"政务服务总门户的集成优势,以"项目全覆盖、业务全流程、数据全归集"的"三全"为总体目标,整合优化各职能部门的审批事项和业务流程,开发建设了"上海市建设工程联审共享平台"(简称"联审平台")。2019年,根据改革深化需要,在"联审平台"的基础上,升级打造"上海市工程建设项目审批管理系统"(简称"一个系统"),通过进一步整合、重构跨部门、跨区域的协同办事流程,构建本市工程建设领域的统一入口。2021年1月,"一个系统"2.0版正式上线运行。目前,平台已将涵

盖发展改革、住房建设、规划资源、交通等工程建设项目全流程所涉90项审批服务事项的企业办理端口整合纳入系统规范运作,基本实现了各类房建和交通市政建设项目从立项开始,各阶段主线审批事项的全覆盖,已具备在线一站式申请、受理、审批、咨询、发证等各项功能。建设工程规划许可证、建筑工程施工许可证、项目竣工验收合格通知书等全部审批文件实现电子证照在线发证。同时,持续优化完善手机移动端审批和查询功能,为企业提供了集约、协同、高效的工程建设项目审批新体验,真正实现从"企业跑腿"到"数据跑路"。

(四)资源整合系统集成,创新机制"一个中心"

上海市改革贯彻"整体政府"创新理念,以"高效办成一件事"为标准,关注从市场主体的需求和视角出发,加快"一体化"政务服务建设,稳步推进工程建设项目审批审查中心(简称"一个中心")实体化运作。2020年起,鼓励松江、嘉定、闵行、青浦、临港新片区管委会等有条件的区域结合各自特点,率先开展"一个中心"实体化运作改革试点。聚焦社会投资低风险产业类项目,由"一个中心"牵头组织实施一站式施工许可、联合监督检查及综合竣工验收。2021年、2022年,在巩固试点经验做法的基础上,连续制定发布了《关于进一步优化营商环境加强市、区(管委会)工程建设项目审批审查中心建设的实施意见》《关于明确区级(管委会)工程建设项目审批审查中心入驻模式和运行方式的工作指引》,明确在不改变各部门现有审批职能的前提下,有效整合审批资源,加强内部协同联动,将"一个中心"作为面对企业唯一主体,深化线上线下融合,加快建立"前台一窗收发、后台联合会审"的"一站式"政务服务管理模式,推动实现各类工程建设项目审批所涉各行政审批事项、行政审批中介服务(政府委托)事项、市政公用服务事项纳入"一个中心"统一申报、统一受理、统一出证、统一验收。截至目前,全市16个区及2个管委会(临港、化工)均已挂牌成立工程建设项目审批审查中心,全部完成工程建设领域主要政务服务事项的纳入。

(五)聚焦痛点攻坚克难,规范项目"隐性审批"

上海市改革聚焦企业反映突出的"评估评审环节多、耗时长、收费乱"等顽症,全面梳理本市工程建设项目行政审批中介服务事项,进一步厘清本市中介服务领域中政府和市场的关系,按照"依法合理、精简规范、服务高效"的原则,制定出台了《关于本市推进工程建设项目行政审批中介服务事项改革工作的若干意见》,对涉审中介服务事项进行清单制管理,推行"四个一批",即:清理一批,清理取消建设项目节水设施设计方案评审等11项中介服务事项。替代前置一批,针对只涉及工程建设项目本体,且对公共利益、公共安全影响较小的9项中介服务事项,推行标准替代。整合归并一批,针对由同一部门实施的管理内容相近或者属于同一阶段办理的多个中介服务事项,推行多评合一、多测合一。同步在产业园区推行区域评估、成果共享。精简规范一批,针对公共利益、公共安全影响较大、确需保留的中介服务事项,进一步简化中介服务事项办理流程、压缩办理时间。同时,通过放宽中介服务机构准入条件、推进中介服务机构与政府管理部门脱钩、规范中介服务收费等举措,进一步提升中介服务标准、破除中介服务垄断、规范中介服务行为。改革后,上海市工程建设项目行政审批中介服务事项由72项缩减至40项,精简率达到44%。

(六)突出政策精准有效,助推经济社会发展

上海市全面落实党中央、国务院和市委、市政府关于扩大有效投资,稳定经济发展的决策部署,把"全力稳增长,保持经济运行在合理区间"作为重点任务加以推进。围绕推动有效市场和有为政府的更好结合,加大创新试点工作力度,明确从"力求政策举措更加精准有效、确保市场主体更有获得感、推动经济持续恢复发展、吸收借鉴优秀经验做法"四个维度发力,制定发布一系列加快本市建筑业恢复和重振的政策文件,全力保障本市重大工程、房地产项目、重点产业类项目建设,持续扩大有效投资。按照"能放则放、能优则优、能快则快"的原则,重点针对规划、土地、环评、施工许可等关键环节,提出了深化项目用地"带方案"出让、简化桩基工程施工许可、优化市政公用接入服务、分期竣工验收等系列改革政策举措,聚焦重点企业、重点区域、重点项目,切实抓好本市稳经济一揽子政策和续接措施的落地执行,抓紧形成实物工作量。2022年7月起,在重大项目适用桩基先行政策的基础上,全面铺开桩基先行,提出先行办理地下工程施工许可、重大工程"桩基+围护"合并办理施工许可等系列创新举措,积极为企业破堵点、解难题。自政策发布至2023年6月30日,全市累计共核发桩基部分施工许可证520张,其中重大工程239张,非重大工程281张,含桩基围护措施合并办理的24张,项目开工时间平均缩短2~3个月,改革带动和溢出效应明显。

(七)把握尺度放管结合,简化审批强化监管

上海市改革始终强调要实现整体性和系统性的协调统一,将把握好"放开"和"管好"的尺度作为重点研究解决的事项内容。随着改革的纵深发展,本市全面推行行政审批告知承诺制度,在工程建设项目审批中,继续深化完善项目告知承诺的管理机制、

探索持续扩大覆盖范围和审批事项,对不影响安全和公共利益的非关键要件采取"容缺后补"机制,允许市场主体在后续管理环节前补齐相关材料。通过积极抓好事前审批和事中事后监管的有效衔接,保障项目全生命周期规范有序的闭环管理。同时,充分发挥信用信息管理平台大数据的技术支撑作用,加强各审批监管部门信用信息的互联共享,建立健全覆盖建设单位、工程勘察、设计、施工、监理、检测等各类企业和从业人员信用档案,完善信用信息的记录、公开、评价和应用制度。强化守信激励和失信惩戒措施,加大跨部门的失信联合惩戒,增加违规和失信成本。建立"黑名单"管理制度,对存在承诺不履行、弄虚作假等不良行为且情节严重的,列入"黑名单",直至清出本市建设市场,进一步增强企业主体责任,营造自觉守信的行业大环境。

四、工程建设领域营商环境改革的主要成效

在推进工程建设领域营商环境改革迭代更新的过程中,上海市始终坚持以企业获得感、满意度为工作首要出发点和标准,通过推动改革措施的落地执行,不断提升政务管理能力和服务水平,持续拓展改革红利释放的深度和广度。

一是市场主体获得感明显增强。目前,上海市各类工程建设项目全流程审批时间压缩在100个工作日内,成功打造了以金山乐高乐园、山姆中国会员旗舰店、腾讯长三角人工智能超算中心等为代表的一大批重点产业项目改革样本。社会各方对改革整体评价较高,企业普遍反映相关改革政策实施精准、成效显著。

二是国际社会充分认可。作为中国参与世行营商环境评估重要参评城市之一,上海在世界银行正式发布的2019、2020两个年度《全球营商环境报告》中,建筑许可指标得分和排名显著提升,由最初的45.88分、全球第172位提升到77分,全球第35位,成功实现两次质的飞跃,成为中国持续优化提升营商环境得分排名最亮眼的"加分项"。在2021世行对外公布《中国优化营商环境的成功经验——改革驱动力和未来改革机遇》的专题报告中,进一步肯定了上海在"放管服"改革优化营商环境领域取得的巨大成就以及为全球其他经济体所提供的行之有效的借鉴做法。

三是国内评估屡获佳绩。在2019年、2020年国家工程建设项目审批制度改革评估中,上海排名蝉联全国第一。国家发改委公布的《中国营商环境评价报告》显示,上海在开展办理建筑许可指标的耗时、费用、建筑质量控制指数、便利度4个二级指标评分均获满分,连续三年始终位列全国标杆。同时,上海在数字化联合审图、工程招投标

交易全过程电子化、施工许可证全程网上办、基于风险的差别化质量监管模式等方面的做法,被国务院办公厅作为改革样板在全国复制推广。

五、工程建设领域营商环境优化的体会与思考

营商环境没有最好,只有更好。改革永远在路上,踏上改革新征程,一路走来的体会可以为今后的改革实践提供借鉴和参考。

一是始终坚持立足全局谋划改革、围绕大局推动落实。要胸怀国之大者,坚持"四个放在",切实增强"政治三力",从坚决贯彻落实习近平总书记对上海重要指示精神的政治高度深刻把握优化营商环境改革的重大意义,真正把优化营商环境作为落实国家战略任务的重要内容、提升国际核心竞争力的内在需要以及当前稳预期、强信心的关键举措,持之以恒将优化营商环境作为长期的战略性核心任务,一棒接着一棒干,把改革宏伟蓝图高质量转化为"实景图"。

二是切实强化"人人都是营商环境、事事关系营商环境"意识。把优化营商环境摆在上海现代化建设的重要位置,更好服务构建新发展格局,推动高标准市场体系和全国统一大市场建设,真正让市场在资源配置中起决定性作用,更好发挥政府作用。从工程审批制度改革进一步推广到建筑行业市场准入、信用应用、主体服务、事中事后监管等各方面环境优化,切实减少制度性障碍,提高政府服务标准化、规范化、便利化水平,支持企业充分参与市场竞争、鼓励主体更好投身创新活动,营造公平竞争、有序畅通的市场环境。

三是不断提升问题导向、系统思维、数字治理能力。工程建设领域优化营商环境改革历时六年有余,从最初的聚焦单一领域、依靠政策破题,到当前面向行业市场全体、部门协同发力,更加要强化问题导向,对标世行和国家改革测评找差距,学习兄弟省市经验做法补短板,深入市场和企业需求问不足,在坚持既有改革路径和成效的基础上,实施点穴式改革;更加要强化系统集成,放大数字治理的整体集成优势,实现条线审批模式的迭代重构,把整体政府、整体治理、整体服务的理念贯穿始终。

四是真正做到精准识变、科学应变、主动求变。世界处于百年未有之大变局,外部环境复杂多变;国内经济面临需求收缩、供给冲击、预期减弱三重压力,改革发展稳定任务艰巨繁重。作为改革开放排头兵、先行者,上海处于双循环战略链接的重要节点,优化营商环境事关改革、开放、发展大局。工程建设领域营商环境改革,已经进入深水

区，触动部门核心利益改革难度更大、涉及整体机制运行创新难度更大。围绕"市场化、法治化、国际化"改革方向，更要坚持自信自立、守正创新，刀刃向内、破立结合，以高质量发展的强大共识汇聚深化改革的磅礴动力，以基层高水平服务的踊跃实践激发市场主体的蓬勃活力，用优化营商环境改革的优异成绩为上海勇当中国式现代化的开路先锋提供工程建设领域的典型样本。

长三角生态绿色一体化
发展示范区协同立法研究

陈书笋

摘　要：党的十九大确定了实施区域协调发展战略，建立更加有效的区域协调发展的新机制。近年来，在党的领导下，我国区域协同立法有了很多实践探索，出现了京津冀、珠三角、长三角等典型样本。在新时代背景下，区域协同立法面临诸多问题和挑战，长三角生态绿色一体化发展示范区在区域协同立法中同样面临这些问题。本文在分析已有的协同立法经验基础上，从实践操作层面对示范区协同立法的模式等问题提出了相应的建议。

近年来，区域协调发展持续得到党中央的高度关注。党的十九大报告提出"实施区域协调发展战略，……建立更加有效的区域协调发展新机制"。[①]而区域协调发展成效与区域内的地方立法协调紧密关联。长三角生态绿色一体化发展示范区（以下简称长三角一体化示范区）的建设，是以一体化制度创新为驱动力，以生态、创新、人文融合发展为路径，以更高质量发展为目标，改革集成、制度创新、率先示范，是实施长三角一体化发展国家战略的先手棋和突破口。根据《长三角生态绿色一体化发展示范区总体方案》，长三角一体化示范区建设，需要沪苏浙"两省一市"合力推进，加强通盘谋划和

陈书笋，法学博士，上海市行政法治研究所副研究员，上海市固定资产投资建设研究会理事，特约作者。
① 习近平.决胜全面建成小康社会夺取新时代中国特色社会主义伟大胜利——在中国共产党第十九次全国代表大会上的报告[M].北京：人民出版社，2017：33.

顶层设计,在跨省级行政区、没有行政隶属关系、涉及多个平行行政主体的框架下,探索形成一体化推进的共同行为准则,建立起更加有效的一体化发展新机制,为全国区域协调发展探索新途径。这给国家授权立法与跨区域协同立法提出了新的需求,也提供了新的舞台。

一、示范区地方立法现状评估

长三角一体化示范区先行启动区涉及的沪苏浙"两区一县"的5个镇所执行的法规范依据,在地方立法层面,主要有以下几个特点:

（一）立法主体不同

长三角一体化示范区内,涉及的地方立法主体主要为省级人大和政府、设区的市的人大和政府两个层级。但是,三地的立法主体并不相同。其中,上海市青浦区下辖的各镇范围内所执行的法律规范,立法主体只有省级（上海市）人大和政府;而江苏省苏州市吴江区、浙江省嘉兴市嘉善县下辖的各镇范围内所执行的法律规范,立法主体既有省级（江苏省、浙江省）人大和政府,又有设区的市的市级（苏州市、嘉兴市）人大和政府。

（二）立法层级不同

长三角一体化示范区内,涉及的立法层级主要为省级地方性法规和政府规章、设区的市的地方性法规和政府规章。同时,苏州市在2015年《立法法》修订之前,作为较大的市所制定的地方性法规和政府规章继续有效。其中,上海市青浦区下辖的各镇范围内,适用上海市地方性法规和政府规章;江苏省苏州市吴江区下辖的各镇范围内,适用江苏省地方性法规和政府规章、2015年之前苏州市作为较大的市制定的地方性法规和政府规章、2015年之后苏州市作为设区的市制定的地方性法规和政府规章;浙江省嘉兴市嘉善县下辖的各镇范围内,适用浙江省地方性法规和政府规章、嘉兴市地方性法规和政府规章。

（三）立法权限不同

长三角一体化示范区内,适用的省级地方性法规与设区的市的地方性法规,在立法权限上还存在差异。根据《立法法》第七十三条的规定,省级人大及其常委会为执行法律、行政法规的规定,可以进行实施性立法;对于地方事务可以进行自主性立法;除法律保留事项外,其他事项国家尚未制定法律或者行政法规的,省级人大及其常委会也可以进行先行性立法。而设区的市的人大及其常委会的立法权限范围仅限于城乡建设与管理、环境保护、历史文化保护三个方面。

同样,省级政府规章与设区的市的政府规章,在立法权限上也存在差异。根据《立法法》第八十二条的规定,省级人民政府为执行法律、行政法规、地方性法规的规定可以进行实施性立法;对于本行政区域的具体行政管理事项可以进行自主性立法;应当制定地方性法规但条件尚不成熟的,省级人民政府可以进行先行性立法。而设区的市的政府规章的立法权限范围也仅限于城乡建设与管理、环境保护、历史文化保护三个方面。

综上可见,省级和设区的市都有创制性立法的权限,设区的市的立法权限在事项范围上有所限制,仅限于城乡建设与管理、环境保护、历史文化保护三个方面。此外,地方性法规的创制空间要大于地方政府规章,地方政府规章的创制空间总体较小,更多的是实施性立法。

(四)立法内容不同

长三角一体化示范区内,目前适用的法律规范从内容上看存在或多或少的差异。主要存在两种情况:

第一种情况:有些领域以国家统一立法为基础,以省级或设区的市的实施性立法为主体。主要体现为地方根据本行政区域的具体情况和实际需要,在与上位法不相抵触或者根据上位法进行实施性立法的领域。例如,大气污染、城乡规划、食品安全等领域。在这些领域中,国家立法规定了基本的制度框架,各地方在此基础上,结合本地区具体情况和实际需要进行实施性细化。因此,各地的立法内容会存在一定的差异性。

第二种情况:有些领域适用地方的先行性立法或自主性立法。在国家尚未制定统一立法的情况下,省级或设区的市进行先行性立法;或者省级或设区的市对属于本行政区域的具体行政管理事项进行自主性立法。由于没有国家上位法的统一制度设计,因此,在这些领域中,各地立法内容的差异性会更加明显。

长三角一体化示范区内立法权限存在的差异,可能会导致相应法律规范的冲突,并由此给行政执法实践带来一系列问题。

第一,由于长三角一体化示范区内不同镇所适用法律规范的立法层级不同,可能导致同一执法事项,有些镇的行政执法依据是国家立法,有些镇适用省级立法,有些镇适用设区的市的立法,导致行政执法依据的不统一。

第二，行政执法依据的不统一将直接导致执法内容的不统一，即同一执法事项，不同的执法依据对行政相对人的权利义务规定可能不同，对执法标准、执法手段和执法权限的规定不同，对行政执法主体的程序性要求和实体性要求也不同。

第三，行政执法依据的不统一将直接导致执法结果的不统一，即同一执法事项，对法律责任的设定可能不同。行政执法结果的不统一可能会带来很大的负面效应，例如，对于破坏生态、污染环境的同一行为，不同地区之间的标准和法律责任设定如果存在差别，违法者出于违法成本的考量可能会更倾向于在某一地区实施环境污染的违法行为。同时，处罚裁量基准的差异对于跨地区的环境联合执法来说，也会带来障碍。从而使行政执法结果背离公平正义的法治原则。

上述行政执法依据、内容和结果等方面存在的诸多不统一，是在长三角一体化示范区内探索国家授权专门立法和三地协同立法的直接动因。

二、特殊区域的立法模式比较分析

在我国地方立法中，除了行政区划范围内的地方立法外，还存在一些特殊区域的立法实践活动，主要包括两种类型：一种是跨行政区划的协同立法；第二种是某些特定区域（如经济特区、珠江三角洲、自贸试验区、上海国际旅游度假区）的专门授权立法。

（一）跨行政区划的协同立法模式

在我国推进国家治理体系和治理能力现代化和法治中国建设的进程中，形成了一些跨行政区划的区域。这些区域因功能定位、一体化程度等方面存在差异，在区域协作发展中形成了各具特色的立法模式，这种跨行政区划协同立法模式的主要特点由区域内各地方立法主体对区域内的协同立法问题进行综合性统筹设计。该模式的代表性区域，除长三角外，还有东北三省、京津冀和酉水河流域。

1. 东北三省模式：东北三省是我国最早开展区域协同立法的地区。早在2006年，辽宁、吉林和黑龙江三省人民政府就共同签订了《东北三省政府立法协作框架协议》，开创了中国区域性协同立法的先河，被认为是中国尝试建立的首个区域协同立法框架。该协议约定了三种"立法协作"方式：一是紧密型立法协作模式，即三省共同成立联合工作组协作完成法案起草。该方式主要适用于三地政府关注、群众关心的难点、热点、重点立法项目。二是半紧密型立法协作模式，即一省牵头、两省配合的法案起草方式。该方式主要适用于三地都有共性的立法项目。三是松散型立法协作模式，由各省独立起草法案,成果三省共享。该方式适用于除以上两种情况以外的,三省具有共识的所有其他项目。无论采用何种方式,其最终"立法协作"的成果都是形成一个具体立法草案,该草案基本上不作改动就能在三省同时分别颁布适用。在以后的实践中,三省政府法制部门围绕促进东北老工业全面振兴的主题,在促进科技进步、装备制造业和非公有制经济发展、构建诚信社会、应对突发事件及维护社会稳定、食品安全、新农村建设、农民工权益保护等领域,完成了多项协同立法项目。

2. 京津冀模式:2015年,京津冀三地通过了《关于加强京津冀人大协同立法的若干意见》,标志着京津冀协同立法正式破题。2017年,三地省级人大常委会主任会议通过了《京津冀人大立法项目协同办法》,规定京津冀三方围绕有序疏解北京非首都功能这一核心,在交通一体化、生态环保、产业升级转移等重点领域,选择关联度高的重要法项目进行协作。近几年,三地推出了一批以《河北省大气污染防治条例》《天津市生态环境保护条例》《北京市城乡规划条例》等为代表的多项协同立法项目。

3. 酉水河流域模式:其属于跨江河流域的专项协同立法模式。流域是独立完整的自然生态区域,由于行政区划的不同而由不同地方政府管辖,立法上受到行政区划分治模式的制约,因此要实现流域治理,除了国家统一立法外,更多的是要寻求各行政区域之间的协同立法。酉水河流域主要跨越湖北省恩施州与湖南省湘西州,两州人大常委会为共同保护酉水河及其流域的生态而开展了跨行政区域协同立法项目——《酉水河保护条例》。协同立法过程中,两州各自将制定《酉水河保护条例》纳入2016年度省人大常委会的立法计划,之后共同委托专家组进行草案起草工作,两州人大常委会对草案进行审议后报请各自的省人大常委会批准。需要指出的是,长三角地区的太湖流域内的水资源保护和水污染防治等事务直接由国务院通过行政法规《太湖流域管理条例》的形式予以规范,并授权太湖流域管理局作为管理机构,在管辖范围内行使法律、行政法规规定的和国务院水行政主管部门授予的监督管理职责。酉水河流域协同立法的模式,对于太湖流域协同立法具有参考借鉴意义。

(二)特定区域的专门授权立法

特定区域的专门授权立法根据区域性质的不同可以分为不同模式,以下四种具有一定的代表性。

1. 经济特区模式:是根据全国人大的特别授权和《立法法》的规定,在区域内除了进行一般的地方立法外,还享有立法变通权,可以进行全面的授权立法。

1981年起，全国人大通过授权立法决议（决定）先后授予了广东省、福建省、海南省、深圳市、厦门市、珠海市和汕头市以经济特区立法权。2000年通过的《立法法》第六十五条、第八十一条对经济特区的授权立法进行了制度化规定。根据相关授权决定和《立法法》的规定，经济特区授权立法与一般地方性立法相比具有其特殊性。一是在遵循《宪法》规定以及法律和行政法规基本原则的前提下，可以对已有相关立法的具体规定作出变通。二是具有优先适用效力。经济特区法规根据授权对法律、行政法规、地方性法规作变通规定的，在本经济特区适用经济特区法规的规定。

2. 珠江三角洲模式：珠江三角洲位于广东省境内，不存在跨省级行政区划的问题。针对这一特定区域的立法，主要是由省级层面通过立法对区域发展定位、机构框架等基本问题进行统一的规定。

2011年，广东省人大常委会制定了地方性法规《广东省实施珠江三角洲地区改革发展规划纲要保障条例》，明确相关各级人民政府及其有关部门应当严格执行国务院规划纲要，围绕规划纲要提出的总体要求和发展目标开展相关工作。与此同时，广东省人大常委会还就珠江三角洲地区的相关具体事务进行了专项立法，例如，广东省人大常委会先后制定了《广东省珠江三角洲水质保护条例》（2014年修正，2018年废止）、《广东省珠江三角洲城镇群协调发展规划实施条例》（2014年修正，2018年废止）等地方性法规。

3. 自贸试验区模式：自贸试验区作为国家改革开放的新兴战略，其核心任务是推行制度创新，这必然需要突破原有立法体制的束缚。为此，全国人大常委会对其进行了专项授权立法。

2013年8月全国人大常委会第四次会议审议通过了《关于授权国务院在中国（上海）自由贸易试验区等国务院决定的试验区内暂时停止实施有关法律规定的决定（草案）》。根据该决定，全国人大常委会授权国务院在自贸试验区内暂停实施相关法律，以便化解在自贸试验区建设中与其不相适应的上位法制度障碍，减少和避免对自贸试验区同一事项的法律规范适用冲突。根据国家授权，上海市人大常委会制定了《中国（上海）自由贸易试验区条例》，明确中国（上海）自由贸易试验区管理委员会作为市人民政府派出机构，具体落实自贸试验区改革试点任务，进行综合执法。

4. 上海国际旅游度假区模式：上海国际旅游度假区是以上海迪士尼项目为核心，发展主题游乐、旅游会展、文化创意、商业零售、体育休闲等产业的集聚区域。上海国际旅游度假区的模式是由上海市政府通过制定政府规章的形式,授权度假区管委会作为浦东新区政府的派出机构进行综合执法。

为了保障上海国际旅游度假区的开发、建设、有序运营和持续发展,上海市人民政府2016年制定了《上海国际旅游度假区管理办法》,明确上海国际旅游度假区管理委员会作为浦东新区人民政府的派出机构,授权其行使区域内的综合执法权。为此,度假区管委会组建成立了度假区综合执法大队,将原属公安、城管的街面治安、城市管理以及市场监管、消防、文化、旅游、知识产权等各专业执法力量进行整合,由一支队伍在前台实施统一处置,实行"联勤联动、前台共管、后台分流"的综合执法管理模式。

三、长三角一体化示范区的立法特点分析

长三角一体化示范区立法的选择路径受到其战略定位和跨行政区划等因素的影响。总体而言,长三角一体化示范区的立法特点是实行国家授权立法与地方协同立法相结合的立法体例,这在我国目前的区域立法实践中是一种新的模式。

(一)立法需求的特殊性

从战略定位的角度来看,建设长三角一体化发展示范区是实施长三角一体化发展战略的先手棋和突破口,其组织架构、权力配置等顶层设计需要国家进行统筹安排,这些事项属于国家事权范畴,因此存在由国家对特定区域进行授权立法的需求。此外,《长三角生态绿色一体化发展示范区总体方案》提出了一系列制度创新举措,重点聚焦规划管理、生态保护、土地管理、要素流动、财税分享、公共服务、公共信用等方面,率先探索区域生态绿色一体化发展制度创新,建立有效管用的一体化发展新机制,为长三角地区全面深化改革、实现高质量一体化发展提供示范。同时方案指出,相关的一体化制度创新、重大改革集成等举措需要暂时调整实施有关行政法规、国务院文件和经国务院批准的部门规章有关规定的,待国务院作出相关决定后,授权执行委员会制订相关规定并实施。

(二)立法主体的多元性

从行政区划的角度来看,长三角一体化示范区横跨上海、江苏、浙江三个省级行政区划,且在一体化发展过程中不打破原有的行政隶属关系,这也就意味着示范区不会设立专门的区域立法机构来独立承担区域立法工作,立法工作仍由各省级人大、政府和相应的设区的市人大、政府承担。为了实现区域协同立法,各省市的人大和政府需

要定期或不定期地就区域立法事项进行沟通、协调,就立法调整内容达成共识,分别在各自行政区域范围内形成并发布法律文本。

（三）立法形式的协同性

从实践现状的角度来看,各个行政区划之间存在着标准不统一、规则不一致、平台不衔接等问题。因此,存在跨行政区划开展协同立法的需求。《长江三角洲区域一体化发展规划纲要》明确提出:"加强地方立法、政务服务等领域的合作,形成有效的合作体制机制,全面提升合作水平。建立地方立法和执法工作协同常态化机制,推动重点区域、重点领域跨区域立法研究,共同制定行为准则,为长三角一体化发展提供法规支撑和保障。"这从国家战略的高度明确了长三角区域协同立法的重要性。客观地说,长三角一体化示范区乃至整个长三角区域的协同立法尚处于起步阶段,目前仍存在立项协调困难、立法规范标准不一致等问题。在贯彻落实长三角一体化的发展战略的过程中,有必要进一步深入研究区域协同立法,推动长三角一体化示范区协同立法实现常态化、机制化,更好地为长三角地区全面深化改革、实现高质量一体化发展提供示范。

四、关于长三角一体化示范区专门立法的建议

结合长三角一体化示范区的立法需求,对其进行专门立法主要有两种模式:一种模式是由国家层面对长三角一体化示范区内的重大问题进行授权立法,同时授予长三角一体化示范区执委会以管理权和执法权。另一种模式是"两省一市"人大和政府之间针对区域内某些共性行政管理事项进行专项协同立法。此外,本着节约立法成本的原则,还可以提请国务院相关组成部门针对区域内的共性行政管理事项进行专门立法,形成中央宏观立法与地方中观立法相结合的立法体例,进而构建完整的长三角一体化示范区法律规则体系。

（一）国家授权立法或者专门立法

2020年9月,经全国人大法工委授权,江苏、浙江、上海两省一市人大常委会经过协商,分别在常委会上表决通过《关于促进和保障长三角生态绿色一体化发展示范区建设若干问题的决定》,同步授权长三角一体化示范区执委会省级项目管理权限,明确了示范区执委会"作为示范区开发建设管理机构,负责示范区发展规划、制度创新、改革事项、重大项目和支持政策的研究拟订和推进实施,重点推动先行启动区相关功能建设"。"示范区执委会根据本决定授权,行使省级项目管理权限,按照两省一市人民

政府有关规定统一管理跨区域项目,负责先行启动区内除国家另有规定以外的跨区域投资项目的审批、核准和备案管理,联合上海市青浦区、江苏省苏州市吴江区、浙江省嘉善县人民政府行使先行启动区控制性详细规划的审批权"。"因示范区一体化制度创新、重大改革集成等举措,需要暂时调整或者暂时停止实施本省(市)地方性法规的,示范区执委会可以向省(市)人民代表大会常务委员会提出建议,由省(市)人民代表大会常务委员会依法决定"。由此可见,示范区执委会获得的授权有三方面:一是示范区发展规划、制度创新、改革事项、重大项目和支持政策的研究拟订权和推进权;二是投资项目审批和控详规划的联合审批等两项行政审批权;三是因改革创新调整或者停止执行地方性法规的建议权。但是,《关于促进和保障长三角生态绿色一体化发展示范区建设若干问题的决定》仅涉及地方性法规的调整和停止实施需报由省人大决定,并未涉及政府规章以及相关的决定,以及国家相关立法和规定的修法建议;此外,建议权与审批权的行使也没有一套符合法定要求的程序规则。正因为如此,关于改革创新,执委会要面对三省一市的人大、政府、有立法权的设区的市(苏州、嘉兴)以及国家各相关部委,这种涉及多层级、多方面主体的建议与审批,工作量大,协调难度高,且不具有操作性,因而此项授权在实践中并未完全落地。根据研究团队在示范区实地调研过程中所得到的信息,目前示范区执委会在改革法定体制机制方面并没有多大的空间,仍受限于现有的体制机制和法制,这也在一定程度上影响了示范区成为法律制度先行先试示范区的功能发挥。因此,研究团队认为,长三角一体化示范区范围内有关体制机制等重大问题无法通过地方层面协同立法解决,只能由国家进行授权立法,应当明确示范区执委会为先行先试授权改革的主体,如同国务院授权浦东综合配套改革和授权上海自贸区改革一样,使得示范区执委会不仅有项目审批权和控详规划的联合审批权,更具有统筹协调各类制度创新和改革事项的实际权力,使示范区真正成为制度改革创新的先试区、先棋手和突破口。最理想的方案是由国务院制定行政法规《长三角生态绿色一体化发展示范区条例》,对长三角一体化示范区的战略定位、区域组织架构的设置、示范区执委会的职能和权限等宏观问题进行明确规定,为长三角一体化示范区改革任务的顺利开展提供强有力的法律保障。

除国家授权立法外,国家层面还可以开展专项立法。即对于区域内共性的行政管理事项,如规划、交通、生态环境保护等中观问题,在三省开展协同立法的成本过高的背景下,可以尝试由国务院相关部门制定部门规章予以保障。

(二)跨区域协同立法的模式选择

基于长三角一体化示范区跨省级行政区、没有行政隶属关系、涉及多个平行行政主体的实际情况,以及示范区在聚焦规划管理、生态保护、土地管理、项目管理、要素流动、财税分享、公共服务政策、公共信用等方面改革创新的现实定位,需要率先探索一体化发展制度创新,即需要充分考虑先行启动区内"两区一县"5个镇政府在行政权力行使中所需要的法律规范,通过两省一市的地方协同立法给予保障。除国家授权立法解决的重大事项外,其他事项可以通过地方层面的跨区域协同立法进行规定。从跨区域协同立法的角度看,若长三角一体化示范区内对机构设置、行政执法内容等事项存在统一性要求的,应当进行区域协同立法;若机构设置、行政执法内容等事项不存在统一性要求的,亦即与长三角一体化示范区合作发展内容没有关联的领域,则三地维持各自现有的立法规定即可,不需要进行协同立法。此外,区域协同立法应当与一体化示范区内的行政执法体制和司法体制的框架相衔接,与行政执法内容的统一性要求相衔接,同时反映区域改革发展的特点和现实需要,对推动全国或其他区域面上的改革起到示范推动作用。具体而言,长三角一体化示范区内进行地方协同立法有如下两种路径可供选择。

一是市级(三市)层面的协同立法。对于省级和设区的市级均有立法权限的行政管理事项,即属于城乡建设与管理、环境保护、历史文化保护领域的事项,从节约立法成本和提高立法效率的角度出发,可以在上海市、苏州市和嘉兴市三个城市间优先开展协同立法,而不必考虑立法效力层级的一致性。

二是省级(两省一市)层面的协同立法。对于超出城乡建设与管理、环境保护、历史文化保护领域的事项,即对于只有省级人大和政府有立法权限的事项,只能在省级(两省一市)层面开展协同立法。

(三)地方协同立法的方式选择

目前跨区域协同立法,主要有四种方式:一是文本统一型协同立法,即区域内相关立法主体分别审议通过一个内容完全一致的立法文本。一般由相关省市联络协调小组或者立法工作机构共同起草草案示范稿,送交各省市立法机关或者政府研究并提出修改意见,经过协商,最后形成统一的正式草案,提交相关的立法机关或者政府审议通过。文本统一型协同立法能最大程度实现区域内的法制统一。二是条款统一型协同立法,即由相关地方人大或者政府共同协商后,就某一需要规范的领域拟订法律文本的统一性条款,再由各个地方人大或者政府分别写入相关的地方性法规或者政府规章中。此种协同立法的前提在于维护整个区域的共同利益,寻求区域合作,同时,尊重不同地区的差异和各自特点,维护各自不同利益的需求,求同存异,对所要规范的社会关系或者行政相对人的行为在不同行政区划呈现出的不同表现形式,分别制定不同的立法条款。三是互补型协同立法。这种协同立法的前提是,区域协同立法需求在很多情况下并不是利益一致的,而是利益存在明显差异甚至冲突的。例如,空气、水质等生态环境的污染问题,往往上游区域是污染方,下游区域则主要是受害区,两者的治理成本是不平衡的,上游区域需要付出更多的治理成本和既得利益的损失,这样的协同立法,需要下游区域和上游区域之间建立必要的补偿机制才能实现目标。已经列入长三角区域人大协同立法项目的长三角生态绿色一体化发展示范区饮用水水源保护协同立法就属于这类立法。四是征求意见型协同立法。这种协同立法方式是指某省市在立法活动中,根据自身的需要,提出跨行政区域协作的相关内容,一般体现为一条或者几个条款,事先通过书面征求区域内其他省市的立法机构或者行政管理部门的意见,并取得认可的立法方式。这是最为松散型的协同立法模式,也是目前实践中运用最为广泛的一种协同立法模式。

从长三角一体化示范区地方立法需求来看,上述四种跨区域协同立法的方式,都可以适用。其中,文本统一型立法和互补型立法的难度比较高,所以并不是经常可以应用的;比较常用的立法形式应该是条文统一型协同立法和征求意见型协同立法。

需要指出的是,在长三角一体化示范区开展三地协同立法的过程中,无论采取文本协同还是条款协同的方式,都要求法律文本的属性保持一致,即要么都制定地方性法规,要么都制定地方政府规章。

城市更新与绿色发展

践行人民城市理念 推动高质量城市更新
——以上海地产集团参与城市更新实践为例

李占涛

摘　要：加快推动城市有机更新，打造宜居、韧性、智慧城市，提升人民群众的幸福感和获得感，是贯彻落实党的二十大精神，推动城市高质量发展的重要举措。新时期践行人民城市重要理念，推动城市高质量更新，对全面提升城市发展质量、不断满足人民群众日益增长的美好生活需要、促进经济社会持续健康发展，具有重要而深远的意义。上海地产集团作为全市旧区改造和城市更新重要的功能性平台，努力发挥功能类国企在完成重大任务中主力军、攻坚队作用，创新城市更新的思路和方法，拓展城市更新平台内涵，形成可复制、可推广的发展模式，为全市提前完成中心城区成片二级旧里改造任务发挥了积极作用。未来上海将进一步探索"人留房留"的城市更新模式，寻求人口适度疏解基础上的新老共生、烟火传续，形成适应新时期上海城市更新特点的可复制、可推广的经验，保障城市更新进程的有序推进，加速城市高质量可持续发展。

实施城市更新，是贯彻落实党的二十大精神、践行以人民为中心的发展思想、推动城市高质量发展的重要举措。党的二十大报告提出，"加快转变超大特大城市发展方式，实施城市更新行动，加强城市基础设施建设，打造宜居、韧性、智慧城市"。自2021年起，城市更新已连续3年被写入《政府工作报告》。上海市委、市政府坚决贯彻落实习近平总书记对上海工作重要指示精神，牢记总书记对上海"人民城市"建设的谆谆嘱

李占涛，高级经济师，上海地产集团(集团)有限公司战略研究部副总经理。

托,聚焦解决群众最期盼、最迫切的"老、小、旧、远"等问题,下大力气推进中心城区旧改和"两旧一村"改造,以高质量城市更新推动高质量发展,谱写了新时代人民城市新篇章。

一、城市更新的内涵

从理论维度看,最早关于城市更新内涵的表述,出现在1958年8月在荷兰海牙召开的世界第一次城市更新研讨会。会议指出,所有有关城市改善的建设活动,可以称之为城市更新。整体来看,国外城市更新的实践发展阶段从第二次世界大战结束后可以简单分为推倒重建、社区更新、旧城开发、有机更新四个基本阶段,更新目标从解决单一问题走向综合目标体系,更新机制从政府主导发展为多远共治,价值导向从物质空间改善迈向公共利益的保护与提升。

从国内关于城市更新内涵的演变来看,20世纪80年代初,我国著名规划专家陈占祥先生基于西方城市更新的历史经验,把城市更新定义为城市"新陈代谢"的过程。在这一过程中,更新途径涉及多方面,既有推倒重来的重建,也有对历史街区的保护及对旧建筑的修复等。1990年初,著名建筑学与城市规划专家吴良镛从城市的保护与发展角度提出了城市"有机更新"的概念,让人们意识到城市更新是一个科学体系,而不是对城市建筑简单地拆除或保留。进入21世纪以来,学者们开始注重城市建设的综合性与整体性,对城市更新注入了新的理解。随着城市更新实践的拓展,城市更新内涵从最初的大规模重建转向全面复兴及可持续发展,方法也从外科手术式的推倒重建转向适时的、渐进式、重视传统保护的改善。

上海城市更新伴随着城市的发展一直在进行,但正式以城市更新出台文件并指导工作是2015年实施的《上海市城市更新实施办法》,并辅以一系列辅助配套文件,使城市更新变得更加规范化。2017年,上海城市更新理念及思路有了重大调整,由"拆改留并举,以拆除为主"调整为"留改拆并举,以保留保护为主",在统筹推进风貌保护和旧区改造、突出城市功能完善和品质提升的前提下,加快实施旧区改造。2021年《上海市城市更新条例》的出台,进一步明确城市更新是指在本市建成区内开展持续改善城市空间形态和功能的活动,并建立了完整的规划引导体系、更新实施机制、保障机制及监督管理机制并明确了法律责任、全过程的物业权利人和公众的参与机制,将原本分散在各个条线的更新政策体系化、法定化。

二、新时期实施城市更新的重要意义

党的二十大擘画了全面建设社会主义现代化国家,以中国式现代化全面推进中华民族伟大复兴的宏伟蓝图,把城市工作摆在重要位置。实施城市更新行动,推动城市结构调整优化和品质提升,转变城市开发建设方式,对全面提升城市发展质量、不断满足人民群众日益增长的美好生活需要、促进经济社会持续健康发展,具有重要而深远的意义。

(一)实施城市更新,是适应城市发展新形势、推动城市高质量发展的必然要求

2022年末全国常住人口城镇化率为65.22%,我国城镇化发展趋势正处于由加速发展阶段向平稳的中后期发展阶段过渡,城市建设从大规模增量建设转为存量提质改造和增量结构调整并重,从过去解决"有没有"向现在解决"好不好"转变。从国际经验和城市发展规律看,这一时期城市发展面临许多新的问题和挑战,各类风险矛盾突出。我们不仅要解决经济社会发展中的问题,还要更加注重解决城市发展本身的问题,制定实施相应政策措施和行动计划,走出一条内涵集约式高质量发展的新路。

(二)实施城市更新,是坚定实施扩大内需战略、构建新发展格局的重要路径

城市建设是现代化建设的重要引擎,是构建以国内大循环为主体、国内国际双循环相互促进的新发展格局的重要支点。据不完全统计,2022年全国有571个城市实施城市更新项目达到6.5万个,这些项目的实施对于完善城市功能、增进民生福祉、促进经济发展发挥了重要作用。2023年7月21日,国务院常务会议审议通过《关于在超大特大城市积极稳步推进城中村改造的指导意见》,在当前迫切需要推进稳增长、扩内需的经济形势下,推进城中村改造具有重要意义。

(三)实施城市更新,是推动城市开发建设方式转型、促进经济发展方式转变的有效途径

《上海市城市总体规划(2017—2035年)》明确建设用地总量零增长,要坚定不移推进节约集约用地,提高土地利用效率,通过资源利用方式转变推动经济发展方式转变,为实现高质量发展提供有力的服务和支撑。与其他发达国家的全球城市比较,上海建设用地产出效率明显偏低,工业用地绩效分别仅有纽约的50%和东京的25%。因此,在资源紧约束条件下,必须加快转变城市发展方式,统筹城市规划建设管理,推动城市空间结构

优化和品质提升,实现城市更新"重现风貌、重塑功能,提升品质、提升价值"。

(四)实施城市更新,是推动解决城市发展中的突出问题和短板、提升人民群众获得感幸福感安全感的重大举措

城市更新既是发展工程,也是民生工程。2022年上海新冠疫情期间,老旧小区及城中村暴露出了很多问题,厨卫合用、环境脏乱差、管理水平参差不齐,成为疫情的高发区域。截至2022年底,上海中心城区剩余零星二级旧里以下房屋约39.6万平方米,约1.4万户;旧住房成套改造,总量约684万平方米,约17.4万户;"城中村"改造除已认定的54个项目外,还有"城中村"点位约705个,涉及农户约10.7万户。因此必须进一步加快老旧小区和"城中村"改造,切实改善群众居住条件,增进民生福祉。

三、上海地产集团参与本市城市更新工作实践

党的十八大以来,上海持续推进中心城区旧区改造和城市更新,特别是近五年,上海下定决心,提出在上届政府任期内(2022年底前),全面完成中心城区成片二级旧里以下房屋改造,这是对百姓过上美好生活的庄严承诺。上海地产集团牢记初心使命,强化责任担当,把推动旧区改造和城市更新作为最大的政治任务,全力打好这场"民心工程"攻坚战。自2019年以来,集团与相关区合作,共实施旧改项目25个、75幅地块,改造各类旧住房面积147万平方米,受益居民5.3万户,承担了全市近60%的旧改工作任务,为提前完成中心城区成片二级旧里以下改造任务做出了积极贡献。此外,地产集团积极推进浦东三林、嘉定北虹桥、闵行颛桥等城中村改造项目及世博文化公园建设,承担了虹桥国际中央商务区核心区、世博园区、宝山顾村等区域开发工作,以及老市政府大楼等历史风貌建筑保护更新等,为推动上海高质量发展、创造高品质生活做出积极贡献。

(一)搭建城市更新平台,优化城市更新运作机制

2018年,根据市政府"发挥国有企业重要作用,鼓励引导社会资本参与,积极推动旧改工作"的有关要求,地产集团成立了全资子公司上海城市更新建设发展有限公司,并由该公司分别与黄浦、杨浦、虹口、静安等区属国企按照60%:40%的出资比例,合资成立了区城市更新公司,专职承担旧区改造和城市更新工作。首批四幅试点地块,分别是黄浦区老城厢乔家路地块、杨浦160街坊、虹口区17街坊、静安区洪南山宅240街坊。经前期试点,逐渐形成了"市区联手、政企合作、以区为主"的旧改新模式,

新模式的核心就是地产集团这一功能性国企参与旧区改造,作为全市统一的旧区改造功能性平台,具体推进旧区改造、城中村改造、旧住房改造及其他城市更新项目,并通过市场化方式解决旧改资金问题。

2020年7月,经上海市委、市政府批准,上海市城市更新中心在地产集团成立,李强书记、龚正市长亲自揭牌,这是上海城市建设发展模式的重大转变,也是全国率先成立的城市更新平台。市政府赋予市城市更新中心土地一级开发权、规划调整参与权、销售持有自主权、二级开发招商权等工作职能。2021年9月,《上海市城市更新条例》进一步赋予市城市更新中心全市城市更新平台的法定地位。

在新的城市更新体制下,市城市更新中心作为事业单位,功能定位就是组织协调推进城市更新相关工作的平台,包括制定完善旧改相关配套政策、参与旧改区域规划编制、制定旧改年度计划、参与旧改成本认定等。上海地产集团作为功能性国企,负责按照市场化方式推动旧改项目实施,包括向金融机构融资解决旧改资金来源、选择标杆企业承担旧改地块二级开发、确保旧改资金动态平衡等。区政府主要负责旧改地块征收动迁,配合统筹旧改地块的功能业态、公共服务、风貌保护、建筑形态等。通过建立与市、区多部门密切合作的共建机制、有序衔接的共享平台,共同推进旧改地块的前期开发,实现城市高品质发展。

(二)创新工作思路举措,突破旧改工作瓶颈

一是创新"预供地"制度,突破旧改融资瓶颈。旧改最大的困难是如何解决资金来源。为避免政府隐性债务,旧改资金须由地产集团通过市场化方式向金融机构融资,这就必须解决贷款抵押问题。经与市、区规划资源部门、金融机构等多次沟通,提出采取"预供地"方式,即旧改项目前期征收达到一定程度时(例如完成征收"一轮征询"),市城市更新公司向市旧改办和规划资源管理部门提出"预供地"申请,批准后由市、区规划资源管理部门出具《旧区改造项目地块预供地意见书》,市城市更新公司根据意见书向银行申请办理抵押贷款手续。在此基础上,地产集团与10家银行签订银团贷款协议,开展"总对总"合作,授信规模超2 000亿元,确保旧改资金供应。二是多措并举,统筹资金平衡。针对旧改地块土地成本倒挂问题,在市有关部门支持下,按照"一地一策",通过规划调整、容积率转移、资源地块捆绑、市政道路和公建配套设施建设支持等综合政策,实现旧改资金"综合平衡、动态平衡、长期平衡"。如虹口区17街坊与北外滩商业地块捆绑、黄浦区乔家路A片区与南浦F02地块捆绑、黄浦区乔家路B片区与南浦F04地块捆绑

等。此外,地产集团与房地产标杆企业和大型金融机构共同发起设立城市更新基金,吸收社会资金参与旧区改造,促进资金良性循环。三是通过"场所联动",遴选标杆企业参与地块二级开发(如图1所示)。旧改地块二级开发对开发商的产业规划能力、商业运营能力、历史风貌保护等有较高的要求,必须引进有竞争力的标杆企业,确保高水平开发;同时要充分挖掘地块的市场价值,确保政府收益。地产集团作为旧区改造的功能性平台,不参与地块的二级开发,而是通过"土地交易市场+联交所"联动招商方式,引进市场化企业承担项目的后续开发。首先由区更新公司在上海土地市场发布遴选公告,申请企业缴纳保证金并提供规划实施方案,经专家评审后再确定入围企业。入围单位按要求交纳交易保证金至联交所指定银行账户后获得竞买资格,并根据区更新公司依招商方案制定的《竞价实施方案》组织竞价,最终按规划实施方案得分和产权交易竞价得分加总后的综合得分排序,确认最终合作单位,签订《产权交易合同》。

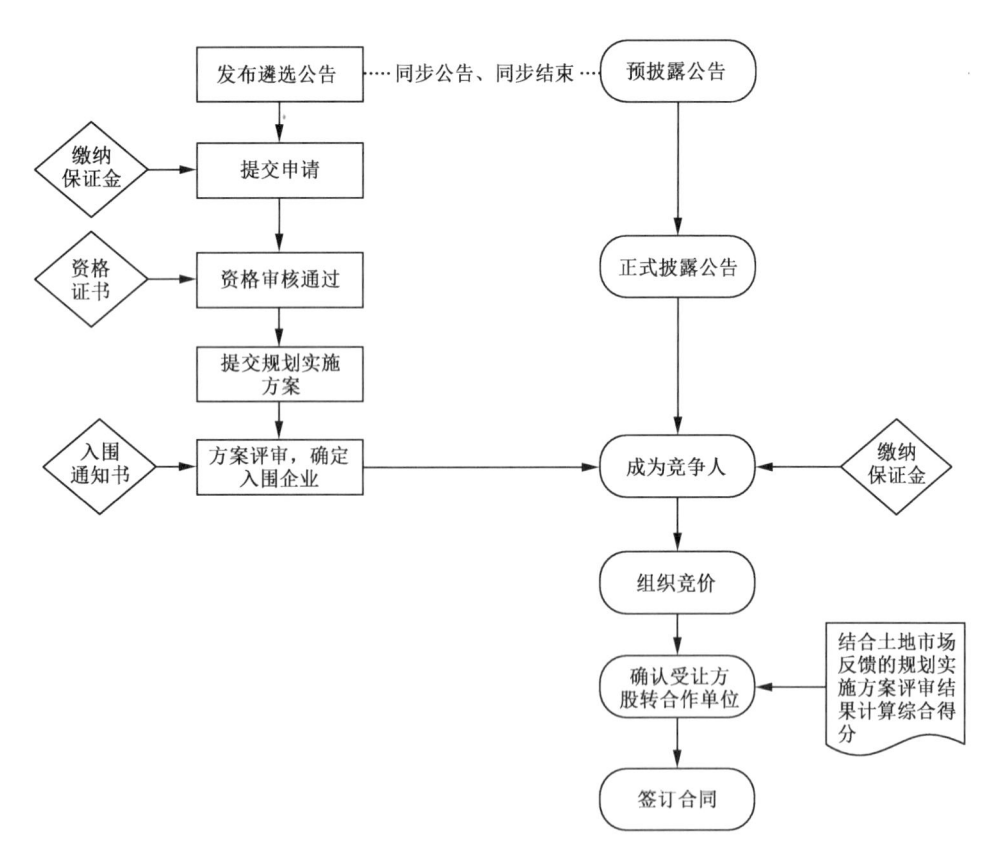

图1 旧改地块二级开发"场所联动"招商流程示意图

(三)坚持区域整体更新,追求区域发展高品质

旧改项目大多位于中心城区黄金地段,决不能简单一拆了之,需要以一种大格局、大手笔来推进区域大调整、大布局,打造城市发展新的增长极。地产集团一方面做好"改善群众居住环境"的"民心工程",切实改善市民的居住条件;另一方面高效利用好这些来之不易的土地资源,坚持整体规划成片改造,注重历史风貌保护,切实保护好城市肌理和城市记忆,把"旧改洼地"变成"功能提升、经济发展、城市治理"高地。

一是建立区域开发总控体系,推动整体开发。发挥市城市更新中心平台优势,坚持区域整体开发理念,克服碎片化更新、传统宗地开发的不足,统筹区域内功能业态和产业升级,实现土地价值最优、建设品质最优、区域功能最优,推动生态、产业、城市空间的"深度融合"。建立区域整体开发总控体系,开展征收、规划设计、投资、施工、运营等"五个总控",统领区域更新全生命周期,提升区域开发质量。二是深化旧改区域功能策划,提升城市品质。按照市委、市政府要求,围绕上海城市发展目标,配合相关部门开展旧改区域功能策划和产业布局研究,提升城市能级和核心竞争力。在明确区域定位前提下,按照"产城融合,职居平衡"要求,优化空间布局,适当增加住宅比例,适度提高开发强度,加强空间复合利用,提升所在地区的城市活力和公共资源利用效率,防止城市"空心化"。对住宅类地块需统一配建保障房和租赁房的,通过区域统筹方式,集中实施配建,确保项目开发品质。三是注重历史建筑保护,延续文化传承。2019年习近平总书记在上海考察时强调:"要妥善处理好保护和发展的关系,注重延续城市历史文脉,像对待'老人'一样尊重和善待城市中的老建筑,保留城市历史文化记忆,让人们记得住历史、记得住乡愁。"地产集团在城市更新中注重处理好民生改善、经济发展和历史文化遗存保护利用的关系,特别是在老市府大楼更新改造(如图2所示)、外滩第二立面更新、黄浦区书隐楼等保护建筑更新改造过程中,结合上海的历史传统、区域文化、时代要求,突出地方特色,注重文明传承、文化延续,让城市留下记忆,让人们记住乡愁。

(四)做好"旧改后半篇文章",探索城市更新新机制

上海市十二次党代会报告提出:"加快老旧小区、城中村改造,打造现代、宜居、安全的生产生活空间"。2022年10月市委、市政府又出台实施意见,下决心用10年时间,分三步完成"两旧一村"改造。地产集团按照市委、市政府决策部署,坚持市区联手、以区为主、政企合作,发挥好市城市更新中心的平台作用,强化跨周期、跨区域、跨

图 2　上海老市府大楼更新改造效果图

类别"三跨"平衡,积极参与本市"两旧一村"改造,探索城市更新新机制。

一是积极参与"两旧一村"改造试点。徐汇东安新村、长桥新村是全市首个以不成套为主老旧小区实施整体征收改造的试点项目。市城市更新公司和徐汇区属国企按照60%∶40%的出资比例成立合资公司,作为徐汇区政企合作城市更新改造的实施主体,参照中心城区成片旧改流程,开展房屋征收、银行融资、规划调整、协议出让、招商股转、开发建设等工作,为全市探索市区联动、项目联动以及跨区域、跨类别、跨周期的平衡机制积累经验。2023年5月29日,长桥新村地块第一轮意愿征询以99.41%高比例通过。二是加快推动外滩第二立面城市更新。外滩第二立面占地约51公顷,涉及27个街坊,建筑面积约159.6万平方米,涉及居民5 800证、单位2 700证,具有存量为主、非居为主、历史保护建筑集中等特点。地产集团会同黄浦区政府按照"多措并举、整体推进、政府推动、市场运作"的思路,双轮驱动、形成合力,打造平台、统筹推进。2021年先行启动外滩源二期旧区改造,受益居民约1 000户。下一步,针对区域内更新体量大、要求高、房屋权属多样的特点,通过探索分类更新实施标准,梳理形成政策建议,有效控制更新成本,实现功能品质提升,探索建设"城市更新最佳实践区"。三是启动虹口瑞康里项目综合改造。瑞康里位于虹口区 167 街坊,涉及居民约 628 证、667 户,房屋建筑面积约 2 万平方米,均为旧式里弄,房屋老旧,居住拥挤,设施落后,安全隐患较大,社会矛盾突出。按照"提高城市品质、共担改造成本、新老居民共生、疏解城区人口"总体要求,改变大拆大建、以房地产开发为主要形式的改造模式,以居民自愿申请为前提,实施置换腾退、异地安置、原地回购回租等多样选择、多策并举、多元共生的更新改造模式,推进实施城市规划,有序疏解城区人口,彻底改善居住条件。通过项目试点,探索形成"政府主导、居民自愿、市场参与"的多主体协商协同、资金共担的机制,有效控制更新成本,形成可持续、可复制、可推广的资金平衡机制。

四、上海地产集团城市更新案例

(一)中心城区旧区改造:虹口区 17 街坊项目

1. 基本情况

虹口区 17 街坊是地产集团携手虹口区政府,探索"市区联手、政企合作、以区为主"旧改新机制的首批四幅旧改地块之一。项目东至江西北路,南至海宁路,西至河南北路,北至武进路,涉及二级旧里以下房屋约 5.6 万平方米,居民户数超 3 000 户。项目内房屋大多建造于 1912—1936 年,是砖木结构的二级以下旧里。由于建造年代久远,房屋破旧,环境很差,存在很大安全隐患,居民盼望旧改的呼声十分强烈。2019 年 6 月项目二轮签约生效,随即开展房屋征收工作。2020 年 9 月,项目完成征收收尾,耗时 16 个月,创本市旧改项目征收速度新纪录。2021 年 2 月,虹口更新公司在土地交易市场以底价 111.35 亿元成功摘牌虹口区"17+69"街坊组合地块。2021 年 8 月,苏州招恺置业有限公司(招商蛇口和融信联合体)摘得上海弘安里企业发展有限公司(虹口区 17 街坊地块项目公司)80%股权及 40.6 亿元债权,成为首个通过"场所联动"完成招商股转的地块。

2. 经验做法

第一,体制设计。2019 年 3 月市城市更新公司和虹口区两家区属国企,按照 60%:20%:20%比例,合资组建虹口城市更新建设发展有限公司,专门负责改造实施方案,筹措改造资金和安置房源,推进项目前期工作,组织开发建设和招商,以及承担项目指挥部日常管理工作(如图 3 所示)。

第二,资金筹措。2019 年 6 月市城市更新公司与 10 家银行签订银团总贷款合

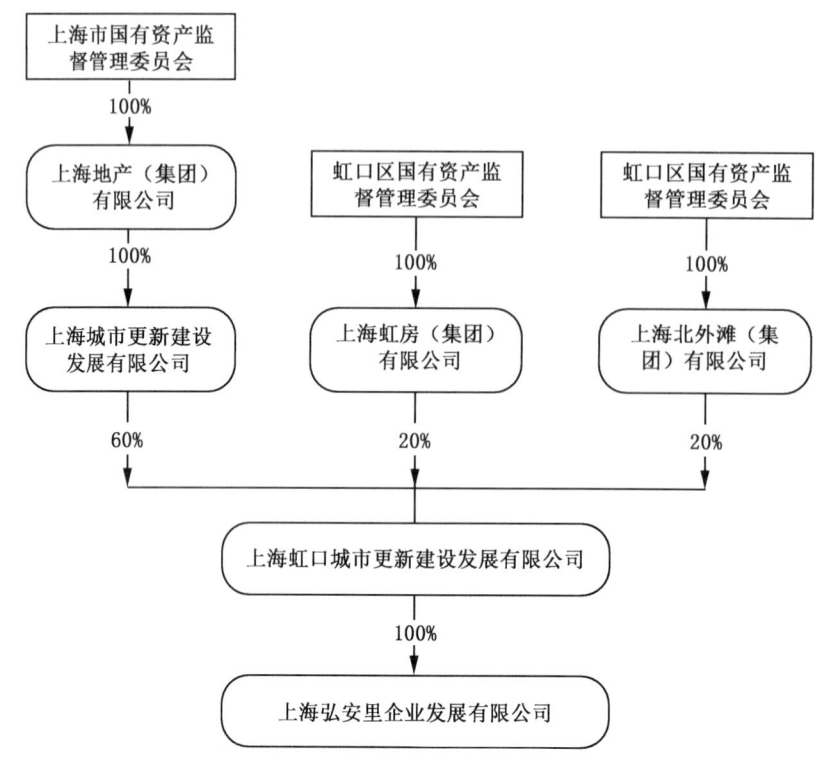

```
        ┌─────────────────┐
        │ 上海市国有资产监 │
        │ 督管理委员会     │
        └────────┬────────┘
               100%
                ↓
        ┌─────────────────┐   ┌─────────────────┐   ┌─────────────────┐
        │ 上海地产(集团)  │   │ 虹口区国有资产监│   │ 虹口区国有资产监│
        │ 有限公司        │   │ 督管理委员会    │   │ 督管理委员会    │
        └────────┬────────┘   └────────┬────────┘   └────────┬────────┘
               100%                  100%                  100%
                ↓                     ↓                     ↓
        ┌─────────────────┐   ┌─────────────────┐   ┌─────────────────┐
        │ 上海城市更新建设│   │ 上海虹房(集团)  │   │ 上海北外滩(集   │
        │ 发展有限公司    │   │ 有限公司        │   │ 团)有限公司     │
        └────────┬────────┘   └────────┬────────┘   └────────┬────────┘
               60%                    20%                   20%
                └──────────────────────┼─────────────────────┘
                                       ↓
                        ┌─────────────────────────┐
                        │ 上海虹口城市更新建设发展│
                        │ 有限公司                │
                        └────────────┬────────────┘
                                   100%
                                     ↓
                        ┌─────────────────────────┐
                        │ 上海弘安里企业发展有限  │
                        │ 公司                    │
                        └─────────────────────────┘
```

图 3　虹口更新公司股权结构图

同,4家区更新公司与10家银行签订银团贷款合同以及银团担保合同,探索形成"总+子"银团融资新模式,获得最优惠利率,融资规模达2 000亿元以上,保障旧改资金来源。

第三,征收收尾。2020年6月底,在签约奖励结束后,推进补偿决定司法程序全覆盖,持续降低未签约数量。在市人大、法院系统指导下,联合区政府相关部门,连续开展居民和单位的司法强制执行,完成房屋征收。

第四,规划设计。对接旧改项目一、二级联动模式和市场招商需求,通过规划"搭平台"的形式,组织市场团队参与各阶段规划设计,总结形成保障市场方案落地所需规范标准,有效提升产品货值。围绕建筑甄别、风貌评估,形成并稳定适用于风貌保护项目规划技术手势,取得管理部门支持。

第五,土地出让。形成"预供地意见书"确定意向用地单位、"征收决定"收回土地使用权、征收完成形成"净地"后直接定向出让的旧改地块供地方式。17街坊以低密度住宅产品为主,前期开发成本倒挂严重。根据市政府专题会议精神,明确69街坊作为17街坊配套的成本平衡资源地块进行组合出让。

第六,场所联动。试点开展招商推介和初步报价,完成中期成果交流、带方案报价和终期专家评议。采用土地交易市场与产权交易所"场所联动"方式,其中规划实施方案满分20分、产权交易竞价满分80分,引进标杆性市场企业,在实现区域高质量开发建设的同时,加快旧改项目资金回笼,形成滚动开发的良性循环模式。

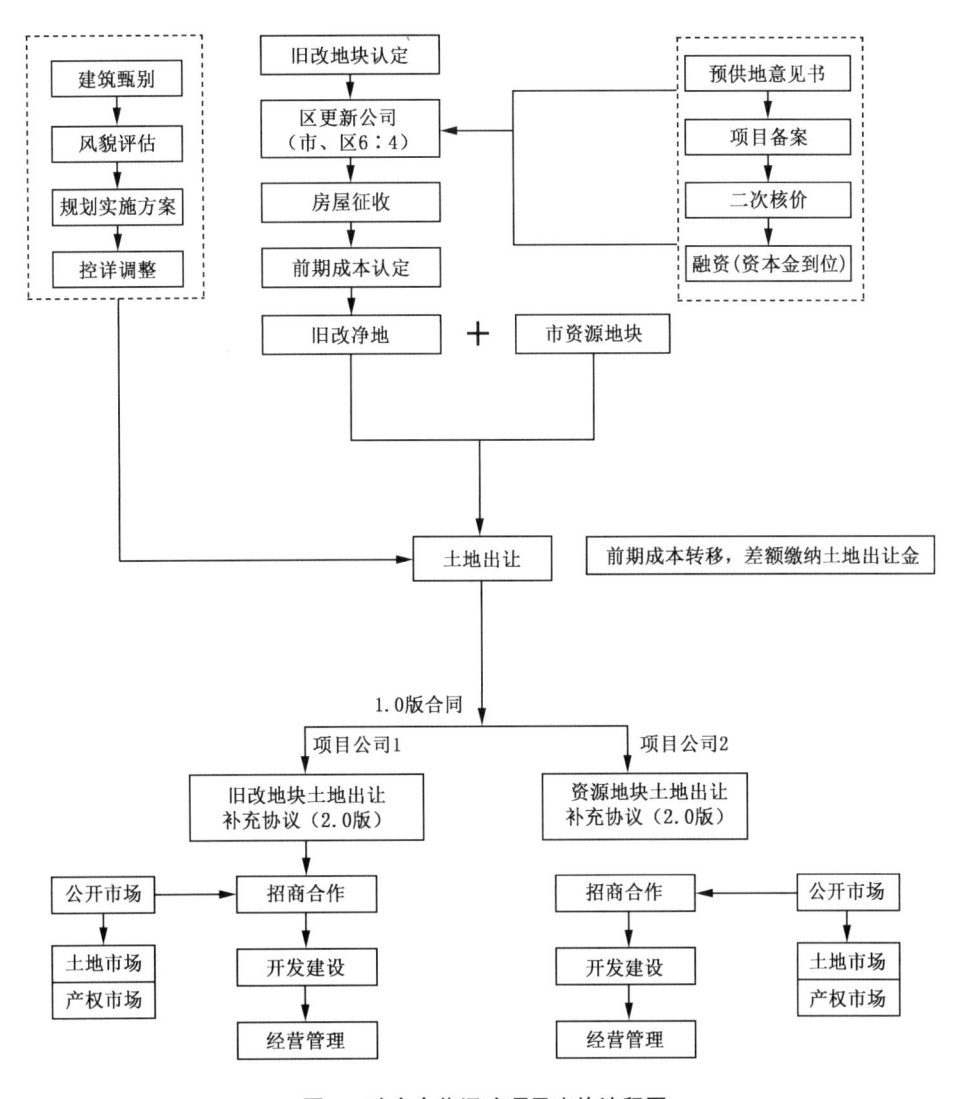

图4 政企合作旧改项目实施流程图

(二)区域性更新:世博文化公园

1.基本概况

世博文化公园位于浦东滨江核心地区,西北部毗邻黄浦江,东至卢浦大桥—长清北路,南至通耀路—龙滨路,总用地面积约2平方公里,绿地规模占总建设用地的80%以上,是上海完善生态系统、提升空间品质、延续世博精神、打造公园城市的重大项目之一,是践行"把最好的资源留给人民"的生动实践(如图5所示)。世博文化公园内规划新建世博花园、申园、双子山、上海温室、世界花艺园、大歌剧院、国际马术中心等七大主题园区,配置停车位4 000多个。公园北区于2021年底实现开园,计划于2023年底完成南区主体建设,2024年实现全园开放,届时将成为生态自然永续、文化融合创新、民众欢聚共享为定位的世界一流城市中心公园。公园总投资(不含大歌剧院、马术中心)163亿元,其中土地费63亿元,其他费100亿元。

图5 世博文化公园

2.经验做法

第一,发挥公园建设指挥部平台统筹协调作用。公园区域曾是上钢三厂和世博会址,有多条地铁、隧道下穿,还与卢浦大桥、变电站、污水南干线等相邻,建设时间紧、任务重、环境复杂;涉及9个建设主体,各项目之间上下重叠、左右搭接。在项目前期过程中,公司依托指挥部,全力推动公园整体方案稳定;在建设过程中,大量需要协调的事项通过公园指挥部及其办公室这一平台进行协调解决。

第二,坚持区域整体开发理念,发挥"四总控"作用。世园公司探索设计总控、施工总控、投资总控和运营总控4个总控模式。通过设计总控定导则、定总图、定计划;依靠施工总控从园区整体角度出发,在计划管理、界面管理、信息管理、技术质量管理、HSE管理、竣工与移交管理等6个方面为建设单位出谋划策;发挥投资总控总参谋、警报器和啄木鸟作用,控制风险,确保合规;按照一体化运营要求,从运营模式、运营方案、设施保障、团队合作、招商工作、宣传推广和活动策划等7大板块着手,研究后续运营模式,确保高品质运营。

(三)城中村改造:三林城中村项目

1. 基本情况

三林城中村项目北起中环线、南至外环线、东临济阳路、西至黄浦江,规划范围约4.2平方公里,涉及三林镇五村一居(新春村、归泾村、久丰村、西林村、临浦村、劳动新村居委),动迁总量包括2 162户农民、821户居民和603家企业。该项目是上海中心城区八片楔形绿地之一,也是首批启动36个"城中村"改造项目之一。项目改造前,基地内乱搭乱建严重,违章建筑密度较大,基础设施落后,常住外来人口6万,群租情况严重,环境卫生恶劣。

该项目绿化面积占65%,相当于两个世纪公园大小,绿地中片区南北方向连通中、外两大环线,打造上海外环线内最大的千亩城市森林,体现自然、生态、野趣,成为率先践行"双碳"和"未来城市"理念的试验田。配套建设的现代宜居社区和海派未来社区,配置沉浸式体验、未来学校和小荧星幼儿园等特色文化、教育设施,将会使这里成为一个低碳生态、多元融合的滨江生态功能集聚区、城市转型发展示范区、海派文化集中展示区、集成创新的样板区,实现区域能级提升、生态环境重塑,打造上海新的城市名片(如图6所示)。

2. 经验做法

第一,开发平台承担地区整体效益的更新改造,更广泛长期的对地区发展负责。地产集团三林公司作为开发平台企业,承担实现地区生产、生活、生态空间的全面重塑的职能,在规划管控过程中,不局限于企业职能,以整片区的平台型主体为起点,对地区进行全面改造,兼顾社会、经济和环境效益。在组织机制方面,积极进行政企合作,

图6　三林楔形绿地项目规划效果图

对地区发展负责。

第二,建立区域开发"五大总控"体系,统领项目全生命周期管理。围绕区域整体全生命周期的高品质管理,对动迁时间、设计标准、施工时序、投资成本和运营管养等工作进行系统规划、综合协调,形成"全覆盖、全过程、全主体"的开发模式,依托三林公司,吸纳更多专业团队,实现高标准规划、高水平开发、高质量运营。

第三,精细化的设计管控,规划与实施紧密结合。地区规划标准高,特色显著,规划阶段工作扎实,同时紧密与设计总控、建设实施方案衔接,保证规划落实。尤其对于建筑风貌、地下空间等地区规划中的创新领域,均形成了从理念方案到建设落实的扎实内容。同时三林利用开发单元的管控模式,对于规划的实施创新进行了探索,对后续小街区密路网的地区建设均有可借鉴意义。

五、上海城市更新发展趋势

回顾上海城市更新的发展过程,根据住房更新的轻重、缓急、难易,先后开展"危房棚户简屋"改造、"成片二级旧里以下房屋"改造、"两旧一村"改造;在更新方式上,先后经历了"综合改造""拆旧建新""拆改留并举""留改拆并举"等不同改造方式。中心城区二级以下成片旧里改造完成后,上海城市更新迈入新阶段,从追求单一目标走向追求多元目标,从大规模运动式改造走向小规模渐进式更新,从单一化路径走向差异化路径。

2023年3月,上海市人民政府印发《上海市城市更新行动方案(2023—2025年)》(以下简称"方案"),提出"着力强化城市功能,以区域更新为重点,分层、分类、分区域、系统化推进城市更新",明确开展综合区域整体焕新、人居环境品质提升、公共空间设施优化、历史风貌魅力重塑、产业园区提质增效、商业商务活力再造六大行动。到2025年,城市更新行动全面有序开展,适应高质量发展的城市更新体制机制和政策体系健全完善,有机更新理念深入人心,城市更新工作迈上新台阶。

从方案的内容来看,下阶段上海城市更新将呈现五方面特点:一是更加注重社会公平和民生改善。坚持以人民为中心,增进民生福祉,推动人居环境品质提升,着力补齐民生短板,提供更高品质服务,提升人民群众生活质量。二是更加注重区域统筹和整体推进。坚持"留改拆"并举,以保留、利用、提升为主,统筹建筑空间、滨水空间、街道空间、绿色空间和地下空间全要素管控,促进历史文化遗产活化利用,推动区域整体更新。三是更加注重绿色低碳和环境保护。坚持集约型、内涵式、绿色低碳发展,注重节能减排和资源循环利用,通过引入绿色建筑和可再生能源等技术手段,实现城市更新的可持续发展。四是更加注重提质增效和活力再造。推动产业园区提质增效,推动存量工业用地转型升级、创新发展,促进空间利用向集约紧凑、功能复合、低碳高效转变,焕发商业商务区崭新活力,营造布局合理、结构灵活、功能多元的新业态环境。五是更加注重共建共享和多元参与。充分激发市场活力,多方式引入社会资本,加强与市民的互动,增强市民对城市更新工作的认同感和参与度,建立多元平等协商、共建共治共享机制。

展望未来,上海将积极探索"人留房留"的城市更新模式,寻求人口适度疏解基础上的新老共生、烟火传续,包括建立在居民自愿、品质提升基础上的回购回租等城市更新新路径,形成适应新时期上海城市更新特点的可复制、可推广的经验,保障城市更新进程的有序推进,加速城市高质量可持续发展。通过新一轮城市更新,实现生产空间更加集约高效、生活空间更加宜居舒适、生态空间更加山清水秀,让城市生产生活朝着美好生活和需求变化。

区域更新与开发的规建运管一体化
——上海新五年城市建设的思考与实践

查 君

摘 要：随着区域更新与开发增多，城市开发出现了多专业协调、多利益主体协同等方面的特点，本文提出"规建运管一体化"概念，并以三林滨江规划实施平台工作为例，研究规划设计总控的概念、工作内容及其发挥作用，探索上海新五年城市建设的问题与解决思路。

一、发展背景

（一）人民城市理念

2019年11月，习近平总书记在考察上海时提出"城市是人民的城市，人民城市为人民"重要论断，强调要统筹城市规划、建设、管理和生产、生活、生态等各方面，发挥好政府、社会、市民等各方力量，要求上海不断提高社会主义现代化国际大都市治理能力和治理水平。

十一届上海市委九次全会提出要把握人民城市的根本属性，将人本价值作为推动城市发展的核心取向，作为改进城市服务和管理的重要标尺，作为检验城市各项工作成效的根本标准，贯穿城市规划、建设、管理和生产、生活、生态各环节各方面。这些都对打造超大城市共建共治共享社会治理共同体，提高"规划-建设-运营-管理"一体化

查 君，华建集团副总规划师，华东建筑设计研究院有限公司城市空间规划设计研究院院长，教授级高级工程师，上海市固定资产投资建设研究会特聘专家。

提出明确要求。因此,面对新时期城市发展和经济形势发展新阶段,提升"规划-建设-运营-管理"效率和水平,是城市精细化发展、高质量发展的必然要求。

(二)区域更新

中共中央、国务院《关于进一步加强城市规划建设管理工作的若干意见》中提出:"窄马路、密路网、开放街区"。原先单一地块为主的开发模式转为目前多地块、整片区开发,多地块整合开发趋势对规划设计统筹协调有强烈需求。2021年《上海市城市更新条例》明确提出区域更新作为上海市城市更新重要类型,并提出更新指引划定的更新区域可以实行规划实施平台,其他纳入更新区域的可以参照执行。原先城市空间增量发展转为存量发展为主,从重规模转为城市空间品质提升、效率提升、精细化发展。区域更新强调多地块间整体更新与开发,特别是公共空间、公共设施与公共服务的统筹协调。

(三)新城建设

同时,全国各地新城建设也在积极探索区域开发背景下的思路、模式与方法,重视统筹与协调,聚焦规建运管一体化的机制构建。2021年《上海市新城规划设计导则》明确提出"率先建立重点地区的区域整体开发设计总控机制,优化新城重要建设项目的市区会审机制,切实提高新城开发建设和运营水平"。在长三角一体化示范区中的多项机制创新中,明确提出了规建运管一体化思路的规划土地总控机制。深圳的城市总设计师、北京责任规划师也都提出了多维统筹的思路,体现出在规建运管一体化机制创新方面的探索。

二、区域更新与开发的挑战与应对

(一)问题挑战

1. 规划问题

首先,专项规划编制由于委托方不同,之间经常存在价值取向不同、空间落位矛盾和理念目标相互冲突的现象。如以上海桃浦智创城项目为例,通过核对28项专项规划,相互矛盾冲突点多达80处(红线内35处、红线外45处)。其次,区域更新与开发侧重整体利益原则,对公共开放空间、共建共享设施特别关注。如果设计及实施方案未经总体统筹,则各个主体均从自身利益出发,各自为政,整体项目将难以推进。最后,在小街密路理念下,在有限的道路断面宽度下管线无法条条道路铺设,应基于道路断面与竖向整体研究、优化路径,从而避免满铺浪费。如可以采用非对称断面形式,确保小街密路下管网布局可行性。

2. 建设问题

首先,施工建设阶段经常出现精细管控意识不足。例如,对行道树间距不统一的原因分析发现——道路下各类管线及设施的施工先于绿化,受先期实施的消防栓、电缆箱体结构、信号灯等设施影响,现场树穴位置无法按施工图设计布置,路灯(道路照明)、雨水口(道路排水)、行道树(道路绿化)属市政道路项目设计范围,出图前各专业未合拍图纸,导致设施互相冲突。同时,电缆箱体属电力公司实施、消防栓属自来水公司实施;行道树布置实际依靠施工单位现场调整,最终效果难以保证。其次,很多工程进度相互制约,项目设计、建设基本同步开展,难以做到先规划、后实施。如由于街坊内开发建设计划缺乏严格规定,同一街坊内大基坑内各单项严重不同步,经常影响整体建设进度与目标。

3. 运维问题

首先,由于设计、管理等界面关系不清晰、开发模式不明确,导致共享共建空间与设施后续无法运营。比如世博B片区地下车库出入通道设计,没有考虑到13家央企的产权与管理界面,导致花费极大力气设计与共建后,依然无法使用共享。其次,统一建设、统一运维尚未成形。很多规划阶段预留的地块内公共通道,要求保持对外开放性,但是由于没有明确运营界限,导致这些初始建设品质很高的通道无人管理,逐渐荒废。最后,规划设计、建设实施与管理没有考虑客商需求,直接影响后续人家的拿地意向,影响营商环境。例如,区域开发项目,针对各地块内租赁住房需求,在区域内统筹布局,既能满足市场需求,又能实现区域利用与地块利益的最大化。

4. 管理问题

首先,在当前品质标准的要求下,很多现有规范与管理方式作为底线标准明显落伍。例如,传统控规图则较为简单,创新图则管控全面、弹性刚性结合,但缺乏编制及实施对应的机制及法定化流程。同时监管实施缺乏创新机制流程,缺乏结合各项目自身特征,无法明确各方职权、赋权赋能。其次,由于规划编制很难考虑到后续项目实际要求,导致后续很多指标需要通过区域内统筹、区域外补偿方式进行平衡,例如,绿地率统筹。最后,由于我国城市条线化管理的特征,很多空间问题内自我矛盾,急需多委办局协同,急需事项提前征询,避免时间与前期投入浪费。例如,公交站点与地块出入口冲突问题,经常需要综交处、交警和公交公司等协调,优化调整公交站点位置。

(二)搭建规、建、运、管的桥梁

区域更新与开发急需在空间落实与实施导向之间搭建规、建、运、管的桥梁。区别于传统规划设计实施机制,规划设计总控是一种基于城市复杂性问题的系统性解决策略与手段,是一种强调前瞻性、动态性、协同性设计与管控融通并行的综合性理念。其本质是创新了一种模式,突出全生命周期理念,强调从规划设计到规划、设计、建设、运营管理兼具。

规划设计层面通过开展精细化城市设计,统筹全要素、各专项设计(城市文脉、建筑风貌、场所环境、公共空间、地下空间、绿化水系、交通、消防、市政、智慧等);分解片区开发目标,确定目标研究专题,确定决策结论,对控规经济技术指标及技术措施复核验证;初步制定片区开发的时序、模式、规模、特点,梳理产权、设计、建设、运管、管理等界面;编制片区总图、建设导则,确定项目库、资源清单、问题清单;明确管控要素,编制各类任务书、出让地块合同约定及建设项目设计要求。

建设层面总控执行导则,审核二级开发商施工图(含扩初)方案,对一级开发商公共区域及其他空白区进行技术设计兜底,保证各个子项整体协同推进,不断更新升级总体方案和导则。编制建筑用料、做法等统一技术措施,总控驻场、督促各设计单位执行,推进设计进度。施工实施阶段协调各专项之间的问题,对界面特别给予关注,总体方案进行后评估。

运管层面总控优化导则,立足一、二级开发公司的产权权属、投资、设计、施工、运管等界面,明晰一、二级开发商及政府的责、权、利,明晰各专项专篇细化方案(总体交通、消防、景观、结构、机电、人防、其他专项)等,明晰"红、绿、蓝、紫"各法线衔接融合等。

三、实践验证案例

上海三林滨江南片地区(如图1所示)位于上海浦东新区规划,其实施主体是上海地产三林滨江生态建设有限公司,建设规模420公顷。以"三林看世界·世界看三林"为目标,通过区域整体开发构筑未来滨水生态空间建设的标杆。

图1 三林滨江南片地区俯瞰

(一)项目特点

上海三林滨江南片地区开发规模大,开发范围达4.2平方公里。建设周期长,自2013年启动至今已近10年。

参与主体多,包括一家平台公司(上海地产)+多家开发主体,涉及市区两级10多个行政管理审批部门(规划、绿容、交通、消防、人防、市政等)。

涉及要素多,本项目开发功能复合,包含居住、商业、公共服务设施、绿地公园等,共计74个项目,涉及10余个领域(建筑、绿地、市政道路、水利、轨道交通、交通设施、公共服务配套等)涉及近20个专业(规划、建筑、市政、交通、景观、总图、照明、标识、人防、消防、能源等);包含红线内外、地上地下、公共空间/设施与开发单元等一体统筹(如图2所示)。

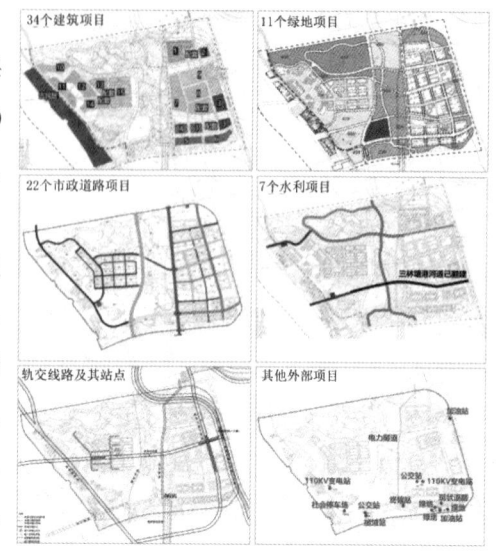

图2 立项情况示意图

风貌要求高,以"小街区、密路网、强围合"为特征的海派风貌、开放活力街区目标,在现行行业技术规定下难以适应。项目面临着多部门联合审批、规划指标调整优化、工程实施考量以及满足后期运维要求等4大类共计10余项技术难点。

(二)工作成果

根据"三林看世界·世界看三林",将规划目标分解为5大目标,并开展多个对应专题。第一是紧密联系的滨江腹地目标,通过跨鳗鲤嘴路平台研究和三林滨江西片区景观轴线研究两项研究,确定跨路联系形式、形成平台宽度建议、形成平台高度建议、预警结构难点、确定轴线设计要点。第二是特色鲜明的浦江客厅目标,通过湾区专题研究,确定湾区定位目标、确定内湾游艇进出可行性、形成湾区建筑风貌要求。第三是立体分流的街区交通目标,通过交通专题研究和地下联通道专题研究,统筹静态停车方案、优化区域慢行体系、地下连通道设计要求、地下连通道运维建议。第四是彰显生态的城市森林目标,通过绿化专题研究、水系专题研究、桥梁专题研究,形成绿化种植、景观水体、地形土壤、交通铺装等设计要求,形成景观桥梁、水系驳岸等设计要求。第五是立体衔接的轨交节点目标,通过三线换乘专题研究,确定轨交换乘形式、确定进红线设施预留结合要求、确定8号线改造要求。专题研究逐步论证决策,形成管控要素并纳入地区总图,部分专题进行拆解细化,随项目跟踪(如表1所示)。

表1　　　　　　　　　　专题研究逐步论证决策过程

主要专题	子专题	落入总图的结论	主要专题	子专题	落入总图的结论
交通专项	地下联通道研究	1. 地下联通道平面布局,包括通道、匝道接口 2. 地下联通道控制点标高 3. 地下联通道匝道口及衔接口交通渠化 4. 公共静态停车布局,停车数量 5. 基地出入口标识	水系专项	水系驳岸研究	1. 河道蓝线 2. 河口线 3. 防汛通道 4. 防汛通道设计标高 5. 景观水系布局
	停车配置研究	6. 公交站、公交首末站 7. 地块禁止开口线 8. 市政道路缘石线、隔离带、行道树池、路灯布点		泵闸专题研究	1. 河道水系洪水位、常水位、低水位
			桥梁专项	市政桥梁研究	1. 市政桥梁下过人位置及园路调整
				园路铺装主题	1. 园路铺装布局
三线换乘专项		1. 地铁区间、站点控制线 2. 地铁区间及站点平面 3. 地铁出地面设施、包括风井、风亭、人员出入口等 4. 地铁换乘通道	绿地专项	行道树研究	1. 绿化布局 2. 景观水系布局 3. 竖向控制标高 4. 周边建筑布局 5. 景观桥布局
			其他专题		**落入总图的结论**
湾区专项	鳗鲤嘴路竖向研究	1. 11单元场地布局 2. 三林湾亲水平台及周边开发单元场地标高 3. 湾区水域控制线 4. 鳗鲤嘴路及两侧竖向标高设计	安置房风貌提升		1. 颜色分区 2. 总图调整
	湾区轴线研究		泵闸管理用房风貌研究		1. 三林北港泵闸改闸,建筑规模变更 2. 三林北港-鳗鲤嘴路西市政桥南侧桥下过人位置
建筑专项	邻避设施风貌设计调整 安置房立面提升研究 东片区风貌设计专题	1. 建筑贴线率强排设计调整(比选附加图则) 2. 小地块地下建筑一体设计、地下环路接口 3. 配套设施用房布局及规模 4. 公厕布点、规模、交通流线	110kv变电站风貌研究		1. 杨思变电站场地排布(出入口,场地标高) 2. 杨思变电站建筑面积及体量变更
			街道特色专题研究		1. 道路分类 2. 断面划分 3. 转角位置

地区总图管理文件体系包括"一套总图(包含项目信息库)+一份总图说明文件",具体包含6张总图(动态更新),总平面图、地下平面图、市政管线图、绿地总图、交通总图、消防总图,包含4.2平方公里全区域;包含建筑、景观、市政、水利多个专业;包含规划、方案、扩初、施工图全过程。作为地区总图技术说明文件,管理手册按照专业和审批条线分为7个主要篇章,建筑篇、景观篇、水利篇、交通篇、道路桥梁篇、综合防灾专篇、基础设施专篇。前面部分还有规划概况及项目库编制,上位规划、项目区位和项目概况,以及地区总图和管理工作,技术工作流程和审定工作流程。项目库包括建筑项目、绿地项目、水利项目、市政道路项目、轨交项目、其他基础设施。包含74个项目,多个边界条件。34个建筑项目、11个绿地项目、22个市政道路项目(含雨、污泵站)、7个水利项目,以及外部项目轨交线路(站点)及电力管廊和重要边界条件项目。

(三)协调事项

总平面图及地下平面图为打造无围墙的开放式围合社区,允许西区建筑沿街长度结合实施方案确定;为提升围合社区沿街识别性,西区重要转角建筑结合设计可突破限高;为确保首层居住空间私密性,允许西区建筑首层标高高于市政道路。同时,小镇地块向地下道路开口允许算作一个场地出入口;地下连通道允许借用公共绿地与地下道路衔接;市政道路人行道通行区域允许结合建筑退界统筹考虑;西区 KP 站、垃圾流线等允许结合地下空间设置;地下空间整体开发部分允许零退界;同一建设主体允许地下整体开发;为更好地结合各个地块功能需求,同一建设主体允许绿地率、人防、停车、户型、公服配套等整体统筹,如湾区打造活力滨水区域,景观以硬质铺装为主,绿地率需要单元内平衡,11 单元受轨交影响容积率及建筑面积经强排验证,建议单元内指标统筹等;受外部边界条件变化影响(如轨交线路影响、市政设施影响等),同一建设主体方案布局和地下空间设计允许在地块间统筹。

绿化总图表达各片区绿地范围及绿地率指标,协调事项包括地下连通道允许借用公共绿地与地下道路衔接,绿地项目内绿地率可整体统筹,河口线线形结合景观调整。城市森林 5# 地块施工需借用体育公园开关站,接入强电,因施工时序问题,5# 地块施工先于体育公园地块,因此建议提早进行"用电申请",以免影响后续施工进程。因市政道路(耀龙路、涵林路)施工时序较城市森林靠后,地块内部建筑的雨污水管无法直接与市政雨污水管连接,建议尽早进行专业协调,以免影响功能使用。为了凸显耀龙路作为森林沉浸感,断面优化调整,将人行道部分调整进两侧绿地,形成蜿蜒优美人行空间的同时缩减耀龙路较宽断面形成的人工痕迹。东片区东育路两侧公共绿地与防护绿地内是一排树木,且乔木种植品种及规格不同,经过协调选用两侧相同规格的榉树作为行道树的补充。耀龙路标准段是四排悬铃木,但是在道路渠化段仅有两排或者没有,绿化总图协调在两侧绿地范围内各增加一排悬铃木作为行道树的补充。

消防总图协调事项包括公共绿地消防车道难以满足配套建筑消防扑救需求问题;围合式住宅因为利用市政道路设置消防登高场地导致其范围内不允许种植行道树、路灯及其他影响的市政设施问题;地下车库地下出入口计入车行疏散口数量问题。

交通总图协调事项包括小镇地块向地下道路开口算作一个场地出入口,同时小镇限制地面开口数量,开口位置参考总图建议位置。耀龙路 9# 地块一侧集中了公交首末站、加油站及垃圾压缩站的车辆出入口。根据与交警口头沟通,建议增加辅道,道路人行利用建筑东侧园路解决,并在公交首末站的处开人行出入口,减少人车混行风险。

市政总图协调事项包括允许小镇变电站地下化,小镇变电站布置在临街主要建筑区域,破坏围合式街区肌理,小镇变电站布置在远离临街的区域,对景观布置造成挑战。建议小镇变电站布置在围合式社区临街商业的地下层,既满足住宅让避需求,也不破坏街区肌理。同时,允许小镇垃圾房地下化;允许小镇市政道路内管线检查井侵入地块红线内;各类市政设施应结合景观设计统筹布局,简化箱体数量,控制箱体外饰色彩,设置于路侧绿化带消隐。

四、小结

针对区域更新与开发项目采用的规划设计总控工作内容十分广泛,核心工作内容主要包含三个方面。一是管控标准制定,即确定一套后续管控的基本依据;二是多方设计协调,审核各设计方案对管控标准的符合程度,协调各设计方案之间的衔接;三是管控机制构建,在传统审核机制的基础上,确定一套机制,建立一套规划实施团队全过程参与流程。不同开发模式下,不同项目、不同业主诉求下的规划实施工作内容重点、控制强度与协调弹性、规划实施团队参与深度都不尽相同。

上海国际化大都市建设中的绿色金融发展之道

李志青　胡时霖

摘　要：全球面临气候危机挑战的背景下,以纽约和伦敦等为代表的主要国际金融中心城市都积极采取行动,将绿色作为城市建设的基本底色,并大力推动绿色金融,支持绿色产业和绿色经济的发展。作为中国首屈一指的国际经济金融中心,上海在建设国际化大都市的过程中,制定双碳发展目标和行动计划,积极打造国际绿色金融枢纽。本文通过构建绿色金融评估指标体系,对主要国际金融中心城市的绿色金融发展展开比较分析,在此基础上对上海发展绿色金融进行特征分析,对标国际主要金融中心城市的绿色金融发展路线图,提出下一步发展绿色金融的对策建议。

一、背景与相关研究

2023年的夏天热浪滚滚,美国国家气象局数据显示,地球表面平均气温在7月初连续突破历史纪录达到17.23℃,全球多个城市测出有史以来的最高温(美国加州,54℃;亚利桑那凤凰城,48℃;泰国玛克省,44.6℃),根据IPCC第六次评估报告综合报告,全球城市都在不同程度上面临着气候等环境问题的挑战和威胁,如极端高温、洪水、干旱和野火等,这些危害严重影响着城市居民的生活、健康、基础设施和经济发展,尤其是穷人和弱势群体更是深受其害。为了应对这些挑战,城市有必要采取紧急和

李志青,复旦大学经济学院副教授、环境经济研究中心主任,上海市固定资产投资建设研究会绿色发展专委会主任。

胡时霖,复旦大学绿色金融研究中心研究助理。

"激进"的行动,减少温室气体排放,增强抵御气候影响的能力。

为了应对气候变化的威胁,全球主要城市都制定了可持续发展或气候变化应对等绿色发展目标和行动计划。包括北京、上海、里约热内卢、纽约、巴黎、奥斯陆、墨西哥城、墨尔本、伦敦、米兰、开普敦、布宜诺斯艾利斯、加拉加斯、哥本哈根和温哥华等在内的国际主要金融中心城市都制定了明确的气候目标和气候行动方案,不仅承诺到21世纪中叶或更早实现碳中和,以符合《巴黎协定》和联合国可持续发展的目标。而且还制定了各种战略和计划,在能源、交通、建筑、废弃物管理和土地利用等领域采取脱碳行动和举措。

与此同时,城市的绿色低碳发展需要投入大量的资金,城市正面临着巨大的绿色资金缺口和风险挑战。根据相关估计,2017—2018年,全球平均每年在城市气候融资方面的投资总额为3 840亿美元。到2050年,每年将需要数万亿美元来应对城市基础设施的气候风险。2015—2030年,城市基础设施投资需求估计为每年4.5万亿~5.4万亿美元,其中一部分(10%~25%)与额外的投资成本或增量成本有关,以确保基础设施的低排放和气候适应能力(Negreiros et al.,2021)。仅仅是在气候适应领域,城市就需要高达110亿~200亿美元的大量资金。此外,数据显示,可持续发展目标(SDGs)的年度融资缺口从新冠疫情之前的2.5万亿美元增加到了4.2万亿美元,因此向可持续经济的转型可以说是迫在眉睫(FC4S,2022)。

针对绿色投融资(绿色金融、气候金融等)与城市高质量发展之间的关系,国内外学者开展了大量的研究。首先,关于绿色金融对城市经济高质量发展的影响,有学者测算了我国五个经济区域绿色金融和高质量发展水平的耦合关联度和协调度,并发现绿色金融对高质量发展存在明显的正向推动作用,但作用效果存在阈值效应(喻平和张敬佩,2021)。周琛影等(2022)通过构建绿色金融发展综合水平与经济高质量发展综合指数检验了绿色金融对经济高质量发展的影响效应,结果表明绿色金融提升了经济高质量发展综合水平,而在调整经济结构和支持绿色技术上还有待加强。史代敏和施晓燕(2022)从理论和实证两方面考察了绿色金融发展对绿色全要素生产率的影响机理、效应与特征,并发现绿色金融发展水平的提高能够促进经济高质量发展,同时存在门限效应。慕艳芬等(2023)研究了河南省17个地级市的绿色金融对绿色发展的影响,并发现绿色金融主要通过绿色技术创新和产业结构绿色化实现对河南省绿色发展的推动作用。有学者利用我国城市面板数据检验了绿色金融对城市经济高质量发展

的影响,并发现绿色金融能够通过促进绿色技术创新、推动产业结构升级等途径促进城市经济高质量发展(刘华珂和何春,2021;张茜和俞颖,2023;吕淑丽等,2023)。

此外,关于绿色金融对城市绿色低碳发展的影响,Dong et al.(2021)实证研究了我国绿色城镇化与绿色金融的耦合协调关系并发现绿色金融在促进绿色城镇化方面存在正向影响。郭希宇(2022)利用省级行政区的面板数据考察绿色金融与低碳经济的内生交互影响及空间溢出效应并发现,绿色金融发展能够有效推进低碳经济转型。也有学者利用省市级数据分别验证了绿色金融可以通过促进绿色技术创新、改善能源结构等途径对城市的能源效率、碳生产效率和空气质量等维度产生明显的提升作用(李凯风和吴伟伟,2018;孙哲远,2023;徐新扩和杨青,2023)。

二、国际主要金融中心城市的绿色金融发展比较分析

(一)国际金融中心的绿色金融行动

国际金融中心肩负金融发展的重要使命,有必要开展绿色金融工作,助力城市绿色发展。

为了突出金融中心在可持续发展过程中的作用,2018年全球可持续金融中心网络(FC4S)建立了评估计划(AP),评估世界主要金融中心的可持续金融状况,包括其制度基础、监管环境和市场基础设施,并为其成员提供城市在可持续发展上的基线(baseline),并帮助确定需要重点关注的领域。越来越多的金融中心参与上述评估与调查,其中包括上海、纽约和伦敦等主要的国际金融中心。

FC4S的最新评估报告调查了全球29个金融中心,揭示了各大洲金融中心如何调动资本、资源、网络和专长来支持低碳转型和实现联合国可持续发展目标(SDGs)的七个关键要素。

一是高质量数据。在29个金融中心城市中,超过60%表示数据质量和可得性是扩大可持续金融规模的最主要障碍。二是披露标准。52%的金融中心表示对当下的重点任务之一是加强对各类标准、分类法和发展指南的协调统一。三是监管环境。48%的受访者强调监管环境是促进可持续金融发展的主要动因。在29个金融中心中,总计有255项可持续相关的公共政策。四是可持续项目渠道与金融产品。86%的金融中心在报告中披露了与调动可持续资金相关的障碍。这方面的持续挑战包括缺乏可持续项目渠道(40%)和缺乏可持续金融产品的供应(60%)。五是专业及能力建

设。52%的受访金融中心表示,缺乏可持续金融的能力和合格劳动力是扩大可持续金融规模的最大障碍之一。虽然不同级别的培训计划越来越多,但只有21%的金融中心提供与可持续金融相关的所有类型的教育活动(包括在线课程、研讨会、本科生、研究生和高管课程等),只有28%和35%的金融中心报告提供与可持续金融相关的研究生和本科课程。六是切实履行可持续发展承诺。在270家市场参与者(银行、资管和保险业)中,75%的机构承诺为可持续发展目标调动资金,但只有35%的机构设置了具体可量化的目标。七是国际交流与合作。私营部门已在可持续金融发展中发挥着积极作用。同时,也需要将更多的利益相关方召集到可持续金融的行动中来,实现系统性低碳转型和可持续发展的行动。国际交流互通能够提供更多发展经验和解决方案。

(二)纽约、伦敦、上海等国际金融中心城市的绿色金融发展

1. 纽约

纽约是全球首屈一指的国际金融中心,有着很强的经济金融竞争力,但也容易受到气候变化的影响,为了更好地应对气候变化等挑战,纽约积极采取各种措施,在绿色金融和气候金融以及转型金融领域开展创新尝试,取得积极成效。根据全球绿色金融指数(GGFI)的最新排名,纽约绿色金融综合实力全球排名第2名。

纽约主要在以下几方面开展绿色金融工作。一是制定总体气候目标,开展气候变化行动。对标气候变化《巴黎协定》的要求和目标,纽约于2017年6月2日确定了1.5℃温升的气候应对目标,明确要进一步加速建筑、能源、废弃物和交通等部门的碳减排进程,提高城市气候韧性,并同步促进环境的公平正义。二是开展气候应对的制度建设。包括制定纽约版《社区再投资法案》和《气候动员法案》,减少温室气体排放,并确定相关部门的绿色金融监管职能。纽约金融服务局(DFS)为受纽约监管的银行和抵押贷款机构发布气候金融风险指南,以应对气候变化带来的金融风险,并将气候风险纳入金融机构的治理框架、风险管理流程和业务战略。纽约金融服务局还加入了中央银行和监管机构绿色金融体系网络(NGFS)和可持续保险论坛(SIF),开展气候金融领域的国际交流与合作,这两个国际监管机构网络都致力于管理全球气候变化带来的金融风险。三是发布气候投融资倡议与发起投融资项目。包括发布"气候金融倡议"来整合各种资源,推出气候账户(Climate Dash),跟踪监督气候应对进程,成立专门的绿色银行,发起绿色债券计划和住宅气候金融项目,并参与碳交易和碳金融创新。

115

四是大力发展以建筑减排为重点的转型金融。包括为向绿色低碳转型提供资金,成立专门的转型金融管理局(TFA),并通过纽约绿色银行支持绿色转型。此外,纽约市还举办年度性论坛——华尔街绿色峰会,来推进气候金融和转型金融的交流与合作。总体上,纽约的绿色金融在市、州两级政府的统筹下,通过立法和行动计划等制度建设,围绕清洁能源利用、绿色建筑、绿色交通、气候韧性社区建设等重点,设立专门机构,筹集专项资金,开展气候投融资,较好地支持了纽约的绿色低碳发展,相关经验值得其他国家的大城市借鉴。

2. 伦敦

伦敦作为在GGFI最新全球排名第1名的国际金融中心城市,有着丰富的绿色金融和气候金融工具,比如2023年启动的伦敦市长绿色金融基金以低利率向符合条件的组织提供贷款,用于在能源效率、清洁交通或可再生能源方面带来好处的项目。

伦敦主要在以下几方面开展绿色金融工作。一是采取气候行动。伦敦承诺到2050年将其温室气体排放量比1990年的水平减少80%。二是制定气候金融政策。为了实现以上气候目标,在伦敦的绿色金融政策框架方面,政府采取举措,帮助金融部门与气候目标和标准保持一致。包括在国家层面上发布了"绿色金融:可持续投资路线图";建立跨政府的可持续金融工作组,负责协调和监督路线图的实施;采取连贯的政策框架,为金融参与者提供监管确定性、激励措施、标准和指导,以将ESG考虑因素纳入其决策过程和实践;引入新的可持续发展披露要求(SDR),参加气候相关财务信息披露工作组(TCFD),为在财务报告中披露气候相关风险和机遇提供建议;实施英国绿色分类法,根据经济活动对环境目标和标准的贡献对其进行定义和分类;支持开发可靠且可访问的数据基础设施,使金融参与者能够访问、分析和披露相关的ESG信息;举办英国气候金融风险论坛(CFRF),为管理气候相关金融风险提供指导和最佳实践。

在地方层面,政府不仅为金融机构提供政策信号和激励措施,使其活动与气候目标和标准保持一致,而且还与金融机构合作,制定和实施绿色金融倡议和计划,并支持金融机构获取数据和分析,以管理与气候相关的风险和机遇。

3. 上海

目前,上海在绿色金融发展方面主要取得了以下成果。

一是不断完善制度建设。围绕"双碳"目标这一主线,上海政府高度重视绿色金融发展,强调运用金融手段推动和引导社会资本逐步从传统高耗能、高污染行业流向低碳经济行业,加快打造国际绿色金融枢纽。2021年10月,《上海加快打造国际绿色金融枢纽服务碳达峰碳中和目标的实施意见》正式对外发布,提出到2025年上海基本建成具有国际影响力的碳交易、定价、创新中心,基本确立国际绿色金融枢纽地位。2022年7月,《上海市浦东新区绿色金融发展若干规定》正式施行,是促进高质量发展的一次重要立法成果。2022年8月,浦东新区获批第一批国家气候投融资试点。2023年1月,上海银保监局和上海市发改委等八部门联合印发《上海银行业保险业"十四五"期间推动绿色金融发展服务碳达峰碳中和战略的行动方案》,提出要形成绿色金融可复制可推广的上海方案。2023年4月19日,浦东新区绿色金融发展暨气候投融资促进中心成立大会举行。会上浦东新区提出打造国际绿色金融枢纽核心承载区,同时,浦东新区气候投融资促进中心正式揭牌。

二是不断推动产品和市场服务体系建设。近年来上海绿色金融市场飞速发展。从产品规模来看,截至2022年末,上海辖内银行业绿色信贷余额达到1.03万亿元,较年初增长50.24%,占各项贷款的比重为10.04%。根据中债登与上海金融业联合会发布的《长三角绿色债券发展报告(2023)》,2022年上海市共发行"投向绿"债券87只,规模1 152.65亿元;"贴标绿"债券69只,规模799.85亿元,合计绿色债券156只,规模1 952.5亿元。从产品创新来看,国内多只"首单"绿色债券产品落地上海;积极开展转型金融探索与实践,推动金融机构开发转型金融产品;制订《上海市碳排放权质押贷款操作指引》,鼓励金融机构积极探索碳金融产品创新;开发出上证180碳效率指数、中证上海环交所碳中和指数、复旦碳价指数等。在碳市场建设方面,上海碳市场总体交易规模始终位居全国前列,截至2023年7月20日,上海碳市场所有现货品种累计成交量2.2亿吨,累计成交金额34.1亿元。其中,配额累计成交4 849万吨;CCER累计成交量1.7亿吨;配额远期产品累计成交数量437万吨。

三是深入构建绿色产业体系。上海初步建立了绿色制造体系,413家重点用能单位均已建立能源管理体系,已评定市级绿色工厂、绿色供应链、绿色园区、绿色设计产品等超过200个。"十二五"和"十三五"期间,上海市单位工业增加值能耗已从2010年的0.91吨标准煤每万元,降至2020年的0.59吨标准煤每万元,累计下降近35%,发电煤耗、吨钢综合能耗、芯片单耗、乘用车单耗等指标达到国内领先水平。2022年8月,上海市经信委发布"十四五"能耗总量和强度控制目标:规上工业单位增加值能耗下降14%。按照上海的规划,绿色低碳产业已成为重点发展的三大产业新赛道之一,2025年规模预计将突破5 000亿元。

四是不断扩大国际影响力。2023年6月11日,"2023上海国际碳中和技术、产品与成果博览会"在上海国家会展中心开幕,这是首个以碳中和为主题的博览会。此外,首届上海国际碳博会还同时举办"绿色金融论坛""绿色消费论坛""长三角碳中和与绿色发展论坛""低碳交通论坛"以及其他会议活动,旨在推动各领域的国际交流与合作。

三、绿色金融综合竞争力分析——基于纽约、伦敦与上海的比较分析

(一)绿色金融综合竞争力的指标体系构建

在广泛参考如 Urban Mobility Readiness Index、IESE Cities In Motion Index、Arcadis Sustainable Cities Index 等国内外相关指标体系的基础上,本文构建了绿色金融综合竞争力评估指标体系,包括6个一级指标,24个二级指标(如表1所示)。

表1　　　　　　　　　　绿色金融综合竞争力评估指标体系

一级指标	二级指标
环境指标	空气质量
	水环境质量
	垃圾处理率
	绿化覆盖率
气候指标	碳排放总量
	人均碳排放量
	碳强度
	能源排放强度
能源指标	人均能耗
	可再生能源占比
	能效水平
经济指标	人均GDP
	GDP增速
	失业率
	人类发展指数(HDI)

续表

一级指标	二级指标
金融指标	国际金融中心指数(GFCI)排名
	全球绿色金融指数(GGFI)排名
	绿色信贷余额
	绿色债券规模
	绿色保险规模
城市基础设施指标	电动汽车占比
	公共交通人均搭乘数
	上网速度
	公共交通密度

指标体系首先对上海、纽约和伦敦的各个指标表现进行排序,按照表现水平分别赋值1、2和3(1代表最好,就是该指标的表现在三个城市中名列第一;3代表最差,表示该指标的表现在三个城市中名列第三),然后将各个指标的数值加总,分别形成一级指标的总分,最后将所有一级指标加总,形成城市绿色金融发展的总体表现,也就是绿色金融的发展水平,总得分越低,代表城市绿色金融发展水平相对越高。

上述排序的做法虽然在一定程度上显得不够精准,会缩小或夸大城市之间表现的差异性,既无法体现城市之间某种微小差异带来的变化,也无法反映城市之间在某个指标上的巨大落差,但如此处理的好处在于本研究仅仅针对上海、纽约和伦敦三大城市展开比较分析,其中尤其重在以纽约和伦敦为比较对象,来找到上海绿色金融发展上的主要不足,并由此提出下一步发展的方向。基于这样的研究目的,排序赋值的方法基本可以满足研究的需要。

(二)上海、纽约、伦敦三地的绿色金融综合竞争力比较分析

根据表1的指标框架,本研究通过数十个国际数据库的一手资料比对和数据挖掘,按照城市维度的表现进行了评价。

从总体表现来看(如表2所示),最终上海、纽约和伦敦的总分分别是56、46、42,表现最好的是伦敦,其次是纽约,然后是上海,这个结果基本符合我们的直觉。对比其他有关可持续城市评估指数的结果,上述排序有着高度的相似性。比如有关城市可持续发展的指数(The Arcadis Sustainable Cities Index 2022)对这三个城市的评估结果

与本研究一致(伦敦、纽约和上海的排名分别为 6、15 和 66),另一项有关发展动力的评估研究(Urban Mobility Readiness Index)与本研究也是一致的(伦敦、纽约和上海的排名分别为 1、2 和 56),全球绿色金融指数(Global Green Finance Index 11)的结论与本研究也是高度一致(伦敦、纽约和上海的排名分别为 1、2 和 20)。

表 2 评价结果

指标＼城市	纽约	伦敦	上海
环境指标	7	5	12
气候指标	8	5	11
能源指标	5	4	9
经济指标	8	8	8
金融指标	8	12	10
城市基础设施指标	10	8	6
合计	46	42	56

在三个城市的总体表现中,其中纽约和伦敦的差距并不大,只有 4 分,证明这两个"老牌"的国际金融中心城市在绿色金融综合发展上的确有过人之处,对于他们之间的差异,本文姑且不展开分析。本文的重点在于分析上海与纽约和伦敦之间的差异,以及差异背后的原因。

首先来看一级指标的表现(见表 2),上海在 6 项指标中的 3 项指标(分别是环境指标、气候指标和能源指标)都位居最后一名,经济指标与纽约、伦敦得分相同,而金融指标排名第二,唯一的例外是城市基础设施指标优于其他两个城市,排名第一。这说明时至今日上海在绿色金融的发展上也有一定可取之处。

上述一级指标中的排名结果也基本与国际其他研究高度趋同,以城市可持续发展的指数(The Arcadis Sustainable Cities Index 2022)为例,该指数将城市可持续发展界定为三大支柱,分别为环境(Planet)、社会(People)和经济(Profit),上海在三大支柱中,表现最好是恰恰就是包括了城市交通等基础设施的"社会"指标。

在 3 项排名落后的指标中,上海与伦敦的差距都较大,分值都在一倍以上。环境维度的所有二级指标都排在最后一名,所以分值是伦敦的 2.4 倍,能源维度的所有二级指标也都在最后一名,分值是伦敦的 2.3 倍;气候维度 4 个二级指标中的 3 项指标上海处在最后一名,结果导致该一级指标得分结果是伦敦2.2倍。与纽约相比,上海这三个维度的分值分别是纽约的1.7倍、1.8倍和1.4倍。这些对比结果充分说明,同样作为全球主要的国际金融中心城市和现代化大都市,上海在资源环境的"硬实力"上与伦敦以及纽约存在较大差距,这也是上海在绿色金融发展综合实力上落后于这两个城市的主要原因。

具体而言,从气候指标对应的数据中可以发现,上海目前都存在过高、过重以及效率不足等方面的问题。数据表明,上海碳排放总量约是纽约的2倍、伦敦的8倍;人均碳排放量是伦敦的2.5倍,但略低于纽约;碳排放强度是伦敦的7倍、纽约的5倍;能源排放强度是伦敦的1.8倍、纽约的2倍。这样的差异决定了上海在"双碳"发展中面临着巨大挑战,同时也意味着绿色低碳转型应是当前上海发展的重中之重。

在上海处于领先位置的城市基础设施指标上,上海有两项二级指标处在第一(分别是电动汽车占比和人均公共交通搭乘数),另外两项则都是第二(分别是上网速度和公共交通密度)。以交通为主的城市基础设施关系到绿色低碳发展的潜力,是大城市绿色金融发展综合实力的重要组成部分。上海在这一项指标上领先于纽约与伦敦,说明在城市硬件建设上有着明显的后发优势。其中上海的人均公共交通搭乘数遥遥领先其他两个城市,这也说明上海以公共交通为主导的交通模式较好地符合了绿色低碳发展的方向。

在其他两项一级指标上,一是与纽约、伦敦持平的经济指标,另一个是处在居中位置的金融指标。从中我们既可以看到上海在经济金融发展上的长处所在,比如经济发展的稳定性和金融市场体系的完备性,如GDP增速、失业率、绿色信贷、绿色债券等方面表现都较好,也可以看到上海在经济金融发展上的某些不足,主要是受限于经济发展阶段,在人均GDP、人类发展指数(HDI)、国际金融中心实力、绿色金融实力以及绿色保险等方面还相对比较薄弱。

四、上海绿色金融发展的国际竞争力:挑战与发展路径

(一)基于全球绿色金融指数的分析

通过对比由英国智库Z/Yen集团编制的全球绿色金融指数(GGFI)与国际金融中心指数(GFCI)的排名结果,可以发现上海的绿色金融发展水平与国际金融中心建

设水平存在一定差距。

国际金融中心指数(GFCI)是全球最具权威的国际金融中心指标之一。该指数对全球范围内的46个金融中心进行评价,并于每年3月和9月定期更新以显示金融中心竞争力的变化。国际金融中心指数的评价体系涵盖了营商环境、人力资本、基础设施、金融体系及声誉等五大指标(如图1所示)。

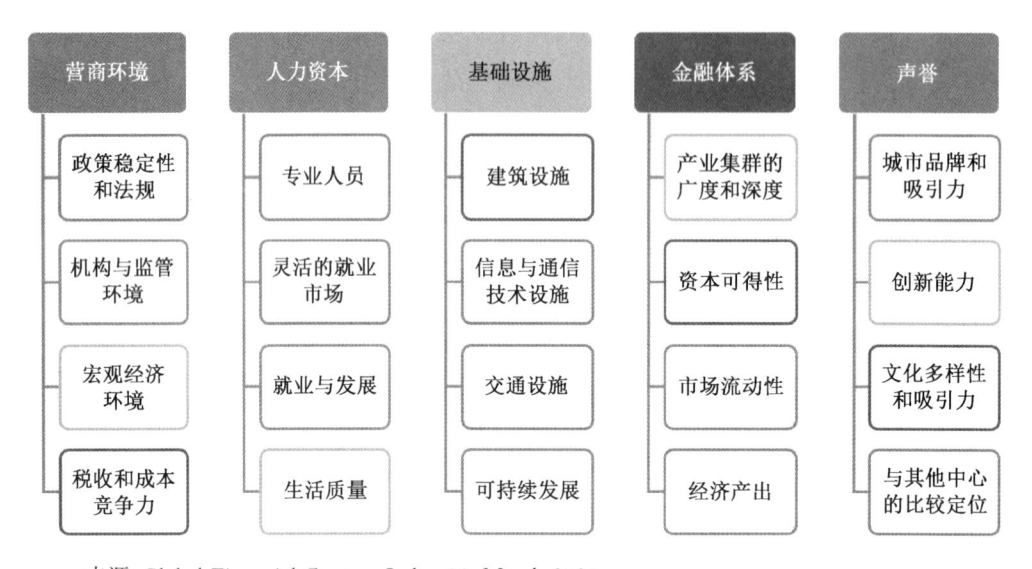

营商环境	人力资本	基础设施	金融体系	声誉
政策稳定性和法规	专业人员	建筑设施	产业集群的广度和深度	城市品牌和吸引力
机构与监管环境	灵活的就业市场	信息与通信技术设施	资本可得性	创新能力
宏观经济环境	就业与发展	交通设施	市场流动性	文化多样性和吸引力
税收和成本竞争力	生活质量	可持续发展	经济产出	与其他中心的比较定位

来源:Global Financial Centres Index 33,March 2023.

图1 国际金融中心指数的重点关注领域

在最新的第33期国际金融中心指数中(GFCI 33),上海的国际金融中心建设水平在全球排名第7,较上期下降了1位。相比其他重要国际金融中心城市,纽约在全球排名第1,伦敦排名第2,新加坡排名第3。国内而言,香港的国际金融中心建设水平排名最高,在全球排名第4,深圳排名第12,北京排名第13(如图2所示)。

全球绿色金融指数(GGFI)基于全球100余个金融中心金融专业人士的问卷调查,并结合多个工具因子测度而得出。该指数于每年4月和10月定期发布,可以反映绿色金融在全球金融中心的渗透深度以及绿色金融业务的发展质量。全球绿色金融指数的评价体系涵盖了可持续性、基础设施、人力资本、商业四大指标(如图3所示)。

Centre	GFCI 33 Rank	GFCI 33 Rating	GFCI 32 Rank	GFCI 32 Rating	Change In Rank	Change In Rating
New York	1	760	1	760	0	0
London	2	731	2	731	0	0
Singapore	3	723	3	726	0	▼3
Hong Kong	4	722	4	725	0	▼3
San Francisco	5	721	5	724	0	▼3
Los Angeles	6	719	7	722	▲1	▼3
Shanghai	7	717	6	723	▼1	▼6
Chicago	8	716	12	717	▲4	▼1
Boston	9	715	14	715	▲5	0
Seoul	10	714	11	718	▲1	▼4
Washington DC	11	713	15	714	▲4	▼1
Shenzhen	12	712	9	720	▼3	▼8
Beijing	13	711	8	721	▼5	▼10
Paris	14	710	10	719	▼4	▼9
Sydney	15	709	13	716	▼2	▼7
Amsterdam	16	708	19	710	▲3	▼2
Frankfurt	17	707	18	711	▲1	▼4
Munich	18	706	24	705	▲6	▲1
Luxembourg	19	705	21	708	▲2	▼3
Zurich	20	704	22	707	▲2	▼3
Tokyo	21	703	16	713	▼5	▼10
Dubai	22	702	17	712	▼5	▼10
Geneva	23	701	20	709	▼3	▼8
Copenhagen	24	700	30	699	▲6	▲1
Toronto	25	699	23	706	▼2	▼7

来源：Global Financial Centres Index 33，March 2023.

图2　第33期国际金融中心指数排名

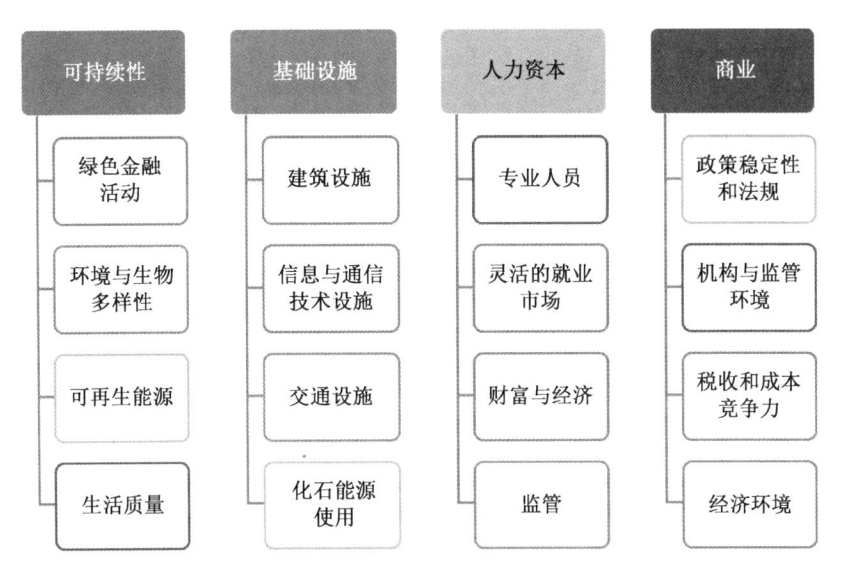

可持续性
- 绿色金融活动
- 环境与生物多样性
- 可再生能源
- 生活质量

基础设施
- 建筑设施
- 信息与通信技术设施
- 交通设施
- 化石能源使用

人力资本
- 专业人员
- 灵活的就业市场
- 财富与经济
- 监管

商业
- 政策稳定性和法规
- 机构与监管环境
- 税收和成本竞争力
- 经济环境

来源：The Global Green Finance Index 11，April 2023.

图3　全球绿色金融指数的重点关注领域

在最新的第 11 期全球绿色金融指数（GGFI 11）中，上海的绿色金融综合实力在全球排名第 20，较上期下降了 3 位。相比其他重要国际金融中心城市，伦敦在全球排名第 1，纽约排名第 3，新加坡排名第 11。国内而言，深圳在全球排名第 25，北京排名第 27，香港排名第 37（如图 4 所示）。

Centre	GGFI 11 Rank	GGFI 11 Rating	GGFI 10 Rank	GGFI 10 Rating	Change In Rank	Change In Rating
London	1	642	1	590	▶ 0	▲ 52
New York	2	641	3	578	▲ 1	▲ 63
Stockholm	3	621	8	550	▲ 5	▲ 71
Geneva	4	620	7	551	▲ 3	▲ 69
Luxembourg	5	616	4	554	▼ -1	▲ 62
Amsterdam	6	615	2	580	▼ -4	▲ 35
Los Angeles	7	614	6	552	▼ -1	▲ 62
Copenhagen	8	613	9	549	▲ 1	▲ 64
Washington DC	9	612	15	542	▲ 6	▲ 70
San Francisco	10	611	5	553	▼ -5	▲ 58
Singapore	11	610	16	541	▲ 5	▲ 69
Zurich	12	609	11	547	▼ -1	▲ 62
Sydney	13	608	10	548	▼ -3	▲ 60
Edinburgh	14	607	22	535	▲ 8	▲ 72
Seoul	15	606	12	546	▼ -3	▲ 60
Oslo	16	605	13	544	▼ -3	▲ 61
Paris	17	604	14	543	▼ -3	▲ 61
Wellington	18	603	19	538	▲ 1	▲ 65
Chicago	19	602	26	531	▲ 7	▲ 71
Shanghai	20	601	17	540	▼ -3	▲ 61
Montreal	21	600	34	523	▲ 13	▲ 77

来源：The Global Green Finance Index 11，April 2023.

图 4　第 11 期全球绿色金融指数排名

对比全球绿色金融指数和国际金融中心指数的结果发现，上海在两者之间的排名存在较为明显的错位（如表 3 所示）。一部分原因取决于两个指数在问卷调查中面向人群的差异，但更多地反映在指标选取的差异上。

表 3　　最近 5 期上海绿色金融与国际金融中心指数排名

国际金融中心指数	GFCI 29	GFCI 30	GFCI 31	GFCI 32	GFCI 33
名次	3	6	4	6	7
全球绿色金融指数	GGFI 7	GGFI 8	GGFI 9	GGFI 10	GGFI 11
名次	17	14	18	17	20

通过对比国际金融中心指数与全球绿色金融指数的重点关注领域可以发现,两个指数在基础设施、人力资本和商业(营商环境)三个维度的指标基本一致;主要的指标差异体现在可持续性和金融体系维度(如图5所示)。

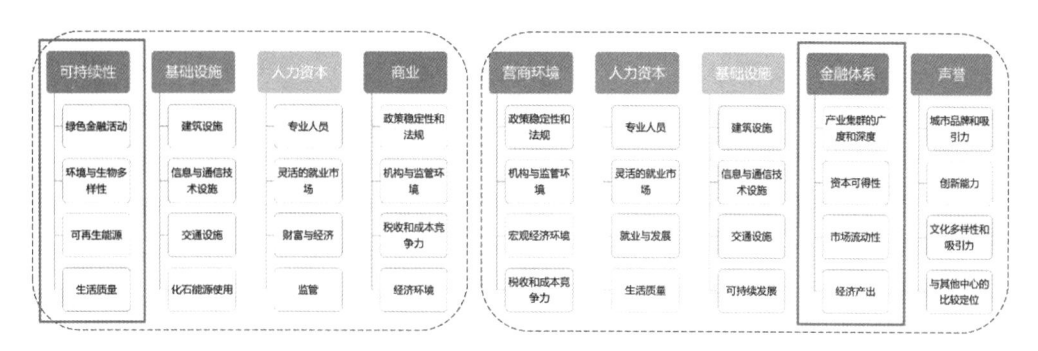

图 5 GFCI 与 GGFI 指标体系对比

进一步对比上海在两个指数的重点评价维度排名结果可以发现(如表4所示):一是上海在基础设施、人力资本和商业(营商环境)三个共通维度的排名均相对领先,在全球绿色金融指数和国际金融中心指数中均排名前15位;二是上海在全球绿色金融指数的可持续性维度中排名位于15位之后,而在国际金融中心指数的金融体系维度中排名位于第12。由此可见,可持续性和金融体系维度的结果差异一定程度解释了上海绿色金融指数排名第20,而国际金融中心指数排名第7的显著落差的原因。

表 4   上海在 GGFI 11 与 GFCI 33 的重点评价维度排名结果对比

指数	全球绿色金融指数				国际金融中心指数				
维度	可持续性	基础设施	人力资本	商业	营商环境	人力资本	基础设施	金融体系	声誉
排名	15名之后	15名	13名	14名	11名	12名	11名	12名	12名

这说明,上海的传统金融业发展基础较好,体系较为完善,但是绿色金融领域仍然有待进一步补强,才能更好地推动上海国际金融中心建设和国际绿色金融枢纽建设。

(二)上海绿色金融发展的主要路径

为了厘清全球各国在可持续金融发展上的路径,可持续发展金融中心(FC4S)网络和气候行动财政部长联盟(CFMCA)专门分析了30个国家在2014—2021年期间制

定的41个可持续金融路线图的结构和特点,涵盖了从加拿大、德国、爱尔兰、日本、卢森堡、墨西哥、尼日利亚和瑞士的可持续金融路线图相关案例,并通过自然语言处理(NLP)模型,确定路线图中反复出现的主题,从中列出了绿色金融发展路径的13个有效标准。路线图中最常包含的建议是报告与信息披露(占总数的93%)、机构责任(80%)、资本供应和分配(73%)、风险管理(71%)和能力建设(71%),如表5所示。

表5　　　　　　　　　　绿色金融路线图中的主要建议及占比

建议	占比
报告和披露	93%
机构责任	80%
资本供应和分配	73%
风险管理	71%
能力建设	71%
标准	66%
产品和市场创新	63%
监管	61%
数据收集	39%
正规教育	32%
研究	32%
财政激励	27%

上述从全球各国绿色金融发展路线图中筛选出来的标准无疑将成为上海发展绿色金融的重要参考依据,也是上海发展绿色金融的主要路径选择。

1. 来自不同利益攸关方的意见:涉及政策制定者、技术专家、学者、金融市场参与者以及环境组织和其他民间社会团体代表的广泛磋商进程有助于制定全面可行的路线图,确保公共和私营部门关键行为者的支持。

2. 指定的政策倡导者:为了确保可持续金融路线图是一份有意义的公共政策指南,而不仅仅是一份有抱负的声明,需要适当的机构领导。

3. 强有力的叙述:路线图应明确解释使国家金融体系与可持续发展目标保持一致的理由,并应将这一进程置于国家政策框架和国际承诺的背景下。

4. 全面需求评估:路线图应根据预计的"一切照旧"资金流向高碳部门,描述在特定时间范围内使金融体系与可持续发展目标保持一致的要求。

5. 低碳融资估计:为了传达挑战的严重性,路线图可能包括对低碳部门投资缺口的估计。

6. 分析可持续融资的障碍:路线图应确定一般挑战,例如不发达的资本市场或鼓励过度关注短期结果的薪酬政策,以及可持续性特有的障碍,例如将环境影响充分纳入财务决策的主流。

7. 备选情景分析:路线图应包括金融体系演变的多种预测情景,反映该国面临的各种风险和机遇,以及它们各自实现的可能性。

8. 准确、可操作的建议:适当的政策措施因国家而异,但通常与披露、商业惯例、金融工具和知识共享网络有关。路线图应包括这些领域和任何其他相关领域的具体和详细的建议。

9. 确定优先次序:路线图应明确指出哪些措施在短期内最紧迫和/或最可行,并应确定作为深化改革先决条件的行动。

10. 能力建设计划:要使金融系统与可持续发展目标保持一致,就需要发展新的组织能力,因为金融政策和监管任务的范围必须扩大,以包括更广泛的目标和更复杂的机构协调框架。

11. 监测安排,包括进展指标:衡量进展的健全框架可以突出需要进一步改进的领域,同时评估已经实施的措施的有效性。强有力的监测安排必须包括明确界定的监督责任和定期报告时间表。

12. 问责机制:成果问责有助于保持改革势头,防止政策倒退。路线图应确定负责在给定时间范围内实施每项建议的机构或机构。

13. 持续分析和公众参与:定期评估可持续金融的整体状况对于让政策制定者和公众了解政府和金融业为实现其环境目标而努力的更大轨迹至关重要。持续的公众参与促进了金融行为者履行其义务,定期分析和报告向国内外社会发出信号,表明政府致力于使其金融体系与可持续发展目标保持一致的力量。

五、上海打造绿色金融国际枢纽的对策建议

国际金融中心竞争力评价指标体系的构建从目标上来看是对各金融中心城市金融竞争力的具体量化和排名,但从本质上看,金融竞争力更多地应当体现在金融体系在纵向与横向比较中的活力释放以及对经济增长的贡献作用。绿色经济的发展需要明确经济增长的长短期目标协调问题,既不能因为一味强调环境保护而放弃经济发展,同时也不能过度重视经济增长的相关指标而忽视环境污染对整个社会带来的长期负面效应。绿色金融的发展同样需要遵循这一思路,应当以为绿色产业和绿色经济发展提供高效服务为主要目标,不能因为一时的得失放弃长期发展目标,应当充分发挥绿色金融在金融结构优化中的重要作用,使金融结构调整至与经济结构相匹配的状态,提升金融竞争力。具体来看,应当从以下几个方面强化绿色金融体系的构建。

（一）强化绿色金融体系的基础设施建设

良好的绿色金融体系需要坚实的基础设施支持,能够为其提供具有公共属性的基础服务。一是构建与开发绿色项目评价体系,鼓励设立专业的绿色项目评级机构,为涉及绿色项目的产业提供特殊的评级服务,并鼓励市场参与者积极使用这一评级系统,逐步形成区域乃至国际范围内的绿色项目评级品牌效应；二是建立绿色产业数据库,以生态环境部门、金融监管部门和核心绿色金融机构为核心,通过大量整理和搜集绿色产业的相关专业数据与案例,构建与绿色产业、绿色金融相关的数据库与案例库,并在后续业务开展过程中不断对数据库和案例库进行数据与案例更新,强化其实用性和普及性,为绿色金融项目的开展提供支持。

（二）完善绿色金融法律法规体系建设

政府在绿色金融体系建设与发展过程中更多的应当起到权责保护的作用,这就需要更多地通过明确的法律法规对涉绿产业或金融活动予以有限的行为约束。首先,可考虑建立强制与非强制的绿色保险产品体系,为环境修复所付出的成本及可能承受的外部风险提供合理有效的风险分担机制。同时可进一步建立专业绿色金融风险评估机制与定损机制,为涉绿机构与企业的成本收益核算提供标准。其次,必须明确商业银行投放绿色信贷或投资过程中企业违规行为导致环境污染的权责分配,明确商业银行与借款企业的责任担当。最后,以绿色产业为依托发行股票或债券的企业或金融机构需要定期披露相关环境保护行为信息,最大限度消除信息不对称所带来的逆向选择或道德风险,通过政策或法律发挥中介机构对环保信息披露的评价、监督和激励作用,从而使市场更加充分地反映出企业的"绿色价值"。

上海应当依托绿色金融创新,提升中长期竞争力,服务国际金融中心建设,打造国际绿色金融枢纽,发挥全国引领、国际影响的作用。具体而言,本文认为,要从以下几方面进一步推动绿色金融创新服务上海建设国际金融中心和打造国际绿色金融枢纽。

1. 修订《上海市推进国际金融中心建设条例》

上海建设国际金融中心的地方立法《上海市推进国际金融中心建设条例》于2009年8月1日实施,迄今已超10年,鉴于目前上海国际金融中心已基本建成,有必要结合国际国内的最新发展形势,以"绿色"为抓手,推动《上海市推进国际金融中心建设条例》修订。修订《上海市推进国际金融中心建设条例》,有必要发挥绿色金融促进上海经济社会发展全面绿色转型的重要作用,助力上海加快打造国际绿色金融枢纽,进一步提高国际金融中心核心竞争力:①补全国际金融中心建设中的绿色金融版块;②有针对性地发展绿色金融重点领域,如ESG金融、转型金融、碳金融等;③将绿色金融发展与国际金融中心建设有机融合。

2. 围绕绿色项目库、企业和机构标准等形成有一定创新和推广价值的标准

①制定上海市绿色企业和绿色项目认定标准,结合上海优势、特色产业,参考整合现有的绿色项目(企业)认定标准,制定符合上海特色优势产业发展导向的绿色企业和绿色项目认定标准,并建立上海绿色项目库、绿色企业库;②建立上海绿色金融专营机构建设标准,结合绿色金融发展政策要求,总结上海乃至长三角金融机构绿色分支机构建设经验,加快制定上海绿色金融专营机构建设标准。

3. 建立健全金融机构绿色金融业务评价激励机制

可以以上海绿色金融专营机构建设标准为基础,制定上海绿色金融专营机构评价标准,推动评选建立一批上海绿色金融专营机构。同时,健全完善上海绿色金融专营机构正向激励机制,对被评定为绿色金融专营机构的金融机构,综合运用财政奖补、货币政策工具倾斜、金融管理部门考核评价等多种方式,切实提高金融机构打造绿色金融专营机构的积极性。

4. 围绕绿色金融细分领域重点发力

《上海市浦东新区绿色金融发展若干规定》为上海绿色金融的重点发展领域指明了方向,包括补充性绿色金融地方标准、转型金融、生物多样性金融、气候投融资、绿色供应链金融、绿色保险、绿色投资、金融机构环境信息披露、绿色金融数据信息归集融合、碳普惠等。上海有必要在这些细分领域上下功夫,结合上海作为国际性大都市的特征,重点围绕碳普惠、碳金融、绿色金融市场、生物多样性金融等领域开展重点制度建设,力争走在国内和国际的前列,打造细分领域的龙头地位,引领绿色金融的发展。

同时，通过培育和扶持等措施，大力提升绿色金融的专业化水平，将上海在建设国际金融中心过程中积累下来的人才优势、数字化优势、标准和信息披露等方面的优势，积极转化为绿色金融发展的优势，切实提高上海在碳金融服务、ESG投融资服务、气候投融资服务、绿色保险服务等方面的产品设计能力、应用能力和盈利能力，形成以专业化带动绿色金融产业化、以专业化带动绿色金融竞争力的有利发展态势。

5.结合长三角一体化战略，建立长三角绿色金融产品交易市场，统一区域绿色金融标准

①加强对接，打造绿色项目库"长三角样本"。对实施绿色项目的主体进行持续跟踪、动态调整，对已申报的绿色项目提交第三方机构进行评审，经评审后公开入库，保证信息上下沟通顺畅。②研究制定长三角互认互通的绿色金融产品服务标准体系。借助上海金融中心优势，培育专业能力高、国际影响力大的第三方绿色认证机构，有效评价项目绿色效益。③打造长三角绿色金融综合服务平台，建立区域性绿色金融产品交易市场，发挥区域融合联动优势，推动长三角绿色金融一体化发展。④以浦东新区绿色金融改革立法为契机，探索长三角绿色金融区域立法。

参考文献

[1]Arcadis. The Arcadis Sustainable Cities Index 2022[R]. 2022.

[2]Dong, G., Ge, Y., Zhu, W., Qu, Y., Zhang, W. Coupling Coordination and Spatiotemporal Dynamic Evolution Between Green Urbanization and Green Finance: A Case Study in China[J]. *Frontiers in Environmental Science*, 2021(8):621846.

[3]Financial Centers For Sustainability (FC4S). State of Play Report – Chinese Version[R]. 2022.

[4]Negreiros, P., Furio, V., Falconer, A., Richmond, M., Yang, K., Jungman, L., Tonkonogy, B., Novikova, A., Pearson, M., & Skinner, I. 2021 State of Cities Climate Finance[R]. Cities Climate Finance Leadership Alliance, 2021.

[5]Thibault, G., Clerq, M., Brandt, F., Nienhaus A. & Bayen, A. Urban Mobility Readiness Index 2022 Report[R]. The Oliver Wyman Forum, 2022.

[6] Z/Yen, The Global Financial Centres Index 33[R]. 2023.

[7] Z/Yen, The Global Green Finance Index 11[R]. 2023.

[8] 方显仓,黄敏. 国际金融中心金融发展稳健性分析——以上海、北京、深圳、纽约和伦敦为例[J]. 学术论坛,2023,46(1):89-102.

[9] 郭希宇. 绿色金融助推低碳经济转型的影响机制与实证检验[J]. 南方金融,2022(1):52-67.

[10] 李凯风,吴伟伟. 绿色金融规制下江苏省城市全要素能源效率研究[J]. 生态经济,2018,34(12):99-105.

[11] 李青,郇志坚,李巧巧. GFCI指数对提升我国金融中心城市国际竞争力的启示[J]. 金融发展评论,2018(10):82-93.

[12] 刘华珂,何春. 绿色金融促进城市经济高质量发展的机制与检验——来自中国272个地级市的经验证据[J]. 投资研究,2021,40(7):37-52.

[13] 鲁政委,方琦. 上海亟待推进国际绿色金融中心建设[J]. 中国金融,2020(5):33-35.

[14] 吕淑丽,郝如钰,杜阳冉. 河南省绿色金融与经济高质量发展的耦合协调度及其影响机制[J]. 河南理工大学学报(社会科学版),2023,24(4):42-52.

[15] 慕艳芬,何作为,王俊杰. 绿色金融对城市绿色发展的影响研究——以河南省各地级市为例[J]. 河南理工大学学报(社会科学版),2023(5):39-49.

[16] 史代敏,施晓燕. 绿色金融与经济高质量发展:机理、特征与实证研究[J]. 统计研究,2022,39(1):31-48.

[17] 孙哲远. 绿色金融发展能否提升城市碳生产率——基于双重差分模型的经验证据[J]. 调研世界,2023(3):62-70.

[18] 徐新扩,杨青. 绿色金融对我国省域空气质量的影响研究[J]. 武汉金融,2023(3):79-88.

[19] 喻平,张敬佩. 区域绿色金融与高质量发展的耦合协调评价[J]. 统计与决策,2021,37(24):142-146.

[20] 张茜,俞颖. 绿色金融对城市高质量发展的作用研究——来自277个地级市数据的证据[J]. 金融发展研究,2023(3):52-58.

[21] 周琛影,田发,周腾. 绿色金融对经济高质量发展的影响效应研究[J]. 重庆大学学报(社会科学版),2022,28(6):1-13.

新基建在提升城市管理、
促进城市更新和城乡建设中的效用

叶 梅

摘 要:新型基础设施建设简称"新基建",是以新发展理念为引领,以技术创新为驱动,以信息网络为基础,面向高质量发展需要,提供数字转型、智能升级、融合创新等服务的基础设施体系。与传统基础建设相对应,"新基建"结合新一轮科技革命和产业变革特征,面向国家战略需求,为经济社会的创新、协调、绿色、开放、共享发展提供底层支撑的具有乘数效应的战略性、网络型基础设施。也是未来保障人类社会物质流、能量流和信息流更加顺畅、安全、高效流动,具有系统性、"代际飞跃"特征的软硬件设施网络。

新基建主要包含5G基建、特高压、城际高速铁路和城际轨道交通、新能源汽车充电桩、大数据中心、人工智能、工业互联网等七大领域,涉及通信、电力、交通、数字等多个社会民生重点领域。

新基建在上海城市管理、城市更新和城乡建设等方面有着举足轻重的作用,同时也承担着上海新型基础建设实施中各项重大任务。本文初步总结上海住建体系在新基建发展中重点关注的方向,包括城市管理、城市更新与城市建设三个方面与新基建领域的结合,并提出发展建议。

一、城市管理与新基建

上海城市管理一直走在全国的前列,在世界屈指可数的超大城市中也名列前茅。

叶 梅,硕士研究生,上海民创投资管理有限公司。

借助新基建的推动力,上海通过信息化提升城市管理水平,通过网络化建设实现软硬服务功能覆盖,以提高城市运行效率,实现城市管理现代化。

(一) 自上而下的信息化管理与基础设施网络化建设

上海网络化与"新基建"结合,将会对城市管理和运行水平提升起到决定性作用。

1. "一网通办"和"一网统管"的政务信息网

数字城市是上海未来发展的必然选择,《人类简史》的作者在全书结尾处写到,信息化的基础是数字,信息化的终极竞争就是算法竞争。在上海首个科技中长期规划《上海科技中长期规划纲要(2006—2020)》中,提出了"数字上海"的应用发展目标。延伸到上海特大城市,城市运行和管理的海量数据,为城市发展提供了得天独厚的条件。上海的网络化管理通过"新基建"向系统化方向发展。

上海目前已经实现"一网通办"和"一网统管"的阶段目标。截至2023年6月,"一网通办"平台已接入公共服务事项3 500项,累计办件量达2.26亿。"一网统管"迭代升级,基本建成市、区、街镇三级平台和市、区、街镇、网格、社区(楼宇)五级应用架构,城市运行综合管理平台汇集72个部门(单位)的220个系统、1 202个应用。

上海"一网统管"致力于在保持各部门原有业务系统、工作格局基本架构的同时,通过技术与管理上的深度融合,打破信息壁垒。目前,上海市城市网格化综合管理系统汇聚了100多个数据项,包括1 495万个城市部件、2.68万公里地下管线、1.4万多个住宅小区、3 000多处历史保护建筑和实时的城管执法车辆、网格巡逻人员数据。通过地图汇聚的方式,在市、区、街镇三级平台上实现了可视化、便捷化、标准化的共享和交互,在一个端口上实现城市治理要素、对象、过程、结果等各类信息的全息全景呈现。

2. 交通基础设施网络化与交通物联互联网

首先,上海市域的道路和轨道等基础设施交通网络已经基本形成。一方面,上海集高速公路网、城市快速道路网、城市骨干道路网、城际铁路网、城市轨道交通网等为一体的综合交通基础设施网络构架基本建成;另一方面,长三角一体化、自贸区扩区等将进一步促进以上海为核心的城市群综合交通网发展,上海作为长三角核心城市,将加大区域设施的互联互通,提高区域辐射和联通能力,促进城际高速铁路、城际轨道上各层次轨道网络融合;打通省级、区域间公路、公共交通"断头路"现象,形成高速、道路干线等一体化的道路网络。

其次,交通信息"网络化"管理水平亟待通过"新基建"提升。上海城市交通在管理精细化、辅助决策智能化、信息服务人性化等方面能力不断提升,已形成立体化的交通出行网络、信息化的交通监管体系、智能化的行业运营管理和便捷化的出行信息服务。在"十四五"期间,上海重大国家战略实施,技术创新驱动,高质量发展的背景下,上海交通网建设也将面临新的要求。一方面,在延续"十三五"阶段"管为本、重体系、补短板"的基本思路基础上,交通运行安全和效率的管理力度将进一步加强;另一方面,交通网络的更新和维护投入持续增加,体现"聚焦转型、聚焦突破、聚焦创新"的特点。

再次,"车联物联网"新需求催生"新基建"交通和产业创新机遇。新能源汽车、无人驾驶汽车等技术与产业的迅速发展,无人驾驶车已经在嘉定对外试运营,这将进一步需求传感器、无接触配送端等终端设施及车路协同的智慧道路体系化、网络化。上海计划在2020—2022的三年内新增50公里开放测试道路,探索开放城市快速路、高速公路等不同类型和风险等级的道路测试场景。拓展智能末端配送设施投放范围,在已试点投放"无接触配送"智能取物柜组件的基础上,新增1.5万台以上智能取物柜等。

3.能源城市电网与新能源物联网

首先,上海城市电网已经形成。上海通过皖电东送1 000千伏特高压交流输电线路工程、淮南-南京-上海1 000千伏特高压工程等能源重大项目建设,形成了"四交四直"的市外受电通道结构,完善了以500千伏双环网为基础的城市电网主网架。并且,从发展能源类型仅考虑电力的智能电网,到实现终端消费和源头生产的多能源协同以及就地消纳、清洁用能的智慧能源网。如在崇明智能电网示范工程中,通过风电、光伏、储能、燃机四个元素在时间和空间连个维度的协调互补,实现崇明岛可再生能源的可控、可调、可测、高效环保利用。

其次,上海开始进行能源互联网建设。2019年在西虹桥地区试点应用移动互联、人工智能等现代信息技术和先进通信技术,实现电力系统各个环节万物互联、人机交互,打造状态全面感知、信息高效处理、应用便捷灵活的泛在电力物联网,并助力进博会供电保障向"智慧保电2.0"模式升级。区域电网内分布的数量庞大的低压智能感知传感器、光纤震动监测传感器、智能配变终端、设备状态监测终端和环境监测传感器等"神经末梢",电网数据采集可以有效覆盖至各用电设备和终端,继而帮助保电指挥系统这个"神经中枢"即时掌握设备运行状况和用电情况,从而有效实现对电网运行状态的"全面感知"。

未来的能源互联与物联需要"新基建"。当前上海正加快建设国际经济、金融、贸易、航运、科创中心和具有世界影响力的社会主义现代化国际大都市,这更加需要加快构建安全、清洁、高效、可持续的现代能源体系。一方面,需要以绿色发展理念,大力推广清能源利用,加快形成以清洁能源为主的能源消费结构;另一方面,需要坚持创新驱动发展,加快建设横向多能互补、纵向源网荷储协调、互联网与能源产输储用及交易融合的能源互联网;根据国网上海市电力公司同时发布《上海城市能源互联网白皮书》,今年将基本建成以张江科学城94平方公里面积为核心的世界一流城市能源互联网示范工程。

4. 资源循环再生利用网

资源循环战略和可持续发展战略满足国家节能减排、低碳经济及循环经济等新兴产业发展要求的同时,也是实现生态文明建设必然举措。2019年,《上海市生活垃圾管理条例》正式实施,上海成为全国第一个实行垃圾分类的城市。

上海作为一个人口众多的特大型城市,发展循环经济产业,推进资源的综合利用、节约利用和循环利用具有重要的意义。上海采取"科技+管理"模式,通过不断发展工业固废综合利用、工业再制造、废旧电子电器拆解利用、建筑废弃物综合利用、再生能源利用等"五大基地",推进建立可追溯信息化系统,对源头分类进行监管,将逐步构建围绕资源循环"回收体系—资源化处理—高值化再利用"的网络。

2020年上海"四分类"垃圾量与2019年同期相比,实现"三增一减"目标,全程分类收运体系基本建成,末端处置能力显著增强。上海可回收物回收量达到6 375吨/日,同比增长57.5%;有害垃圾日收运量达到2.57吨/日,同比增长3倍有余;湿垃圾日收运量9 504吨/日,同比增长27.5%;干垃圾处置量约1.42万吨/日,同比减少20%。

5. 防范"新冠疫情"的健康城市网

居民健康三大指标是国际通用的评价一个国家和地区居民健康水平的综合指标。上海城市人口老龄化加剧,疾病谱转为慢性非传染性疾病为主,人民的健康需求不断提升。为了防范和阻击正在全球蔓延的"新冠疫情",上海借鉴在实战中积累的防疫和抗疫的宝贵经验,正着力建设多部门联动、全社会支持的"健康城市网"。

一是优化医疗资源布局与共享。通过提升宽带速度、升级软硬件设备等工作,实

现 37 家市级医院之间 35 项医学检验和 9 项医学影像检查项目互联互通互认,实现市民通过"上海健康云"可查看本人近半年内在市级医疗机构的影像报告。二是实现分级诊疗优化。2019 年,全市二、三级医院向基层医疗卫生机构转诊 15 万人次,由基层医疗卫生机构向二、三级医院转诊 34 万人次。2020 年 4 月,已完成认定首批 22 家区域性医疗中心,已有 6 家二级综合医院转型为康复医院,3 270 张区公立医院综合治疗型床位转型为护理床位。三是社区卫生服务中心网络布局健全。上海已基本实现市民家庭"15 分钟内到达最近医疗点"的目标。建立区域影像、检验、心电等诊疗中心,提升基层服务能力和居民信任度。通过"延伸处方"满足居民多样化用药需求,全市共开具延伸处方 484 万张,金额达 10 亿元。

在今年新型冠状疫情发生后,上海健康城市网将进一步加强防疫及智慧医疗方向的部署,如医疗机器人在消毒、配送、监视等方面发挥作用;在城市科学防疫管理中,疫情迁徙数据、人脸识别、卫生健康站等已经成为健康城市网络中进一步考虑发展的终端设施。

(二)自下而上的营商环境构建

营商环境构建是上海未来长期可持续发展的需要,也是城市管理的主要目的和成效体现,上海发布的《上海市全面深化国际一流营商环境建设实施方案》,推出 36 条措施促进上海营商环境发展,在全面打响"一网通办"政务服务的基础上,围绕国际大都市的需求,打造更具有国际竞争力的营商环境。

首先,国际化营商环境在便利和效率上有着更高的要求,上海需通过信息化和网络化,进一步提升面向企业、建设等多项施事宜的效率,如建设方面,加强实施线上线下"一站式中心"改革,涵盖工程规划、施工许可、监督检查、竣工验收等全过程事项,推荐建筑许可效率和质量双提升。

其次,国际化营商环境既包括能够容纳引进来的企业和机构,也包括能够支持本土企业和机构走出去。上海目前也在通过多种方式和渠道为本土企业与走向全球市场提供便利,如在跨境贸易降费基础上,推进"单一窗口"与上港集团现有收费查询平台对接,支持船代、货代、报关、运输、检疫处理和仓储企业在"单一窗口"开发收费查询功能,推动"单一窗口"与更多市场收费主体的网上收费系统深度融合,以实现口岸相关市场收费的"一站式"办理和查询等。

上海未来要建设成为卓越的全球城市,具有全球影响力的科创中心,并规划 2035

年建成国际经济、金融、贸易、航运、科技创新五个中心。因此,功能化的营商环境是内在需求。

一是发展功能化。限于空间规模和效率,国际化的主要功能不可能实现全覆盖,只能有限目标的空间与经济价值最大化。财富集聚功能、文化吸引功能和科技创新功能将成为上海的主流。营商环境围绕财富功能、科创功能、文化功能等展开,可以起到事半功倍的作用。同时,上海的精细化管理恰恰可以支撑上述三大功能的实现。通过深化科技应用,以上海市现有的城市管理系统为基础,加强和城市规划、公安局等其他城市部门的数据共享,构建实时的智慧城市 CIM 平台。综合运用大数据、云计算和物联网技术,在时间和空间两个维度上,推动实施城市管理的全流程精细化,对城市开发和建设进行动态监控,在城市财富功能、科创功能、文创功能实现上形成支撑。

二是机构专业化。随着大工业时代的规模企业制造基地不断迁出上海,创新时代的科技型企业如同雨后春笋般的出现。上海需要有培育独角兽企业或在某个领域中具有国际领先水平、地位的专业化机构的土壤,让这类企业和机构能够在商务成本非常高的上海立足。通过贴近这类企业和机构需求,一方面深化"放管服"改革,用行政权力的"减法"换取市场活力的"加法";另一方面,增强专业化服务能力,支持专业化机构、企业的发展,并鼓励对于这类企业和机构所需的金融服务、科技服务、生活配套服务型功能的集聚。

三是管理智能化。根据习近平总书记对上海超大城市的精细化管理要求,通过贯通城市治理平台,从"个体电子化"走向"整体智能化",打通部门通讯和数据比例,实现数据共享,以整体性网络辅助政府服务于企业和居民,加速办事流程;并通过收集城市数据分析反馈,为城市中各类群体和机构提供更精准和个性化的服务。同时,结合智慧城市建设,利用物联网等新技术,覆盖城市信息采集、信息交换和信息服务的感知网络,开展精细化安全风险识别、全生命周期检测预警等,为上海建设成为卓越的全球城市保驾护航。

(三)规划与标准先行的新基建示范和推广

上海新基建建设虽然已有一定基础,但也尚处于探索阶段,产业组织结构发展处于动态阶段主导的体制机制和商业模式还未成熟,在建设规划、设施利用、资金流转等方面都面临着极大的不确定性。因此,更加需要在全面展开发展前,加快完善顶层设计和政策机制,专项规划与建设标准等先行,并积极推动优势地区和城市领域进行试

点示范建设,以探索适应于上海的技术路线和商业模式,尽快形成较为成熟经验和发展路线以推广应用。

一是规划先行,做好新基建的顶层设计。在传统城市建设领域,为配合国土空间规划的实施,一般都会针对特定的区域编制市政基础设施专项规划,重点解决基础设施建设布局、内容、标准等问题。对于新基建来讲,也同样需要制定这样的专项规划,以更好推进上海新基建有序发展。如针对新基建在上海发展的重点领域编制专项规划、针对上海重点区域新基建建设发展的专项规划等,避免新基建碎片化发展。

二是标准先行,推动新老基建融合。新基建与传统基建都具有公共性、通用性、基础性特征,都是促投资、稳增长和扩内需的重要抓手,在发力新基建的同时,也需要与传统基建设施的信息化改造升级等相协调。传统基建在建设、管理等方面都有相应的标准,新基建也需要考虑与传统基建相协调的统一标准;如在交通方面,完善新基建相关技术标准和工程规范,推动交通领域新基建与传统基础设施同步建设、同步使用、同步养护等。

三是试点先行,形成可推广的模式和经验。选取具有发展条件、基础的实区域,加快推动试点示范建设,将政策集中先试先行区域,探索新基建发展的主导主体选择、技术路线、商业模式、政策有效性等。并根据试点发展情况总结可推广的模式和经验,不断催熟主导技术、主导商业模式和优势企业,待模式成熟再加快推广,实现以点带面发展。

二、城市更新与新基建

(一)依托"新基建"发展上海三大"国家战略地"

1.大虹桥商务区

开发建设虹桥商务区,是上海市委、市政府在综合考虑国家长江三角洲地区区域战略发展规划和上海"创新驱动、转型发展"战略部署的基础上,审时度势,做出的重大战略决策。

虹桥商务区聚集"大交通""大商务""大会展"的三大功能,实现"上海西部中心""长三角联动发展新引擎"和"世界一流水准商务区"的大目标。2018年5月市委、市政府关于调整优化商务区管理体制机制会议明确商务区调整划分为:核心区和四大片区,其中核心区面积16平方公里,四大片区包括:闵行片区、长宁片区、青浦片区和嘉定片区,总面积86.6平方公里。2019年将原未纳入区域的闵行区华漕镇、青浦区徐泾镇、嘉定区、长宁区、程家桥街道作为虹桥商务区的拓展区,商务区总面积达到151.4平方公里。

虹桥商务区将促进长三角的贸易和创新功能集聚,打造国际化的中央商务区和国际贸易中心新平台。2023年以来,虹桥商务区加快重大项目的推进,全力挖掘新基建和产业项目潜力。十几个重点项目已具备开工条件,既有产业项目、功能平台打造,也包括区区对接道路、动迁房等市政项目,投资额超过1 500亿元。同时,虹桥商务区作为长三角一体化的核心区,在城际交通方面、信息通讯方面等需要成为示范区域,应紧抓目前新基建的政策红利,积极应用新技术,高标准、市场化的建设与发展。

2.张江综合性国家科技中心

张江目前已形成了"一核三带""1区22园"的发展格局。张江药谷、嘉定汽车城、市北大数据园、东方美谷、机器人产业园、人工智能岛、5G全球创新港、G60科创走廊等一批专业化园区的建设使得张江成为代表中国参与国际高新技术产业竞争的特色品牌。张江综合性国家科学中心是推进科创中心建设的关键举措和核心任务;张江科学城是建设张江综合性国家科学中心的核心载体,是张江国家自主创新示范区的核心园;张江国家自主创新示范区是培育高新技术产业和战略性新兴产业的示范区域。

在科技创新方面。一是前沿创新,布局国家级的大科学设施集群。如以新一代光源为核心,将构筑全球规模最大、种类最全、综合能力最强的光子科学中心。二是开放创新,开展国际科技合作计划。中以、中德、中芬、中新创新中心等国际创新平台相继入驻;300多家外资研发中心纷至沓来;微软、亚马逊设立人工智能研究院;共同发起人类首张黑洞照片拍摄、全基因组蛋白标签、灵长类全脑介观神经联接图谱领域等国际科技合作计划。三是自主创新,开展应用基础研究。量子科学实验卫星"墨子号"、全球能量分辨率最优的空间探测器"悟空号",全球首例体细胞"克隆猴"等世界级成果也来自张江。

在科技资源集聚整合方面。一是创新创业人才的磁力场,目前,张江已经集聚220万从业人员;海归、留学生、外籍专家超5万人;二是汇聚国际孵化平台。张江拥有上百家科技企业孵化器、加速器,包括强生JLAB、MIT、微软、英特尔、Plug and Play等一批国际孵化加速平台;每年新增注册企业近万家;沪深上市企业154家,境外和香港上市77家;在《2018胡润大中华区独角兽指数》排行榜中,张江有34家企业上榜。三是集聚强劲资本力量,以浦江两岸陆家嘴金融城、外滩金融集聚带为核心,构建了多层次的资本市场和完善的科技金融服务体系。

在政策支持与创新环境方面。一是优惠政策高地,张江率先试点药品和医疗器械上市许可人制度、试点集成电路全程保税监管。设立全国首个移民事务服务中心,推进外籍人才出入境便利化。目前,外国人来华工作许可最快可在一个工作日内办结。二是高品质生活服务环境。为创新创业者提供国际水准的医疗、教育、养老、文化服务。人才公寓超1 000万平方米,可以满足人才的多样化居住需求。建成莘庄、金桥、漕河泾、青浦等国家级生态示范园,张江科学城打造森林环绕的创新之城。三是创新氛围创造,张江以更加开放包容的生态,延揽全球优秀人才,倾力打造学术新思想、科学新发现、技术新发明、产业新方向的重要策源地,向世界一流科技园区迈进。张江将为科研人员专心从事科研、高科技企业潜心开展研发、创业人员安心发展事业、就业人员舒心工作生活创造优越的条件。

张江一方面为上海新基建发展提供科技支持,如集成电路、智能制造等前沿科技,是新基建中人工智能、工业物联网等领域不可缺少的技术支撑。同时,张江也是上海发展新基建的热土,其功能性质和集聚人群特征将势必对5G基站、新能源汽车、大数据中心等具有明显需求。

3.临港自贸区新片区

2018年11月,在首届中国国际进口博览会上,习近平总书记提出增设中国(上海)自由贸易示范区新片区,鼓励和支持上海在推进投资和贸易自由化、便利化方面大胆创新探索,为全国积累更多可复制、可推广经验。2019年8月6日,国务院印发《中国(上海)自由贸易试验区临港新片区总体方案》,临港新片区正式揭牌。

新片区位与上海东南角的临港地区,地处长江口和杭州湾交汇处,北临浦东国际机场,南接洋山深水港,背靠长三角广阔腹地,地理区位优势明显。具体范围在上海大冶河以南、金汇港以东以及小洋山岛、浦东国际机场南侧区域。

临港新片区定位以发展关键核心技术为突破口的前沿产业集群。将建设形成:集成电路综合性产业基地、人工智能创新及应用示范区、民用航空产业集聚区、面向"一带一路"沿线国家和地区的维修和绿色再制造中心、高能级全球航运枢纽。

临港自贸区新片区高标准定位更加需要与新基建结合,为其未来发展形成支撑。为提升临港新片区在上海城市通讯网中的地位及上海国际通讯枢纽中的作用,《中国

(上海)自由贸易试验区临港新片区通信基础设施专项规划(2020—2025)》中提出打造立足长三角、面向亚太、通达全球的国际通信枢纽和国际信息港,在临港新片区统筹推进5G、光纤宽带、工业互联网、物联网、数据中心及边缘计算等通信基础设施规划建设。在工业互联网方面,以5G、光纤宽带协同推进企业内网建设,在集成电路、智能新能源汽车、高端装备制造、航空航天、生物医药等领域推进5G技术与智能制造深度融合,打造5个以上5G+工业互联网内网建设标杆。在车联网方面,积极推动"AI+交通"场景落地,实现洋山港(一期)经东海大桥到深水港物流园区小批量试运行;推进陆上无人驾驶示范区建设。在光纤宽带网络方面,努力实现宽带千兆到家庭、万兆到楼宇、百G到园区。骨干通信网络方面,积极实现上海城市通信网核心节点在临港部署,改变目前临港边缘网络地位,并新增一处海光缆登陆局,以临港为登陆点的国际光缆信息通道进一步丰富,成为亚太区域国际海底光缆的重要汇聚节点,上海一南一北互为补充的国际海缆登陆格局基本形成等。

(二)结合"新基建"推进上海园区和社区城市更新

城市是产业、技术、资本的首要聚集地,也是新基建的重要载体。上海早已进入存量发展时代,城市建设从"拆改留"转换为"留改拆",朝着深化城市有机更新、完善城市功能、推动城市高质量发展、创造高品质生活迈进。

新基建是提升城市发展质量的重要手段,支撑城市及产业向网络化、数字化、智能化发展,促进城市功能升级,其与城市更新的目的是一致的。新基建发展路径也可与城市更新相结合,通过更新改造,为传统基建加上数字化和智能化的功能,通过新基建对原有的城市资源进行高效利用。同时,随着科技进步,人们的生活生产方式也更加依赖网络化、数字化,从公共服务角度和经济发展需求两方面都将需要上海城市更新与新基建结合,以提升城市空间功能和利用效率。

(三)引入"新基建"发展上海楼宇经济和楼宇科技

上海从工业时代进入创新时代,工业厂房逐步从上海中心区外迁,而楼宇是上海都市产业聚集的空间主体,上海中心区也从亩均产值作为产业经济发展标准向每平方米产值转变。随着楼宇经济的蓬勃发展,智慧楼宇、智能楼宇化不仅是建设智慧城市的重要组成部分,更是城市经济、产业发展的主要空间,智慧楼宇已经成为未来建筑行业的发展趋势。2020年年初,位于上海浦东世博园区的鲁能国际中心通过运行改进和专业评估,成为上海首座被第三方社会组织正式授牌的"智慧楼宇"建筑。

在推进"新基建"的大背景下,人工智能、物联网等先进技术与基础设施深度融合,为智慧楼宇的发展与应用发展带来巨大的契机。而在新冠疫情影响下,商办楼宇的防疫常态化管理也对楼宇设施的智能化、无接触改造提出内在需求。智慧楼宇需要实现楼宇运维状态的可知、可感、可控,利用三维建模以及可视化技术,快速生成孪生数字楼宇,实现动态浏览、查看楼宇结构,还对楼宇运行状态进行检测和预警;在楼宇设施运维管理方面、楼宇中通行惯例方面、安全管理方面、能效管理方面、环境空间利用方面以及楼宇经济方面等,通过结合物联网、人工智能、数据收集与分析等技术形成系统化管理和呈现,而这些技术和功能的实现,都需要引入新基建作为支撑。

(四)联合"新基建"促进上海地下空间高效利用

上海已基本构建起与城市总体规划相适应的地下空间开发体系,地下空间开发规模位居世界前列,功能类型日益丰富。地下空间中基础设施不仅包括轨道交通、道路隧道、综合管廊、地下污水处理厂、地下变电站等传统基建,也包括如张江硬 X 射线自由电子激光装置这样的地下科技基础设施。

随着上海地下空间开发利用的不断深入,网络化、密集化、深层化、一体化趋势日益显著,超大规模、超深基坑、超近距离、超小半径、超大直径、超高精度等工程挑战日益增多,装配式技术、BIM 技术、智能化技术、低影响建造技术等新兴技术也是未来发展的大势所趋;在地下工程施工过程中也更加依托远程监控、智能芯片、大数据分析等信息化和智能化手段。

地下空间一方面是将是新基建建设发展的主要承载空间,在未来地下空间利用中,新基建也将成为地下空间中重要的基础设施要素和空间使用工程,如地下 IDC 中心、通讯光纤光缆等;同时在地下空间的建设施工、运维管理上也需要联合新基建,建立地下空间智慧建造和管理体系,实现地下空间的建设技术性突破和精细化管理,促进地下空间更高效利用。

三、城乡建设与新基建

(一)长三角一体化建设与新基建

长三角地区是我国经济发展最活跃、开放程度最高、创新能力最强的区域之一,2018 年以来,长三角一体化发展全面提速,上升为国家战略,上海作为长三角的门户城市,需发挥带动作用,秉承"开放、创新、包容"的城市品质,催动长三角更高质量一体化发展。2019年5月,中共中央政治局会议审议通过了《长江三角洲区域一体化发展规划纲要》,纲要提出坚持稳中求进的工作总基调,坚持新发展理念,着力推进形成区域协调发展的新格局,并将长三角生态绿色一体化发展示范区(以下简称"示范区")、虹桥中央商务区和中国(上海)自由贸易试验区新片区作为区域建设的重点。

在与新基建结合领域,示范区提出以智能互联为原则,建设面向未来的数字城镇,构建绿色、高效、智慧、安全的市政基础和防灾系统,支持示范区的可持续发展。《长江三角洲区域一体化发展规划纲要》中也提出与新基建相关的发展要求,包括以下两点。

1. 协同建设新一代信息基础设施

推动信息基础设施达到世界先进水平,建设高速信息网络,共同打造数字长三角。加快推荐5G网络建设,支持电信运营、制造、IT等行业龙头企业协同开展技术、产品研发、服务创新及综合应用示范。深入推荐IPV6规模部署,加快网络和应用升级改造,打造下一代互联网产业生态。统筹规划长三角数据中心,推进区域信息和应用升级改造,打造下一代互联网产业生态。统筹规划长三角数据中心,推进区域信息枢纽港建设,实现数据中心和存算资源协同布局。加快量子通信产业发展,统筹布局和规划建设量子保密通信干线网,实现与国家广域量子保密通信骨干网络无缝对接,开展量子通信应用试点等。

2. 共同推进重点领域智慧应用

大力发展基于物联网、大数据、人工智能的专业化发服务,提升各领域融合发展、信息化协同和精细化管理水平。围绕城市公共管理、公共服务、公共安全等领域,支持有条件的城市建设基于人工智能和5G物联的城市大脑群。加快长三角政务数据资料共享共用,提高政府公用服务水平,支持北斗导航系统率先应用。推进一体化智能化交通管理,积极开展车联网和车路协同技术创新试点。全面推进长三角联网售票一网通、交通一卡通,加强长三角数字流域和智能水网建设,推动智慧广电建设等。

(二)上海生态环境建设与新基建

上海生态环境建设也将是"新基建"的主要发展领域之一。上海生态环境建设以"一江一河一湖"区域为核心,"一江"指黄浦江向西经横潦泾、斜塘至上游大浦河,全长约190公里(上海内约100公里);"一河"指苏州河向西经吴淞江至上游瓜泾港,全长约120公里(上海内约60公里);"一湖"指太湖(全长约300公里),"一江一河一湖"区域包括"一江一河"圈带和太湖圈带。

"一江一河"区域生态建设与新基建结合。近年来,上海持续深入推进"一江一河"两岸贯通工程。自2017年底贯通之后,黄浦江两岸45公里岸线进入景观提升阶段,目前开放空间正从核心区向两头延伸。东岸滨江之上,又新添了三座"望江亭"。加上早已开放的22座望江驿,织密了服务群众的设施空间网络。"一江一河"两岸的"五个中心"载体功能建设也同步推进,将逐步构建滨江地区生态产业发展体系,打造具有地域特色的沿线文化群落,合理布局游船、游艇码头等基础设施,打响"浦江游览"品牌。未来,上海市域范围的黄浦江、苏州河两岸,将逐步实现滨水公共空间全线贯通开放,随着两岸空间面向公众功能化、高质量、绿色化发展,在公共服务方面、安全防范方面、生态治理发方面都需要新一代信息技术的介入和支持,其也将是新基建重要的发展空间。

1. 黄浦江沿岸形成"三段两中心"的功能结构

以杨浦大桥至徐浦大桥为核心段,集中承载全球城市金融、文化、创新等核心功能的引领性区域,并提供具有全球影响力的公共活动空间。徐浦大桥至闵浦二桥为上游段,以生态为基本功能。注重宜居生活功能的融合,并依托战略预留区域培育创新功能。吴淞口至杨浦大桥为下游段,基于港区转型升级,大力发展创新功能,强化生态与公共功能的融合。黄浦江既是更有活力的公共空间,也是更加绿色低碳的生态体系;规划世博文化公园等一批重要生态空间,预控大型滨水结构绿地,增加规划公共绿地;构建"一带、多片、多点、多廊"的滨江绿化结构,构建贯穿上海城市的生态廊道;注重植物科学配置,丰富滨水景观,提高绿化品质,改善腹地街坊的绿化容量;构建全市海绵城市建设技术标准体系,指导海绵城市建设工作。

2. 苏州河整治

根据《苏州河沿岸地区建设规划(2018—2035年)》,苏州河将对全流域进行水体治理,提升水质,基本消除劣Ⅴ类水,打造更加绿色的生态环境。通过推进沿岸生态空间建设、运用绿色低碳技术,建设绿色生态的示范段。苏州河两岸42公里滨水岸线也将在2023年实现贯通。苏州河贯通要尽可能扩增公共活动区域,充分释放步行空间,具有更富活力的城市功能。其中:内环内东段是中央活动区范围,打造高品质公共功能;中心城内其他区段体现城市品质,服务周边居民;外环外区段定位生态廊道,实现保育休闲游憩功能。规划划定苏河湾、北京东路、M50创意园、长风西片区、临空商务园区五个重点转型提升区,引入文化、创新、科研、生活服务等功能,同时新增7处旅游码头。

（三）上海美丽乡村建设与新基建

上海郊区乡村地域规模大，在保障全是人民生活、提供优质环境容量、含蓄城市资源、传承特有的乡村文化、江南文化等放方面都发挥着不可替代的作用。上海乡村与全国其他区域的村庄有不同，它很多时候与市区、集镇的性质有类似地方，但同时它也存在着经济动力不足，村集体经济薄弱，城乡公共服务品质差距大等问题。在上海城市飞速发展，领跑全国的际遇下，更加需要重视"乡村"，重新认识和发现乡村的价值，认清郊区乡村对超大城市发展的特殊意义。

《长江三角洲区域一体化发展规划纲要》中也提出，应提高城乡基础设施联通水平。加快覆盖城乡的公路、电力、天然气、供水、信息、物流和垃圾污水收集处理等基础设施建设，形成联通中心城市、县城、中心镇、中心村的基础设施网络。推动中心区农村公路提档升级、电网升级改造、天然气管网延伸布局、宽带网络建设应用、垃圾污水集中处置，鼓励有条件的县市区建设统一的供水管网，加强农村饮水安全设施建设，提高城乡基础设施互联互通和便捷高效水平。

上海美丽乡村建设需结合近期中央网信办、农业农村部联合发布的《数字农业农村发展规划（2020－2025）》，推动信息技术与农业农村全面深度融合，补齐农村基础设施和公共服务短板。同时，通过大数据、区块链等新兴信息技术，瓦解城乡二元壁垒，推进乡村步入移动互联网时代，加强乡村电子商务的不断下沉渗透，深入信息进村入户，实施"互联网＋"农产品出村进城工程。此外，上海可率先探索智慧乡村的理想模式，通过现代科技手段搭建信息互链、数据共享、高效运转的治理平台，实现智慧城市向智慧乡村延伸发展，通过新基建的建设和渗透，扩大城市优质资源要素的辐射作用，缓解农村教育、医疗等社会问题。

绿色低碳驱动下城市垃圾处置设施更新发展之路

邹庐泉

摘　要：随着城市化进程的加快,生活垃圾的产生量和处理难度不断增加,给城市环境和资源带来了巨大的压力。生活垃圾处置厂作为城市基础设施建设的重要一环,同时也是连接着城市环境和资源、人民生活质量和幸福感的重要纽带。经过近二三十年的发展,垃圾焚烧发电已成为我国垃圾处置不可替代的主流工艺,同时国内最早一批的垃圾焚烧厂已圆满地完成其历史使命,现需进行整体规划及升级改造。本文以上海市江桥生活垃圾焚烧厂为例,阐述了其基于绿色低碳循环发展理念的升级改造方案,旨在体现新一代垃圾处理设施的规划优化、设计美化、技术提升、环保提标、开放共融等理念,以期为上海乃至全国生活垃圾焚烧厂的升级改造提供一个先进、科学、绿色、低碳的示范项目。

一、城市生活垃圾处置现状分析

近年来,我国城镇化进程加快,城市规模逐年扩大,人民生活水平不断提高,城市生活垃圾也呈现出数量增多、成分复杂、处理难度增大等特点。城市生活垃圾处置是关系城市环境和资源的重要问题,也是关系人民群众生活质量和幸福感的重要问题。如何有效地处理城市生活垃圾,实现垃圾的无害化、减量化、资源化,是我国城市发展面临的一项重大课题。

邹庐泉,博士,高级工程师,上海城投环境集团副总经理。

(一)城市生活垃圾处置沿革变迁

城市生活垃圾的产生量和处理难度与城市化水平、人口规模、经济发展、消费结构等因素密切相关。随着我国城市化进程的加快,城市生活垃圾处置工艺也发生着沿革变迁。

城市生活垃圾的处理方式主要包括填埋、堆肥、焚烧和综合利用等。其中,填埋是最常见也是最简单的一种方式,但存在着占地面积大、污染环境、浪费资源等缺点;堆肥是利用微生物将有机物质转化为肥料的一种方式,但存在着处理周期长、质量不稳定、臭气扩散等问题;焚烧是利用高温将垃圾中的有机物质氧化为二氧化碳和水,并同时释放出热能的一种方式,具有占地面积小、处理效率高、可回收能源等优点,但需要解决废气、废水、飞灰等污染物的治理问题;综合利用是指将不同类型的垃圾按照其特性进行分类收集和处理,实现资源化利用和减量化处理的一种方式,是目前国际上推荐的一种先进模式,但需要提高公众意识和参与度、完善分类体系和设施等条件。

我国城市生活垃圾处置历史沿革变迁可分为以下三个阶段。

1. 1949年至1978年的探索发展阶段

该阶段为计划经济时期,居民将生活垃圾简单地分为可回收和不可回收两类。这一时期,由于城市化水平较低,生活垃圾产量也较少,主要采用填埋和堆肥等简单方式处理。填埋是将垃圾直接倒入坑中,覆盖土壤,利用自然分解的方式处理。堆肥是将有机垃圾堆积在一起,通过微生物的作用将其转化为肥料。这两种方式都比较低效,占用大量土地资源,且容易产生臭气和渗滤液等污染物。

2. 1979年至2000年的粗放式发展阶段

粗放式发展阶段是改革开放时期,国家开始引进外资和技术,建立了一批卫生填埋场和垃圾焚烧厂,形成了以填埋为主,以焚烧为辅的转型阶段。这一时期,由于城市化水平提高,生活垃圾产量增加,处理方式也逐渐多样化。卫生填埋是在填埋场底部铺设防渗层等设施,控制渗滤液和沼气的排放。焚烧是将垃圾在高温下燃烧,并利用热能发电。这两种方式都比较高效,但也存在一些问题,如卫生填埋需占用大量土地,焚烧易产生二次污染等。

3. 2001年至今的可持续发展阶段

可持续发展阶段国家制定了一系列法律法规和政策措施,推动生活垃圾分类、减量化、资源化和无害化处理。由于城市周边土地紧张和非法倾倒造成的二次污染问题,焚烧处理的比例逐渐增加,逐步形成以焚烧为主,卫生填埋为辅的阶段。这一时期,城市化水平进一步提高,生活垃圾产量持续增长,处理方式也更加注重效能提升及污染物防控,同时大力推进垃圾分类制度和设施建设,提高了垃圾资源化利用水平。

从上述历史沿革变迁中可以看出,我国城市生活垃圾处置工作经历了从初级到转型、从发展到升级的过程,逐步形成了以焚烧发电为主、填埋为辅、兼顾多元化技术工艺,如气化、热解等的新模式。

(二)发展现状及改造需求分析

经过时代的发展,历史的变迁,国内垃圾焚烧行业经历了从粗放成长到现今的精细化发展,以江桥生活垃圾焚烧厂为典型代表的国内最早一批垃圾焚烧设施逐渐突显出诸多问题,亟需从规划、设计、技术、开放共融等多维度进行革新升级。这主要体现在以下几个方面。

1. 垃圾处置设施规划合理性

一方面,由于历史原因和城市发展变化,部分垃圾处置设施的选址不再符合城市规划要求,造成了与周边环境和社区的不协调;另一方面,生活垃圾焚烧厂作为城市能源供给点之一,应在规划初期,与需能耗能产业、市政设施等进行配套布局。

2. 垃圾处置设施设计美观化

随着垃圾焚烧在国内的普及,焚烧厂外观去工业化需求日益凸显,而早期由于设计缺乏美学和创新思维,部分垃圾处置设施过于单调或粗糙,呈现出灰色或脏乱的状态,并未考虑与周边环境的协调性和美感,这也是早期焚烧设施升级改造的需求之一。

3. 垃圾处置设施技术先进性

由于技术更新缓慢或前期投入不足,部分垃圾处置设施的技术水平已逐渐难以满足国家或国际相关提标要求,影响了垃圾处置整体效能。主要体现在锅炉运行参数及热效率的提升以及烟气、污水处置技术更新两个方面。

4. 垃圾处置设施开放共融

由于公众参与度不高及配套设施陈旧或缺失,早期垃圾处置设施的开放共融程度不够或不理想,影响了社会效益和公共服务水平。主要体现在:部分垃圾处置设施缺乏公众参与和监督机制,导致了公众对垃圾处理的认知误区或抵触情绪;部分垃圾处置设施缺乏社会宣传和教育功能,导致了公众对垃圾处理的知识缺乏或行为习惯差;部分垃圾处置设施缺乏社会服务和互动功能,导致了公众对垃圾处理的利益共享或责任共担欠缺。

综上所述,近年来,我国在垃圾焚烧领域取得了显著的进步和成效,早期的垃圾焚烧设施逐渐与城市发展脱节,亟待进行更新升级,以提高垃圾焚烧的整体水平和效能,实现垃圾处理设施的规划优化、设计美化、技术提升、环保加强、开放共融等目标,为城市环境和资源、人民生活质量和幸福感提供保障。

二、江桥生活垃圾焚烧厂升级改造方案

江桥生活垃圾焚烧厂是国内首个垃圾焚烧 BOT 项目,是国内首批引进技术和装备进行工程实践的生活垃圾焚烧项目,同时也是国内最早的行业标杆项目。江桥生活垃圾焚烧厂一期和二期,处理量共计 1 500 吨/日,分别于 2005 年 1 月和 2006 年 1 月开始商业运营,期限 20 年,将于 2024 年 12 月 31 日到期。为适应越来越严格的环保标准,改善厂区周边环境,解决上海市垃圾处理难的问题,提高垃圾的无害化、减量化、资源化处理率,在原有场地升级建造新一代的江桥生活垃圾焚烧厂是非常必要和迫切的,同时也将成为国内生活垃圾焚烧厂改造样板及范本。

(一)总体思路与目标

江桥生活垃圾焚烧厂作为中心城区的重要基础设施,全面的升级改造致力于将其打造为国内唯一位于城市中心最具生命力的智慧、低碳、共享、绿色的焚烧项目。本次改造主要从焚烧主体升级、厂区功能升级两个方面开展。首先,提升厂区的清洁无废,包含工艺技术升级、设备更新,全厂发电效率提高 20% 以上,主要污染物烟尘(国内最低设计值 10 mg/Nm^3)、SO_x(50 mg/Nm^3)、NO_x(80 mg/Nm^3)排放指标降至地标的 30% 以内;其次,打造智慧低碳园区,依托智慧化焚烧项目,助力城市数字化转型绿色低碳发展,同时服务周边用能园区-桃浦智创城,提供最大蒸汽供热能力 120t/h,能源热转化效率提高 40%,处于国内前沿水平,年碳减排预计 3 万余吨;最后,实现周边城区的共生共享,建立国内中心城区最大的环卫主题教育基地和邻利共享空间,打造国内城市基础设施更新的示范项目,树立清洁低碳融合发展的典范,同时彰显上海特色环卫邻利共享的引领地位。

江桥生活垃圾焚烧厂改造升级项目是中心城区基础设施更新的重要组成部分,也是实现城市可持续发展的重要举措。通过本次改造升级,江桥生活垃圾焚烧厂将成为一个集环保、能源、教育、服务于一体的综合性项目,为打造美丽、智慧、绿色的城市贡

献力量。

(二)具体措施与成果

江桥生活垃圾焚烧厂的升级改造措施遵循"四不变三提升"原则展开。主要体现在以下几个方面。

(1)焚烧厂设施功能、规模不变,提升项目的保障能力。本次技术升级改造工程计划在原有厂址及厂房内重新升级建设2条焚烧处理线,处理规模保持1 500吨/日(2×750t/d)。

(2)主厂房空间结构不变,进行技术参数升级、设备更新,提升智慧低碳水平。本次升级改造将充分利用现有结构,同时全面优化主厂房建筑布局。采用高参数锅炉、高效发电机组、余热利用装置、自动控制系统等,实现焚烧效能全面提升,以及全过程的自动化、智能化和信息化。

(3)环保要求不变,污染物排放总量只降不增。改造后烟气排放将全面优于地标和欧盟2010标准,NO_x浓度控制在80 mg/Nm^3以下,HCl排放低于10mg/Nm^3,SO_2排放低于50mg/Nm^3,烟尘排放低于10mg/Nm^3(国内设计值最低)。

(4)垃圾贴费不变,在不增加财政负担的基础上,经改造全面提升全厂处置效率并实现降本增效目标。

(5)优化能源输入模式,产城融合,提高能源转换效率。经工艺升级后,整体效能提升,热效率由改造前的22%提升至27%以上,同时,形成区域协同效应,充分利用焚烧厂绿色清洁能源,为周边企事业单位持续供能,惠及桃浦智创城,成为稳定、低碳、高效、经济、弹性的综合智慧能源示范中心。

(6)建设环卫大数据指挥中心,收集、分析和展示全市生活垃圾的产生、收集、运输、处理等数据,实现数据集中与可视化,详细分析、科学高效管理,为城市管理和决策提供支持。

(7)建设邻利设施,拓展厂区服务范围、提升厂区社会价值、增加厂区公众参与度。增设如废旧物品再利用中心、社区活动中心、环卫科普博物馆等公共设施,服务周边居民,促进社区和谐,同时宣传环保理念和知识,提高公众环保意识和参与度。

通过上述一系列的举措,以期将新一代的江桥生活垃圾焚烧厂打造成集清洁无废、智慧低碳、共生共享、能源协同、开放互融的综合性项目,为国内同类设施的更新升级起到示范引领作用。

三、基于绿色低碳驱动的江桥改造预期与优势

江桥生活垃圾焚烧厂改造以绿色低碳为驱动,效能提升、共融共生为目标而开展,本章将从改造后的厂区内效益升级、桃浦能源中心的建立以及邻利效应的蜕变三个角度详细介绍江桥厂改造后的预期效果及优势(如图1、图2所示)。

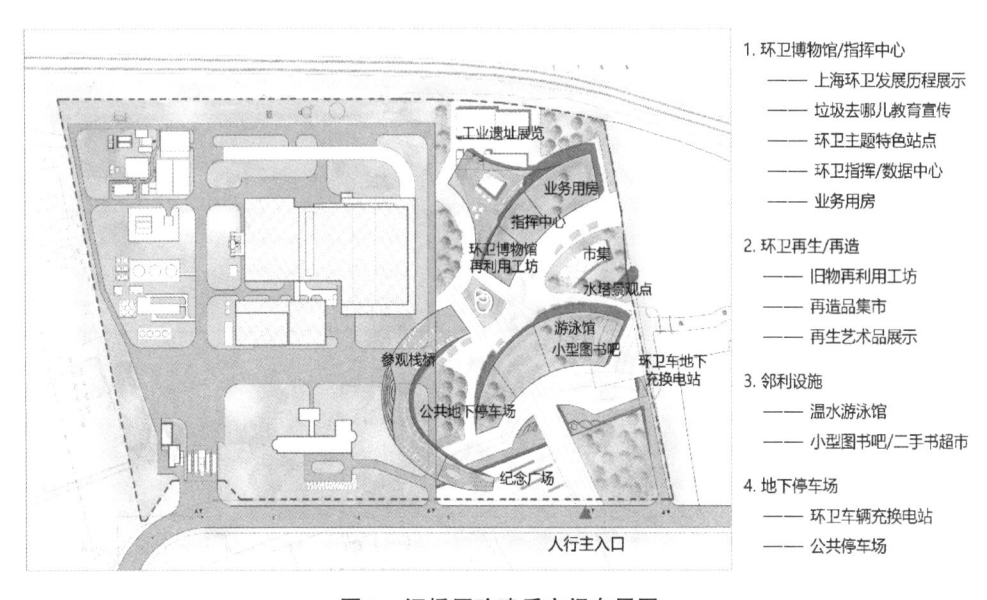

图1　江桥厂改建后空间布局图

图2　江桥厂改建后预期效果图

(一) 厂区效益升级

厂区内效益升级是江桥生活垃圾焚烧厂升级改造的直接目标和结果,是衡量生活垃圾焚烧厂升级改造效果和影响的重要指标。厂区内效益升级主要包括经济效益、环境效益、技术效益、社会效益等多个方面(如表1所示)。

表1　　　　　　　　　　　江桥焚烧厂改造前后参数变动

类目	改造前	改造后
处理规模	1500t/d	1500t/d
设计热值	1600 kcal/kg	2000 kcal/kg
蒸汽参数	4.0Mpa/400℃	13Mpa/485℃
汽轮发电机组	2×12MW(纯凝)	2×18MW(抽凝)
烟气净化系统	烟气再循环+SNCR+ICR+半干法脱酸+干法+活性炭喷射+袋式除尘器+湿法脱酸+SCR	

1. 经济效益

本次技术升级改造选择配置2条750t/d的炉排炉焚烧线,低位热值设计值为8 374kJ/kg(2 000kcal/kg),采用2台超高压(13MPa、485℃)余热锅炉,1套40MW的汽轮发电机组。改造后江桥厂蒸汽参数,由原来的4.0Mpa/400℃提升至13Mpa/485℃,预期发电效率提升20%~25%,年发电总量达到2.18×10^8kWh。按照1kWh=0.404kg标准煤折算,平均每年可节约标准煤量为8.8万吨。扣除焚烧工程所需的厂用电量后,运营期内年平均上网电量达1.86×10^8kWh,可满足约16万家庭用户一年用电量。

2. 环境效益

焚烧烟气处理方面,本次技术升级改造采用业内先进的"烟气再循环+SNCR+ICR+半干法脱酸+干法+活性炭喷射+袋式除尘器+湿法脱酸+SCR"的组合工艺,烟气排放全面优于《生活垃圾焚烧污染控制标准》GB18485-2014、上海市生活垃圾焚烧大气污染物排放标准(DB31786-2013)以及欧盟2010标准,NO_x浓度控制在80 mg/Nm^3以下,HCl排放低于10mg/Nm^3,SO_2排放低于50mg/Nm^3,烟尘排放低于10mg/Nm^3。同时该套工艺保留了酸性气体及NO_x环保提标升级的能力。渗滤液处理方面,采用"调节池+厌氧+二级A/O+外置式超滤膜+纳滤"组合工艺,同时在此基础上保留提标空间,以满足后续厂区废水"零排"要求。碳减排方面,改造后江桥焚烧厂年处理生活垃圾约50万吨,通过垃圾焚烧相关碳减排方法学计算,江桥厂每年碳减排量约15万吨。

3.技术效益

上海在垃圾焚烧领域储备多年的前沿技术将同步应用到此次江桥生活垃圾焚烧厂升级改造中。在烟气指标控制方面,首先,通过炉膛流场模拟以及实际改造,加强现有炉膛空间烟气扰流强度,进而从源头削减 NO_x、SO_x、二噁英等典型污染物的形成;其次,研发"烟气再循环＋PNCR"组合工艺用以实现烟气高效脱销,以及"烟气高效干法"工艺用于实现烟气脱酸的降本增效目标。在渗滤液处理方面,突破传统生化工艺,研发"汽提脱氨＋模组"全物化工艺,实现渗滤液高效脱氨目标。在多元固废协同处置方面,形成"污泥高效干化＋大比例污泥掺烧结焦控制技术＋低污染排放控制"工艺包,可在保持高掺烧比(40％＋)的同时确保焚烧炉每年8 000小时以上的稳定运行以及烟气的稳定达标排放。依托这些技术,上海环境取得了多项奖项与专利,较具代表性的有上海市技术发明一等奖,上海市优秀发明银奖以及中国城市环境卫生协会科技进步三等奖等。

4.社会效益

江桥生活垃圾焚烧厂将在原厂址完成升级改造,充分利用原有建筑结构,为社会节省大量的土地资源和基础设施投入;通过高效地能源回收,为周边提供大量的清洁能源供给和综合能源服务;通过高效地控制污染,为上海市减少大量的环境治理费用和健康保障费用;通过高效地开展公众参与、社会宣传、社会服务、社会合作等活动,为社会增加大量的公众认知、信任、参与、责任等方面的价值。

(二)桃浦智创城清洁能源供给中心

江桥生活垃圾焚烧厂坐落于普陀区,毗邻桃浦智创城,对其重建除完成自身厂区内的效益升级外,同时希望将其打造成桃浦智创城清洁能源供给中心,为桃浦智创城提供高效、安全、环保的能源服务,实现垃圾焚烧余热的综合利用,促进普陀区碳达峰、碳中和的目标。

桃浦智创城是普陀区西北部的一个重点发展区域,总面积7.9平方公里,规划建设为集科技创新、文化创意、商务服务等功能于一体的现代化城市综合体。桃浦智创城分为A区、B区和C区三个子区域,其中A区和C区位于南何支线以东,为拓展区,B区位于南何支线以西,为核心区(如图3所示)。桃浦智创城的能源需求主要包括空调制冷制热、生活热水、电力等。

图 3 桃浦智创城与江桥生活垃圾焚烧厂位置图

江桥生活垃圾焚烧厂位于桃浦智创城核心区的西北角,距离南何支线约 1.5 公里,距离桃浦智创城服务范围的负荷中心约 2.5 公里。江桥生活垃圾焚烧厂目前每天处理约 1500 t 生活垃圾,产生约 120 t/h 的蒸汽可用于供热或制冷。

江桥生活垃圾焚烧厂作为可再生能源取用地,具有以下选址规划优势。

(1)靠近桃浦智创城服务范围的负荷中心。不仅能够保证生产上的要求,而且可以缩短管网节约投资,并有利于投产后的运行、维护和管理。

(2)增加可再生能源使用利用效率,减少能源输送成本。利用垃圾焚烧余热作为主要能源来源,可以有效降低对传统能源的依赖和消耗,节约能源资源,同时实现绿色低碳目标。

(3)远离对噪声敏感的建筑,住宅小区、学校、医院等。江桥厂在防护绿地等远离城市繁华社区的地带,对周边环境影响较小。

江桥生活垃圾焚烧厂作为清洁能源中心,将根据桃浦智创城的发展规划和能源需求变化,分为近期、中期和远期三个阶段进行供能计划:

近期(2024年12月—2025年12月):服务范围为图3中A区和C区部分区域,总建筑面积约20万 m^2。主要供能形式为蒸汽综合利用系统,包括蒸汽双效溴化锂制冷系统、蒸汽-水换热系统等。蒸汽双效溴化锂制冷系统可利用低压蒸汽为桃浦智创城提供夏季制冷和冬季制热,蒸汽-水换热系统可利用低压蒸汽为桃浦智创城提供生活热水。此外,还需配备离心热泵制冷制热系统、水蓄能系统、天然气调峰锅炉系统等辅助设备,以保证能源供应的稳定性和灵活性。

中期(2026年1月—2030年12月):服务范围为图3中A区和C区全部区域,总建筑面积约103.34万 m^2。在近期的基础上,扩大供能范围,增加供能设备的容量和数量,优化供能系统的结构和参数,提高供能效率和质量。

远期(2031年1月—2035年12月):服务范围为图2中A区、B区和C区全部区域,总建筑面积约167.2万 m^2。在中期的基础上,进一步扩大供能范围,完善供能网络的布局和连接,实现桃浦智创城的全覆盖供能。

江桥生活垃圾焚烧厂作为清洁能源中心具有以下优势。

(1)能源系统形式多样,多能互补。改在后江桥生活垃圾焚烧厂将采用蒸汽综合利用系统(蒸汽双效溴化锂制冷系统、蒸汽-水换热系统)、离心热泵制冷制热系统、水蓄能系统、天然气调峰锅炉系统等复合型能源利用形式,多能互补,提高区域能源供能的安全性。

(2)采用大温差系统,夏季按照5.5℃/12.5℃设计,冬季设计温差按照20℃设计。采用大温差系统,节省运行费用,降低室外管网管径,降低系统总投资额;且多源支状和单源支状多级泵形式的能源总线系统,确保项目运行的安全可靠。

(3)区域能源是实现建筑运维领域双碳目标行之有效的手段。本项目利用垃圾焚烧厂蒸汽的二次利用,节能减碳效果明显,有利于普陀区早日实现"碳达峰"的目标。可有效降低普陀区"单位GDP碳排放量"。年减少二氧化碳排放量31 195.9t,相当于少用标准煤11 906.8t。

(4)本项目是垃圾焚烧电厂余热利用的典范项目,主要是因为桃浦智创城一公里范围存在江桥生活垃圾焚烧厂,据初步了解,在特大型型城市的外环以内地区,此项目得天独厚的条件可以称得上是绝无仅有的,在国家贯彻执行双碳目标的背景下,本项目环境效益十分显著,项目优势明显。

综上所述,江桥生活垃圾焚烧厂重建升级方案是一个符合普陀区发展战略和桃浦智创城能源需求的优质项目,具有较高的技术水平、经济效益和环境效益。江桥生活垃圾焚烧厂清洁能源中心将为桃浦智创城提供可靠、清洁、高效的能源服务,为普陀区建设美丽、宜居、创新的现代化城区做出贡献。

(三)"邻避"到"邻利"的蜕变

"邻避"是生活垃圾焚烧厂无法回避的话题。江桥焚烧厂同样面临过邻避效应的影响,其一期工程于1999年开工,二期于2004年开工,2006年全厂两期进入商业运行,日处理生活垃圾1 500吨,主要处理普陀区、嘉定区的生活垃圾,是上海市区唯一的垃圾焚烧厂。而在2007年,上海环境集团计划在原址增加2 000吨处理设施,遭周边居民强烈反对,引发"邻避"事件,最终导致扩建项目流产。

而对于本次全厂的原址改建,在设计规划初期我们就"邻避"效应做了针对性的系统工作,前后调研整理了国内外12家典型焚烧厂"邻利"案例(如表2所示),总结归纳了形成"邻利"效应的要点,以期能够应用到本次改建工程中,进而实现江桥焚烧厂由"邻避"到"邻利"的蜕变。

表2 典型焚烧厂"邻利"案例汇总表

序号	项目名称	"邻利"亮点
1	丹麦能源之塔焚烧厂	棕土铝板遮厂房、激光圆洞化地标
2	丹麦AMF垃圾焚烧厂	绿色植物做外衣、净化空气助科研
3	丹麦ARC垃圾焚烧厂	户外游乐综合体,零碳排放的丹麦童话
4	新加坡超级树焚烧厂	焚烧设施置地下、地面空间造公园
5	中国台南垃圾焚烧厂	经营收益馈百姓、企民共享水乐园
6	中国台湾八里垃圾焚烧厂	免费大厅办婚宴、温水泳池随意玩
7	中国台湾北投焚烧厂	烟囱高达120、旋转餐厅观美景
8	中国深圳盐田垃圾焚烧厂	白色大鹅落翠山、热情开放生态园
9	中国深圳东部环保发电厂	圆顶双塔向苍穹、景观公园迎百姓
10	中国光大常州焚烧厂	拆去围墙近人心、图书咖啡欢迎您

续表

序号	项目名称	"邻利"亮点
11	中国佛山市南海固废处理环保产业园	城市好管家、行业好典范、社区好邻居
12	英国罕布什尔郡马奇伍德垃圾焚烧厂	球形屋顶巧设计,工业建筑融社区

通过对多个"邻避"项目和多个"邻利"项目的分析总结,我们得到以下结论并发现各结论之间,其实存在着一定的关系。由表3可以看出,"邻避"的解决办法和"邻利"亮点是对应的,由此我们在分析总计的基础上,为江桥生活垃圾焚烧厂的改建升级提出了"邻利"效益措施清单(如表4所示),同时也为国内其他焚烧项目的"邻利"改造提供了普适性范本。

表3　　　　　　　　"邻避"原因和"邻利"亮点的对应关系

"邻避"原因	⟷	"邻利"亮点
生态环境,身心健康	⟷	技术领先、环保达标
主观抵触心理	⟷	去工业化特色建筑
资产贬值	⟷	打造多种公众设施
政府宣传力度不够	⟷	加大公众开放力度

表4　　　　　　　　江桥生活垃圾焚烧厂"邻利"效益措施清单

序号	分类	措施	目标
1	工艺技术类	先进的焚烧线配置 高标准的烟气净化工艺 高标准的污水处理工艺 高标准的飞灰处理工艺	避免生态环境破坏、消除对民众健康影响
2	工艺技术类	严格控制臭气 垃圾坑防腐密封 活性炭除臭 化学除臭	改善焚烧厂周边环境,避免民众的反感
3	特色建筑类	去工业化设计的特色造型	从主观感受上消除民众的反感心理
4	特色建筑类	厂界无围墙	从主观感受上拉近与民众的心理距离
5	公共服务类	烟气指标显示屏	污染物指标实施显示,让民众放心安心
6	公共服务类	图书馆、公园、游泳池等	公共设施回馈民众,提升周边不动产附加值
7	公共服务类	定期环保教育宣传	从科学和理念上取得民众的认同

续表

序号	分类	措施	目标
8	共享措施类	能源(热水、蒸汽、电等)供应服务	对商业产业及民众提供生产及生活便利
9		提供就业机会	民众加入焚烧厂,成为企业的一分子,共同决策

根据表4的"江桥生活垃圾焚烧厂'邻利'效益措施清单",未来消除"邻避"因素,实现"邻利"效益,需要在硬件方面进行"邻利"打造。

硬件打造的原则是基于民意调研,满足周边民众需求,减轻或者消除民众"邻避"心理。具体来说主要分为两类,一类是专注于"建筑去工业化",利用特色的建筑风格,消除民众"反感"心理,拉进与民众的心理距离;另一类是打造公共服务类"邻利"设施,用于回馈民众,同时为政府提供便利。

基于两类硬件设施,结合江桥生活垃圾焚烧厂地块特点,将在预留地块整体进行如下设置(如图4所示):原主厂房和办公楼将被重新进行"去工业化"设计;地块东南侧利用原有公共空间打造"邻利"设施,根据民意调研结果,将会重点打造综合体育馆、温水游泳池、露天足球场、多媒体文化中心(环保展览馆)及图书馆,同时还会打造民众及环卫地下停车场,为各方提供便利。邻利设施空间打造面向公众开放的健身、休闲和自然生态的主题公园,向公众展示变废为宝、转废为能的能源利用特点,携手共建更环保/更安全/更低碳/更健康的生活场景。

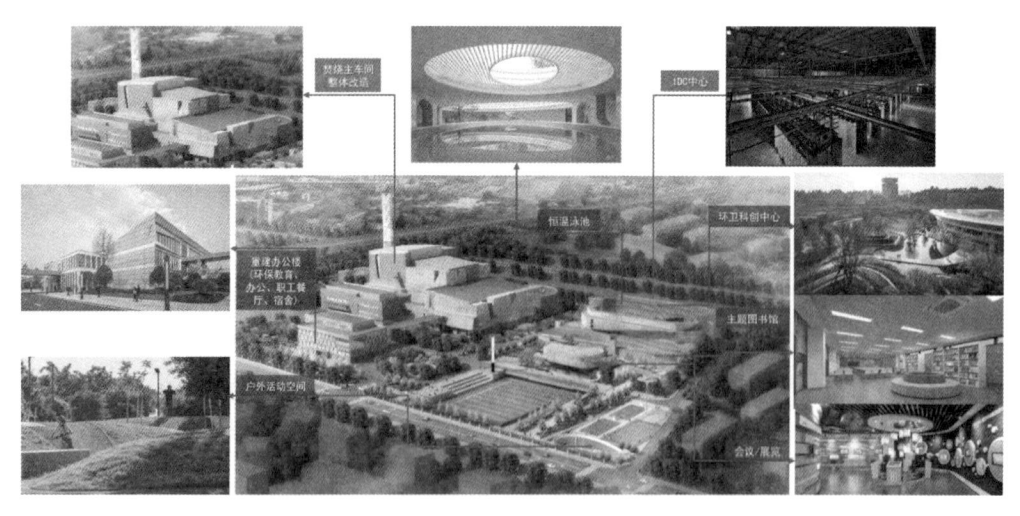

图4 江桥生活垃圾焚烧厂改造后预期效果图

结论

城市生活垃圾处置是影响城市环境和资源、人民生活质量和幸福感的重要因素。随着城市化进程的加快,生活垃圾的产生量和处理难度不断增加,给城市发展带来了巨大的挑战。而早期建立的生活垃圾焚烧处置设施,已逐渐无法适应当前社会在处置效能、环保提标、开放共融等方面的发展需求,如何合理且高效地升级改造该类陈旧设施,是我国城市更新面临的一项重大课题。

本文以上海市江桥生活垃圾焚烧厂为例,探讨了基于绿色低碳循环发展理念的垃圾处置设施升级改造方案,旨在打造一个集规划优化、设计美化、技术提升、环保提标、开放共融于一体的先进、科学、绿色、低碳的示范项目。首先分析了城市生活垃圾处置的现状和问题,指出了江桥生活垃圾焚烧厂作为国内最早一批垃圾焚烧设施之一,已经不能满足当前城市发展和环保要求的需要,亟需进行全面的升级改造。其次,详细介绍了江桥生活垃圾焚烧厂的升级改造方案,包括总体思路与目标、具体措施与成果等内容,展现了改造后的厂区内效益升级、桃浦智创城清洁能源供给中心的建立等方面。最后,分享了基于绿色低碳驱动的江桥改造预期与优势,包括厂区效益升级、桃浦智创城清洁能源供给中心的建立以及"邻避"到"邻利"的蜕变等方面,分析了改造后的经济效益、环境效益、社会效益等方面。

本文从理论和实践两个层面,深入探讨了城市垃圾处置设施更新发展之路,体现了"人民城市人民建,人民城市为人民"的中心思想,展示了由传统印象中脏乱差的垃圾处置站"蝶变"为与产城融合的环保园区,实现绿色、低碳、开放、共融的发展目标的过程和成果。以上海江桥厂为模板,以期为全国起到示范带头作用,同时为推动我国城市生活垃圾处置工作向更高水平迈进提供有力支撑。

环境、社会和治理(ESG)管理实践与发展趋势

刘 坤

摘 要:随着生态文明建设和新发展理念的贯彻落实,环境、社会和治理(ESG)理念对金融市场、企业和城市的可持续发展的影响力与日俱增,已成为当今国际社会共识,是近年来国际国内兴起的重要投资理念和企业行动指南。虽然国际社会尚未形成全球统一适用的 ESG 标准,但是国际权威标准或者框架制定者正在纷纷开展紧密合作,加强不同 ESG 标准的吸收兼容,以实现可持续发展信息披露重要议题的一致性。本文通过调查研究国内外 ESG 政策标准、管理实践和发展趋势,梳理了国内外 ESG 的发展现状和政策标准,分享了利用世界银行贷款支持的环保项目 ESG 管理实践、国内上市公司 ESG 治理相关情况以及开展城市 ESG 实践探索的案例,并结合 ESG 的发展趋势,对未来开展 ESG 评价与监管、助力可持续金融、赋能企业可持续发展、提升基础设施价值和促进城市高质量发展等方面,提出相关建议和意见。

一、ESG 理念与发展

(一)ESG 理念

ESG(环境、社会和公司治理,Environmental、Social and Governance)理念起源于

刘 坤,高级工程师,上海城投环保金融服务有限公司副总经理。

20世纪70年代。1971年,美国成立首只ESG基金。[①] 1990年,全球首个ESG指数——多米尼400社会指数发布。2004年,联合国全球契约组织(UN Global Compact)首次提出ESG概念。2006年,联合国成立责任投资原则组织(UN PRI)[②],正式将ESG纳入投资分析和决策过程等六大原则,将环境、社会和公司治理作为衡量可持续发展的重要指标,确立了社会责任投资原则。ESG理念自提出以来,便受到世界各国政府的高度重视,众多国家的企业机构纷纷加入联合国责任投资原则组织。根据万得(Wind)最新发布的信息,截至2023年6月30日,全球已有90多个国家超过5370家机构签署PRI,管理资产总规模超过121万亿美金,全市场ESG公募基金已达464只,加入UN PRI的中国机构已达140家[③],将ESG因素纳入投资和所有权决策,承诺系统地践行负责任投资和ESG管理。

ESG的核心理念是注重生态环境保护、履行社会责任、提高治理水平,是衡量企业可持续发展的关键因素。近年来,ESG成为国内外兴起的重要投资理念和企业行动指南,亦是可持续发展理念在金融市场和微观企业层面的具象投影。尽管市场及经济状况艰难,ESG在促进城市可持续发展、推动可持续投融资、提升企业管理绩效等方面的重要性仍在持续上升。ESG理念主要从"ESG投资"和"ESG实践"两个层面来加以解释。

"ESG投资"是一种关注企业环境、社会、治理绩效而非仅关注财务绩效的投资理念,倡导在投资研究、决策和投后管理的全流程中融入ESG理念和评价方法论,从环境、社会和公司治理三个维度来评估企业经营的可持续性与对社会价值观念的影响,关注企业的ESG绩效和中长期发展潜力,投资既能创造股东价值又能创造社会价值、具有可持续成长能力的投资标的。

"ESG实践"主要指建设项目层面和企业(尤其是上市公司)层面的ESG实践,甚至是促进城市可持续、高质量发展的城市ESG实践探索。建设项目层面的ESG实践,主要结合项目单位的实际需求、项目的行业特性以及资金方的投资管理要求来开展,例如利用世界银行等国际金融组织贷款支持的基础设施建设项目,需要遵循国际ESG管理要求去开展项目的识别筛选和评估、投后环境和社会监测以及项目后评价

---

① 李志青,符翀.ESG理论与实务[M].上海:复旦大学出版社,2021:1.
② 联合国责任投资原则组织(Principles for Responsible Investment,简称 UN PRI)成立于2006年,是由联合国前秘书长科菲·安南牵头发起,旨在帮助投资者理解环境、社会和公司治理等要素对投资价值的影响,并支持各签署机构将这些要素融入投资战略、决策及积极所有权中。
③ 超5370家加入,UN PRI到底有什么神秘力量?[EB].Wind,2023-7-6.

等工作,避免或尽可能减小/缓解项目环境和社会风险,进一步提高项目管理能级。企业层面的ESG实践,是企业社会责任(CRS)的升级,从以往追求利益的最大化,逐渐同步推进履行社会责任及绿色环保理念的实践,目前主要集中在上市公司的ESG信息披露和ESG治理体系建设,将环境、社会和治理等要素纳入企业经营管理的全流程,把ESG和可持续发展上升为核心发展战略,对促进企业的可持续发展、业务重构、提升融资能力和企业价值等方面具有重要意义。城市ESG的实践探索,是结合城市的特点和发展战略,以城市ESG理念,更加关注未来城市建设的绿色、环保、生态、民生、创新等软性要素,推动城市空间软性要素的价值重构,赋能城市的可持续发展,实现绿色共生的环境、幸福成长的社会、高效创新的治理三个层次的城市发展战略目标。

(二)ESG发展现状

近年来,欧盟、英国、美国等全球主要国家和地区,通过立法、政策制定等方式,促进可持续金融、应对气候变化融资和绿色发展。欧盟通过一系列法规推动ESG信息披露,要求金融市场参与者和金融顾问在过程、服务和产品中披露ESG因素,为实现《欧盟绿色协议》在制定、可靠和可比的可持续信息披露框架方面做出了领先努力。英国从修订《公司法》开始在绿色金融与可持续信息披露方面的法律法规改革,彰显了其对提升市场整体信息透明度的决心。美国积极建立用于美国本土的标准化可持续信息披露框架,对全球可持续信息披露的发展发挥关键的引导作用。中国香港特别行政区政府持续吸收国际经验,先后发布《绿色金融策略框架》《绿色及可持续银行业的共同评估框架》《ESG基金披露新规》等相关规定,促进香港的可持续金融和绿色发展。[1] 虽然不同国家和地区的ESG政策法规和监管环境有所不同,但总体上都在朝着更加透明、全面和具有可比性的方向发展。

从国家战略层面看,在"双碳"战略和可持续发展的背景下,ESG已成为当今国际社会共识。我国从全球生态文明建设的"重要参与者、贡献者"向"引领者"转变,国家经济社会发展已由高速增长阶段转向加快绿色化、低碳化的高质量发展阶段,党的二十大报告强调要推动绿色发展和"双碳"目标进程,促进人与自然和谐共生,加快构建新发展格局,着力推动高质量发展。"十四五"期间,我国经济和社会发展要大力加强生态文明建设,贯彻新发展理念,ESG涵盖的诸多议题和标准都与生态文明新发展理念高度契合,是我国实现碳达峰碳中和、推动城市绿色低碳转型和可持续发展的重要举措。

---

[1] 屠光绍,王德全,等.可持续信息披露标准及应用研究[M].北京:中国金融出版社,2023.

从系统治理角度看，ESG是衡量项目、企业甚至是一个城市、国家可持续发展的关键因素，越来越受到国内外金融机构、投资者、监管部门、企业和社会大众的广泛关注。无论是单一项目的ESG管理，还是针对ESG投资的尽调评价、企业ESG信息披露与尽责管理，甚至是一个城市、国家的ESG实践探索，ESG是实现环境保护、提升社会责任和高效治理的有机统一，对改善生态环境，促进社会公平，提高人民生活质量，推动城市的可持续、高质量发展起到重要的作用。近几年，全球关于ESG的投资规模和产品类别日益增长，大幅提升并逐步成为主流投资策略，中国ESG正在迎来迅速发展机遇。但是，由于我国ESG仍处于起步发展阶段，市场各方还没有充分认识到ESG的重要性，不同机构开展的ESG评价对环境保护、社会责任和公司治理的界定不尽相同，评价方法和指标设置也有所差异，如何立足我国经济社会发展大局，抓住ESG的时代机遇，与国际前沿标准接轨，体现双碳战略、乡村振兴、公益扶贫等国情特色议题，建立规范、权威、系统的ESG信息披露标准和评价体系，成为我国ESG领域关注的焦点。

二、ESG政策标准

2015年，联合国可持续发展目标（SDGs）正式通过后，全球主要国家和地区近年来都越来越重视可持续信息的披露和监管，纷纷出台或修订ESG相关政策法规，逐步规范促进可持续发展的信息披露、评价和管理。研究分析国内外主流ESG框架标准，环境（E）、社会（S）和治理（G）三个维度的重要议题主要包括：关注气候变化、污染物排放（包括温室气体排放）、固废管理、资源（特别是水资源）和能源利用、生物多样性、环境合格管理等方面的环境议题；关注利益相关方，社会贡献，社区关系，人权和团队建设，弱势群体、劳工职业健康与安全、供应链管理等方面的社会议题；关注企业战略、治理架构、投资者关系、内控合规、风险管理、商业道德、税务透明等方面的公司治理议题。

（一）国际ESG政策标准

1. 全球主流ESG框架标准

目前，全球主流的ESG可持续信息披露框架、标准和准则主要包括全球报告倡议组织（GRI）标准、国际可持续发展准则理事会（ISSB）可持续信息披露准则、可持续发展会计准则委员会（SASB）标准、气候相关财务信息披露工作组（TCFD）建议、欧盟《企业可持续发展报告指令（CSRD）》和《欧洲可持续发展报告准则（ESRS）》、气候披露准则委员会（CDSB）披露框架、国际金融公司（IFC）《可持续性框架》、国际综合报告

委员会(IIRC)《综合报告框架》等,对企业 ESG 信息披露及管理提出了具体要求,市场认可度较高。

不同国际组织和机构编制标准背后的价值观体系不同,面向的披露对象和披露重点也存在较大差异。近几年,国际权威标准或者框架制定者之间正开展紧密合作,加强不同 ESG 标准的吸收兼容,以实现全球重要标准或议题的一致性,减少 ESG 报告内容和评价的差异性。

GRI 在 2000 年发布的首份《可持续发展报告指南》,是全球首个可持续发展报告框架,经历了五代更新,2021 最新版《可持续报告标准》由适用于所有企业的通用标准、新的行业标准和可持续发展议题专项标准三部分组成,以提升使企业可持续发展报告的透明度和可信度。2020 年 7 月,GRI 与 SASB 开展合作,通过实例研究和经验分享,进一步提升两者标准的清晰度和兼容性,加强可持续发展信息的披露。国内外很多企业会同时使用 SASB 标准和 GRI 标准,更高效地开展 ESG 投资、信息披露和尽责管理,满足不同利益相关者的需求。

另外,值得一提的是,2023 年 6 月 26 日,国际可持续准则理事会(ISSB)[①]正式发布首套全球可持续发展披露准则,即 IFRS S1 和 IFRS S2,开启了全球资本市场可持续相关披露的新时代。[②] 该准则利用 SASB 的行业化方法论来制定标准,充分吸收了 TCFD 披露框架核心内容,从"治理、战略、风险管理、指标和目标"四个维度进行信息披露,在确保企业披露全球可比的可持续相关风险和机遇信息方面发挥作用,标志着可持续信息披露标准在统一性和规范性上迈出了重要一步。

2. 国际 ESG 评级标准或指南

除了上述 ESG 信息披露框架标准,一些国际评级机构也纷纷制定 ESG 评级标准或指南,例如明晟(MSCI)ESG 评级、富时罗素 ESG 评分、晨星(Sustainalytics)ESG 风险评级、标准普尔全球企业可持续发展评估(CSA)、惠誉长青 ESG 评级、全球环境信息研究中心(原"碳排放信息披露项目",CDP)气候变化问卷等等,开展 ESG 主体评级、ESG 框架评级、ESG 债务工具评级,为机构投资者提供更强大的 ESG 整合工具,旨在支持 ESG 风险缓解和长期价值创造。

---

① 2021 年 11 月 3 日,国际财务报告准则基金会(IFRS Foundation)官方宣布了国际可持续发展准则理事会(ISSB)的正式成立,旨在制定一个全面的可持续发展信息披露标准的全球基准,满足全球投资者关于气候和其他可持续发展事项的信息需求。

② "ISSB 发布了首批可持续披露准则"电子公告[EB](2023－6－26). https://cdn.ifrs.org/content/dam/ifrs/news/2023/issb-standards-launch-press-release-chinese.pdf.

3. 城市基础设施行业 ESG 议题

经过多年的研究和市场调查,可持续发展会计准则委员会(SASB)于 2018 年 11 月发布了一整套全球可适用的 77 个行业的特定标准,涵盖环境、社会资本、人力资本、商业模式与创新、领导与治理五个可持续性主题,并针对行业的特定环境量身定制一系列可持续发展议题,获得了市场的高度认可。

根据 SASB 实质性议题图[①],总结了城市基础设施行业 ESG 实质性议题,详见图 1。基础设施行业面临的最为实质性议题包括员工健康与安全、产品设计与生命周期管理以及商业模式的韧性。此外,环境议题如温室气体排放量、空气质量、能源管理、水资源管理;社会资本议题如产品质量与安全;人力资本如劳动实践;商业模式议题如材料采购与效率;以及领导力与治理议题的商业道德等都是基础设施企业需要关注的重要议题。

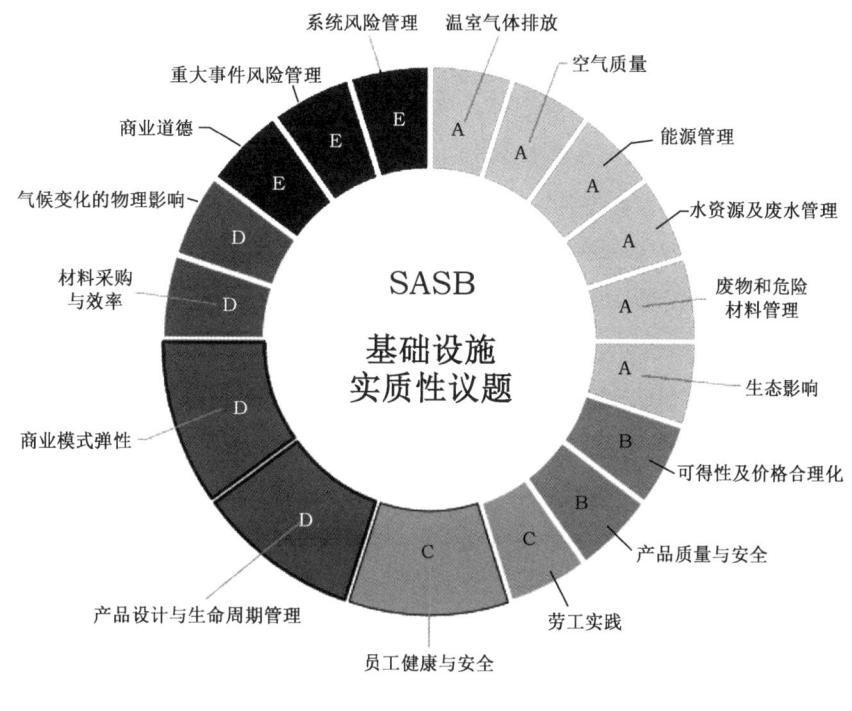

图 1 SASB 基础设施行业实质性议题图

---

① 可持续发展会计准则委员会实质性议题图(SASB Materiality Map—2021)[EB]. https://sasb.org/wp-content/uploads/2021/11/MMap-2021.png.

以固废管理和水务行业为例,简要说明可持续发展信息披露的相关议题和指标。

固废管理覆盖了收集、储存、处置、回收或处理来自家庭、商业和工业客户的各种固废,包括生活垃圾、危险废物、可回收材料、可堆肥或有机材料等。大多数企业通常提供固废收集、填埋或焚烧、资源化利用等一揽子解决方案,也有针对医疗废物和工业废物的特定服务提供商,其中将废物转化成能源(简称"WTE",Waste-To-Energy)是一个独立的细分行业。可持续发展信息披露的议题主要包括温室气体排放、运输工具燃料管理,通过一些定量指标来分析提升减排目标的绩效,制定短期活动计划和中长期战略规划,比如垃圾填埋场温室气体的排放量,自用的垃圾沼气产气量或者垃圾发电产生能源的销售量,垃圾收运车队车辆消耗的燃料总量以及天然气、可再生燃料的使用占比等。

水务设施和服务企业通常负责供水和污水处理系统的运营,在取水、输水、处理、配水和排水过程中,需要消耗大量能源。通常情况下,除了采购的水资源和化学药剂、劳动力和企业运营成本以外,能源使用是运营成本中占比最大的一部分。为此,水务行业可持续发展信息披露的主要议题包括能源管理、输水管网的效能、终端使用效率、供水复原力、污水管网复原力和气候变化的影响等,披露电网供电和可再生能源占能源消耗总量的比例、管网漏损率、配水管的更换率、无收益水量(简称"NRW",Non-revenue Water)、再生水利用量、污水溢流情况等信息,明确和管理与气候变化对配水、污水处理等基础设施影响的相关风险与机遇,通过改善水务基础设施的运营维护,节约水资源,提高水费收入并实现降本增效。

(二)我国ESG政策标准

中国对ESG信息披露标准与评价体系的建设,仍处于初步探索阶段,现有的标准和评价体系缺乏一定的权威性和统一性。近年来,中国人民银行、中国证监会、国资委、生态环境部等部委纷纷出台了一系列ESG相关政策指引文件,围绕绿色金融、气候投融资、双碳目标、上市公司ESG信息披露等方面,逐步规范ESG信息披露与监管,充分利用金融交易实现资源配置和激励约束,逐渐体现出ESG制度框架系统性、披露内容实质性、服务投资导向性以及兼顾披露成本效率性。我国ESG相关的主要政策指引文件,详见表1。

表1—1　　　　　　　　近年来我国ESG相关的主要政策指引文件

时间	政策指引文件	说明
2016年8月	中国人民银行等七部委发布《关于构建绿色金融体系的指导意见》	标志着中国成为全球首个建立比较完整的绿色金融政策体系的经济体,逐步建立完善上市公司和发债企业强制性环境信息披露制度,把它作为建立和完善国内绿色金融体系、推动证券市场支持绿色投资的重要内容。
2020年10月	生态环境部、国家发改委、中国人民银行、银保监会、证监会五部门联合发布《关于促进应对气候变化投融资的指导意见》	逐步完善气候投融资标准体系,营造有利于气候投融资发展的政策环境。
2021年	中国人民银行发布《金融机构环境信息披露指南》和《金融机构碳核算技术指南(试行)》	是中国披露制度框架系统的两个重要标准,为金融机构绿色低碳转型和更好支持实体经济高质量发展提供数据支持。
2021年12月	生态环境部发布《企业环境信息依法披露管理办法》	明确环境信息披露的八类信息,是深化环境信息依法披露制度改革的重要举措,是推进生态环境治理体系和治理能力现代化的具体行动。
2022年4月	中国证监会发布《上市公司投资者关系管理工作指引》	确立了上市公司投资者关系管理的合规性、平等性、主动性和诚实守信四条基本原则,明确要求增加ESG信息的沟通与披露。
2022年5月	国资委发布《提高央企控股上市公司质量工作方案》	贯彻落实新发展理念,统筹推动央企控股上市公司探索建立健全ESG体系,不断提升ESG专业治理能力和风险管理能力,力争到2023年ESG专项报告披露"全覆盖"。
2022年6月	银保监会发布《银行业保险业绿色金融指引》	要求银行和保险业关注自身ESG表现,并明确要求银行保险机构加强授信和投资尽职调查,全流程关注客户的ESG表现。
2023年3月	国家发改委印发《投资项目可行性研究报告编写大纲及说明》(发改投资规〔2023〕304号)	研究借鉴可持续发展目标(SDGs)相关要求,更加重视经济社会、环境影响和碳达峰碳中和分析、资源和能源利用效果等评估,建立适应高质量发展要求的政府和企业投资项目可行性研究报告框架。
2023年7月	国务院国资委办公厅发布《关于转发〈央企控股上市公司ESG专项报告编制研究〉的通知》	在推动央企控股上市公司发布高质量、全覆盖编制ESG专项报告的同时,利用市场定价功能引导资本服务实体经济,受到投资者的广泛关注。

国家金融监督管理总局组建后,通过强化监管引领,着力完善绿色金融政策体系,引导银行保险机构服务经济社会发展全面绿色转型,从健全规则标准、创新产品服务、强化风险管理、完善日常监管、推进国际合作等方面,为可持续发展不断注入"绿色能量"。

此外，国内ESG评级体系呈现多元发展的局面，主要的ESG评级标准包括商道融绿ESG评级、华证ESG评级、中证ESG评级、万得ESG评级、嘉实基金ESG评级、社会价值投资联盟ESG评级、润灵环球评级、中央财经大学绿色金融国际研究院ESG指标等。

（三）上海ESG相关政策和行动方案

上海虽然并未出台正式的ESG政策，但是已发布关于"双碳"目标的方案和技术要求，加强碳排放、碳交易管理，促进城市的高质量发展。

2022年7月，上海市人民政府发布《上海市碳达峰实施方案》（沪府发〔2022〕7号），明确至2030年本市碳达峰主要目标和重点任务，提出将碳达峰的战略导向和目标要求贯穿于经济社会发展的全过程和各方面，组织实施能源绿色低碳转型、节能降碳增效行动、绿色低碳科技创新行动等"碳达峰十大行动"。

2022年8月，上海市生态环境局发布《上海市建设项目环评和产业园区规划环评碳排放评价编制技术要求（试行）》，分别自2022年10月1日和2022年12月1日起，要求在各级生态环境部门受理建设项目环境影响评价和产业园区规划环境影响评价报告中应包含碳排放评价。

2023年8月，上海市国有资产监督管理委员会发布了《本市国资国企加快战略性产业发展行动方案（2023—2025年）》（沪国资委规划〔2023〕178号）。为深入贯彻党的二十大精神，全面落实"加快构建新发展格局，着力推动高质量发展"，提升本市国资战略性产业能级，全面加快建设世界一流企业，明确提出加快铸造绿色低碳产业新动能，包括持续构建清洁低碳的绿色能源供应体系，加快发展节能环保产业来抢占未来竞争制高点，践行ESG理念推进绿色建筑建设和打造新一代绿色科技园区，加强碳资产、碳交易、碳认证、ESG评价等双碳服务，支撑碳市场和ESG体系建设，培育碳市场和ESG生态圈，发展碳金融和绿色贸易供应链体系。[①]

三、ESG管理实践

结合近年来的管理实践和调查研究，本节重点介绍利用世界银行贷款支持开展的环保项目ESG管理，结合上市公司信息披露和治理绩效要求开展的上市公司ESG治

---

① 参见：《本市国资国企加快战略性产业发展行动方案（2023—2025年）》（沪国资委规划〔2023〕178号）[R]，上海市国有资产监督管理委员会，2023年8月。

理,以及国内外促进城市可持续、高质量发展的ESG实践探索。

(一)环保项目ESG管理

在开展上海利用世界银行和德国复兴信贷银行联合贷款支持的"新型城镇化融资创新示范项目"的过程中,上海城投环保金融服务有限公司(以下简称"环保金服")已为上海四个供水行业的新建和改扩建项目提供资金、技术和能力建设服务,积极践行ESG可持续发展理念。结合项目环境、社会及治理三个维度,引导项目在评估环境社会影响、设立监测管理计划及落实各项行动的过程中建立了一套全过程的ESG管理模式,做好投前ESG风险识别筛选与评估、投后ESG跟踪监测审查。此外,结合国内外ESG标准、国企特色、应对气候变化、碳排放管理、绿色金融等要素,正逐步构建ESG评价指标体系,从单一项目的ESG管理实践向多元化的ESG投资和企业ESG赋能方向发展,促进ESG生态圈的可持续发展。

1. 建立项目ESG管理框架

结合世界银行《环境和社会框架》(ESF)[①]和国内企业投资项目环评、稳评和能评等要求,关注双碳目标和应对气候变化等风险与机遇,制定了公司《环境和社会管理框架》(ESMF)[②],通过设立安全保障小组,负责转贷项目全生命周期的ESG管理。在ESMF中,涵盖了绿色筛选指标、环境和社会风险管理、劳工权益保护、资源效率与污染防治、社区健康与安全、土地使用与强制迁移、生物多样性保护与可持续管理、物质文化遗产保护、管理机构设置等诸多方面的内容,指导开展项目环境和社会影响评估、监测审查、能力建设和技术支持。

2. 供水项目ESG管理实践

利用世界银行贷款开展项目ESG管理实践,就是将ESG理念纳入项目设计、投资决策、绿色施工和可持续运营的全过程,其管理特色主要体现在:考量满足气候融资需求的绿色筛选标准,开展环境和社会综合影响评价;重视与水厂业主、施工单位及周边社区等各利益相关方的公共参与;同时开展转贷项目本身及其关联设施[③]的环境和社会安保管理;帮助项目单位建立环境和社会管理计划、劳工管理计划、申诉抱怨机制等特色制度和机制;切实开展加强机构发展与项目管理的培训等能力建设活动,不断

---

① 参见:《世界银行环境和社会框架》[R],世界银行集团,2018年版。
② 参见:《上海城投环保金融服务有限公司环境和社会管理框架(ESMF)》[R],2019版。
③ 世界银行贷款项目的"关联设施"是指不作为贷款项目一部分进行融资的设施或活动,但:(a)与贷款项目直接关联且显著相关;(b)与贷款项目同时开展或计划同时开展;以及(c)对贷款项目的可行性非常必要,若贷款项目不存在,则关联设施不会被建造、扩展或进行。

提升项目管理能级。

以上海杨树浦水厂深度改造处理工程为例,阐述改扩建项目 ESG 管理的重点内容。杨树浦水厂具有 140 年的悠久历史,属于全国重点文物保护单位,在严格执行国家文物保护要求的条件下边运营、边建设,实施"水质保证、环境保护、运营保障、文物保全"的"四保"原则。在项目识别筛选阶段,识别环境和社会影响的风险类别和潜在影响,将水厂深度处理改造后制水企业的平均单位产品电耗作为一项重要的绿色筛选指标,确保深度处理单元的能耗和碳排放强度满足绿色筛选要求。在项目尽调评估阶段,从商业、法律、经济、财务、环境、社会、采购、技术方案比选及机构设置管理等方面开展全方位评估,遵循"避免-最小化-恢复-补偿"的减缓金字塔原则,制定《环境和社会管理计划》,建立缓解影响和应急预案防范的内外部管理机制及职责分工,细化项目建设和运营的各项行动计划及必要的缓解/应对措施,重点关注国家文物保护建(构)筑物、多棵古树名木保护以及绿色施工管理等环境影响,加强劳工安全和职业健康管理以及周边社区、学校等利益相关方的公众参与。在项目投后管理阶段,定期开展环境和社会监测审查,持续加强项目环境社会风险管理;发挥利益相关方参与机制和抱怨申诉机制的作用,关注周边社区、项目内部员工及女性等弱势群体等诉求;加强项目管理的人员和资源配置、能力建设和绿色管理,最大程度节约水资源、能源及材料,减少环境负面影响,进行绿色施工。改造后的杨树浦水厂,将依旧保留历史文物特色,全面改善供水设施,提升供水水质,减少污染物排放并降低能耗,起到增进市民健康、改善水环境、推动城市高质量发展的示范效应。

(二)上市公司 ESG 治理

迈入高质量发展新阶段,国内上市公司践行 ESG 理念正日趋成为共识,ESG 信息披露意愿和水平也明显提升;国有企业作为国民经济的主导力量,企业 ESG 信息披露和绩效评价的需求也日益紧迫。ESG 不仅仅是可持续信息披露,更多是企业的经营发展战略及经营管理的工具,只有真正将 ESG 融入企业战略和日常管理,才能真正推动企业实现可持续发展。

上市公司开展 ESG 信息披露、评级和治理,可以给企业带来诸多方面的优势:构建企业 ESG 治理体系,在原有社会责任体系中升级增加"环境"这一核心要素,比以往更加重视企业的环境管理、绿色生产、污染物减排、碳排放管理、资源循环利用和生态环境保护等方面,推动企业绿色低碳转型和可持续发展。结合企业不同的发展需求,编制不同层面的ESG报告,例如:通过发布年度ESG信息披露报告,展现上市公司ESG尽责管理实践和绩效,不断提升企业品牌形象和市场竞争力,增强社会责任感和公信力;开展上市公司主体和债项ESG评级,吸引更多国内外投资者的参与,促进可持续金融的发展。具有良好ESG评级或可持续评级的企业,可以获得更为优惠的发债等多渠道资金,进一步降低企业的融资约束和融资成本;编制企业ESG深度分析报告,及时剖析、跟踪和解决企业发展过程中的痛点和难点问题,提出改进ESG绩效的咨询建议,提升企业整体的经营管理水平,减少未来可能面临的经营风险,助力企业实现自身发展与社会进步、环境改善的有机统一。

在"双碳"目标以及高质量发展愿景之下,ESG成为上市公司践行可持续发展理念的助推器,国内ESG主流化趋势凸显。国内上市公司在逐步贯彻落实新发展理念,统筹推动探索建立健全ESG体系,不断提升ESG专业治理能力和风险管理能力。随着监管体系对上市公司ESG信息披露逐渐从倡导升级为强制性要求,龙头企业意识集体提升,2023年A股上市公司披露2022年度ESG相关报告约占全部A股公司的34%,呈现国企引领、民企紧跟的发展局面;上交所科创板公司要求全面披露ESG年度报告;银行业上市公司2022年度ESG报告高达100%;央企控股上市公司力争到2023年ESG专项报告披露"全覆盖"。

(三)国内外城市ESG实践探索

每个城市的可持续发展愿景都不一样,在环境、社会、治理三个维度各有侧重,因此需要针对每个城市的特点,确定城市ESG战略规划的顶层目标、核心价值和关键议题。在环境方面,注重城市双碳目标综合效益和全要素自然资源管理,改善绿色共生的环境;在社会层面,围绕美好生活公共服务支撑、公民社群共建共享,营造幸福成长的社会;在治理层面,提升全周期城市运营和系统化城市创新,实现高效创新的治理。

近几年,加拿大多伦多在开展城市ESG实践方面积累了一定的经验,研究多伦多城市ESG绩效报告[1]可以了解到多伦多在ESG政策、金融和城市建设方面的良好做法。多伦多是加拿大第一个披露城市ESG绩效报告的城市,遵循行业最佳实践,通过强有力的治理、承诺、创新和透明度,在关键ESG优先事项上产生了积极影响。其城市ESG绩效报告是城市可持续和韧性发展建设的重要组成部分,对众多利益相关方

---

① 参见:City of Toronto Environmental, Social & Governance (ESG) Performance Report[R]. 2023. https://www.toronto.ca/wp-content/uploads/2023/02/8e33-2023ESGReportFINALAODA.pdf.

(包括居民、投资者、员工、供应商、其他各级政府、同级市政当局、监管部门和社会组织)开展透明和问责制的承诺,展现城市的领导作用,提供保护环境的服务,并优先考虑社会责任。该报告的编制基于 SASB 标准、MSCI ESG 评级方法论、穆迪 ESG 评分框架、GRI 标准、IIRC 整合报告框架以及联合国可持续发展目标,结合城市各利益相关方的预期与国际 ESG 绩效标准,进行持续的监测评价。

在清华大学全球可持续发展研究院的《中国地方政府 ESG 评级指标体系研究报告(2021)》中,得出中国现阶段 ESG 发展水平的区域差异明显,各省份发展阶段不平衡,各省份存在不同程度的发展短板,ESG 发展整体水平和综合协调程度领先的省份集中于长三角地区(上海、浙江、江苏)、珠三角地区(广东)、环渤海地区(北京、天津、山东)等东部沿海地区。在环境维度,整体发展水平较高且逐年提升,东西地区差异不明显,个别西部省份的发展短板明显;在社会维度,整体发展水平适中且稳步提升,东西地区差异明显;在治理维度,整体发展水平相对落后,东西地区差异明显,第一梯队的东部领先省份与第二梯队的其他省份发展水平呈现出一定断层,中西部地区整体发展水平较低。[1]

四、ESG 未来展望

(一)ESG 尽责管理的发展趋势

重视环境有利于推动生态文明建设,关注社会和公司治理对于企业社会责任的建设和企业长期价值的提升大有裨益。

ESG 尽责管理是指投资者利用其所有权赋予的权利和影响力,将 ESG 因素纳入与当前或潜在被投资公司双循环沟通的重要议题,通过影响被投公司参与或改进 ESG 实践,从而减少风险、提升收益并促进被投公司价值得以持续性提升的一种负责任投资策略。广义上,ESG 尽责管理也适用于包括股权和债券持有人在内的多类资本市场主体、社会公众及价值链上的各方,这些市场参与者都可以发挥对公司长期可持续发展能力的监督促进作用。[2]

随着全球应对气候变化的新征程和主要国家碳中和目标的陆续提出,以及相关配套产业政策相继推出,政府、企业和金融机构等更加重视气候风险与机遇。与应对气

---

[1] 参见:《中国地方政府 ESG 评级指标体系研究报告(2021)》[R],清华大学全球可持续发展研究院,2021 年。
[2] 参见:《中国 ESG 投资尽责管理之探索 理念、框架与展望》[R],北京绿色金融与可持续发展研究院,2021 年 12 月简版。

候议题高度契合的可持续投融资发展将迎来快速发展的上升期,全球ESG产品规模显著增速的同时,也会对ESG投资提出更高的价值要求,激励企业进一步加强对社会和环境效益的重视,长期价值导向的ESG尽责管理将成为行业新趋势。

(二)ESG评价体系的规范建设

ESG评价体系已成为推动可持续发展的重要手段。对企业(包括上市公司和非上市公司)和项目开展ESG评价和管理,既是机遇也是挑战。建立ESG评价体系,开展企业ESG评价和管理,不仅可以帮助企业更全面地加强ESG风险和机遇管理,提升企业内部管理质量,加强企业的社会责任、融资能力和综合竞争力,实现引领企业高质量发展;还可以帮助投资者、监管部门等利益相关方获得一致、全面的ESG信息,了解企业中长期估值,为投资决策和监督管理提供依据。

在全球ESG标准趋于统一化的进程中,我们要顺应全球趋势,让中国ESG标准接轨国际前沿,促进中国ESG评级与国外ESG评级互认。在建设ESG评价体系的过程中,应考虑分步制定、逐步完善的方式,优先制定适应本土的普适性ESG指标框架,再结合实际需求逐步制定针对不同发展阶段、不同行业、不同地域的特定评价标准和指标。此外,应加强数字化建设来完善ESG绩效评价,实现投前调查、投中审查、投后监测的动态管理。

五、结论与建议

(一)重视国内ESG评价与监管

我国ESG信息披露标准与评价体系的建设,仍处于初步探索阶段,现有的标准和评价体系缺乏一定的权威性,缺乏不同行业和地域的适应性。尽管国际ESG相关框架和标准在中国市场逐渐得到认可,但是仍需遵循分层次、分步骤推进的思路,将国际标准本土化,形成规范统一的ESG信息披露标准以及适用于不同主体、行业、地域、城市规模的ESG评价体系,以便得到市场主体的广泛认可和应用。

目前,国内ESG相关的政策制定部门和监管部门,按照各自监管要求分别开展ESG监管工作,并没有明确一个牵头部门统一协调整合ESG生态圈的相关工作。建议可以通过设立地方ESG联盟,出台地方特定行业(如城市基础设施行业)ESG评价团体标准,加强政府、企业、投资者和社会公众之间的联动合作,共同推进ESG的规范披露、评价、监督和管理。

（二）ESG投资助力可持续金融

当前，越来越多的金融机构和投资者关注企业的ESG表现，将其作为投资决策的重要依据之一，大力支持传统行业的降耗减碳和节能改造，支持新能源、新材料、节能装备、节能技术等绿色产业发展。推动中国ESG投资和尽责管理，是加快发展可持续金融的一种重要工具，处理好发展与减排、整体与局部、当前与长远的关系，为推动产业绿色低碳转型提供优质金融服务。学习借鉴国内外可持续金融的发展经验，需要搭建科学合理的政策框架和培育行之有效的市场机制，提倡资产管理机构、资产所有者及行业服务提供商等第三方机构的协同发展、相互配合，在政策框架、能力建设、沟通渠道和实践案例等多方面鼓励推动并促动其快速发展。例如，在全国开展基于生态环境导向（EOD）开发模式的实践，通过国家开发银行等政策性银行为环保和产业项目提供长期限低成本融资，也是推动城市高质量建设投融资机制改革的一项重要举措。

此外，在《联合国气候变化框架公约》及《巴黎协定》框架下，建议加强双向绿色发展和可持续金融国际交流合作，学习借鉴国际社会成功的经验做法，积极探索金融支持碳达峰碳中和的新模式、新路径、新机制，同时在国际规则制定中发挥积极作用，提高中国的话语权，讲好中国故事。

（三）ESG赋能企业可持续发展

企业作为城市的经济主体，在企业经营和投资决策过程中考虑ESG因素，通过ESG治理可以赋能企业的可持续发展。比如采取节能降耗、减少碳排放、推动可再生能源利用等环境友好措施，有助于减少和预防环境污染，加强环境风险的管理；重视员工福利、创造良好的工作环境、考虑员工培训发展机会，关注社区发展和公益慈善事业，有助于提高员工满意度、促进社区发展、增强企业品牌价值，提升企业声誉和吸引力；完善企业董事会和组织架构设置，加强公司治理透明度和合规管理，围绕双碳目标和气候变化等风险和机遇调整企业经营战略、制定ESG风险管理策略，通过推进供应链上下游企业降污减碳，做到ESG全维度整合，共同提升企业环境和社会责任，彰显新时代企业担当。

（四）ESG提升基础设施的价值

城市基础设施包括城市生存和发展所必须具备的工程性基础设施和社会性基础设施。建议将全生命周期的ESG管理理念贯穿于城市基础设施项目规划、投资、建设、运营的全过程，不断提升城市基础设施和公共服务的价值创造。在编写投资项目可行性研究报告时,更加注重经济、社会、环境评价、资源和能源利用效果评价、碳达峰碳中和分析等新理念新方法的应用,将绿色发展、自主创新、共同富裕、国家安全、风险管理等理念以及投资建设数字化等要求融入可行性研究,推动建立适应高质量发展的投资项目可行性研究制度规范。在开展项目环境影响评价时,将碳排放评价作为重要的参考评价指标,加强全生命周期的风险预判与应对。在项目建设和运营过程中,因地制宜地采取绿色施工和绿色化管理的计划和措施,加强精细化管理和突发事故应急预案管理,构建城市水务、环境、路桥等基础设施数字化、智慧化管家平台,实现城市基础设施的功能升级、复合和延伸,不断提升基础设施和公共服务的高质量管理。

(五)ESG 促进城市高质量发展

从项目和企业 ESG 实践的基础上,走向多元化的城市 ESG 实践探索之路,需要加大 ESG 发展理念的推广与宣传,塑造良好的发展文化与社会风气,吸引企业、社会团体、投资者、社会团体和个人参与到城市 ESG 发展提升的过程中,形成良性循环,统筹空间、规模、产业三大结构,强调资源的全面节约、集约和循环利用,共同推进上海现代化国际大都市的建设,打造一个"无废"、韧性和智慧城市,进一步吸引投资和人才,增强城市的远期竞争力。

对政府而言,以实现"30－60 双碳目标"为抓手,完善 ESG 配套政策和制度保障,加强城市的系统规划、治理能力和透明度,鼓励多元主体参与到城市可持续发展中来,提升城市系统化、精细化、数字化的管理水平;对企业而言,ESG 理念既是对原有传统发展模式制衡与约束,也是实现技术和管理模式弯道超车的有效激励,应依托人才创新、技术创新和管理创新,成为推动 ESG 发展的重要主体,在市场环境与监管政策的双重引导下,以经济效益为驱动力,积极承担企业环境和社会责任。对投资者而言,应把握时代发展趋势,通过对投资标的开展 ESG 评价,合理考察其 ESG 发展情况及其可持续发展前景来实现资金有效投入,推动可持续金融的发展。对其他社会团体和个人而言,充分认识到 ESG 理念与可持续发展理念的重要性,鼓励公众参与城市发展的决策过程,满足市民的需求和期望,更好地发挥社会监督作用,这对提升整个城市的 ESG 发展水平,促进高质量发展同样具有重要意义。

上海建筑领域碳排放测定及实现碳中和的路径研究

沈立东　瞿　燕

建筑领域是实现碳达峰与碳中和目标的关键环节。根据《中国建筑能耗研究报告（2021）》，我国建筑全过程碳排放总量为49.97亿吨，占全国碳排放总量的50.6%，其中建筑施工阶段和运行阶段的碳排放占全国碳排放的比重分别为1.0%和21.6%。为助力双碳国家战略的实现，建筑行业积极开展建筑领域实现碳达峰与碳中和的技术路径研究。中国建筑节能协会能耗统计专业委员会构建了我国建筑能耗与碳排放测算与分析方法体系，提出建筑领域实现碳中和的技术路径主要包括四类，即建筑能效提升、建筑产能、能源系统脱碳和碳汇。[1]。江亿等人[2]认为中国建筑领域实现碳中和需要完成四项主要任务，分别为取消直接碳排放，减少电力和热力应用导致的间接碳排放，减少建造和维修用材的生产和运输导致的碳排放，避免建筑空调系统中非二氧化碳类温室气体的排放。张时聪等人[3]基于LEAP框架分析建立建筑运行碳排放长期预测模型，提出我国建筑领域实现碳中和主要依赖于新建建筑能效提升、既有建筑低碳改造、提升建筑电气化率、农村可再生能源、热源清洁化以及电网清洁化等。

目前我国整体仍处于快速城镇化阶段，全国城镇化率从2010年的49.95%提升

沈立东，正高级工程师，华东建筑集团股份有限公司总裁。
瞿　燕，高级工程师，上海建筑科创中心技术发展部副主任。
[1] 中国建筑节能协会.中国建筑能耗研究报告（2021）[R].2021.
[2] 江亿,胡姗.中国建筑部门实现碳中和的路径[J].暖通空调,2021,51(5):1—13.
[3] 张时聪,王珂,杨芯岩,等.建筑部门碳达峰碳中和排放控制目标研究[J].建筑科学,2021,37(8):189—198.

到2020年的63.89%;而上海市近十年的城镇化率基本维持在89%左右。从城镇化率的角度,上海的城市发展进程与全国平均水平存在明显的差异,上海总体进入存量更新阶段,但随着五大新城、临港新片区、长三角一体化示范区等重点区域的城市开发建设,上海市建筑规模、能耗和碳排放量会存在一定的刚性上涨空间。因此,有必要针对上海市建筑发展特点,探索出一条碳中和实施路径。

一、上海市建筑领域碳排放现状

根据《上海市统计年鉴》以及《中国能源统计年鉴》中上海能源平衡表中的建筑用能数据,测算得到2019年上海市民用建筑碳排放总量为4050.97万t(含运行与施工阶段),其中公共建筑运行阶段占比为54.5%,居住建筑运行阶段占比为35.8%,建筑施工排放占比为9.7%。因电力消费导致的间接碳排放占比为78.5%,化石能源消耗导致的直接碳排放占比约为21.5%(如图1所示)。

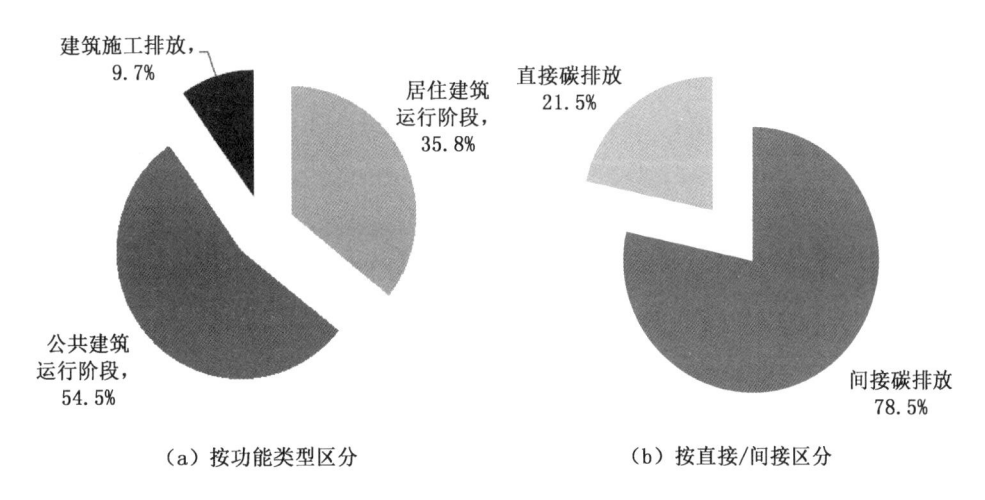

(a)按功能类型区分　　(b)按直接/间接区分

图1　上海建筑领域碳排放组成(2019年)

二、碳排放量测算基础参数预测研究

(一)建筑面积预测

建筑面积对建筑领域碳排放的影响显著,但近年来上海市建筑面积(不含工厂和仓库堆栈)呈单调递增趋势(如图2所示),无法用来合理预测上海市建筑面积未来的上限值,因此本文采取常住人口数量和人均建筑面积指标来对建筑面积进行预测。假

定上海市常住人口数量延续缓慢增长趋势,即每年新增约 4.3 万人,可以测算出未来上海市常住人口数量(如图 3 所示)。

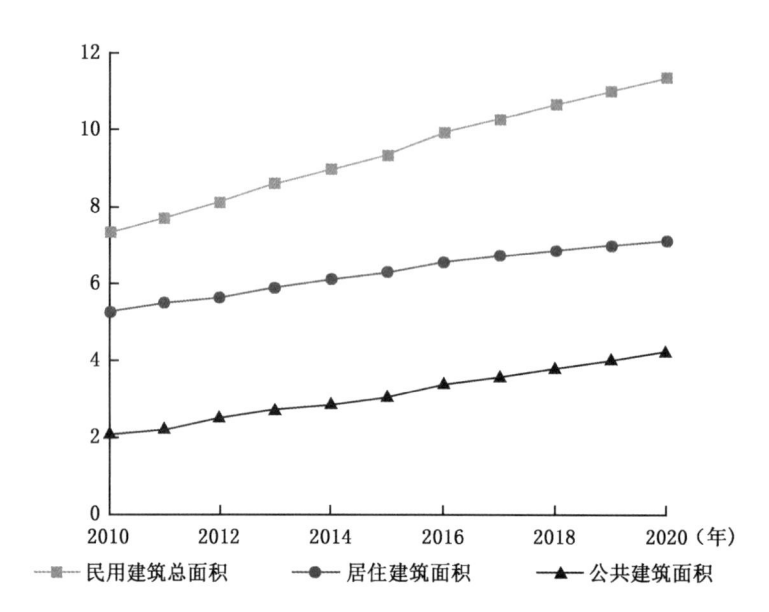

图 2 近十年上海市民用建筑面积统计数据

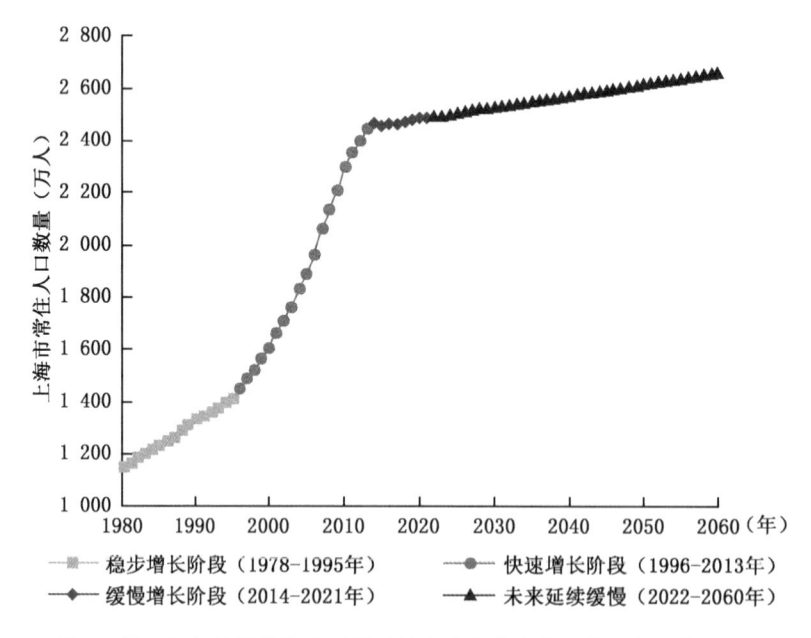

图 3 基于历史数据外推预测得到的上海市未来常住人口数量变化

从如图4可以看出,上海市人均居住和公共建筑面积年均增长值分别约为 0.60m²/(人·a)和0.79m²/(人·a)。根据张时聪等人的研究,2060年我国人均居住建筑面积约为45m²/人,公共建筑约为23m²/人。以此作为上海市人均建筑面积上限,可以得到未来上海市建筑面积发展趋势,如图5所示。

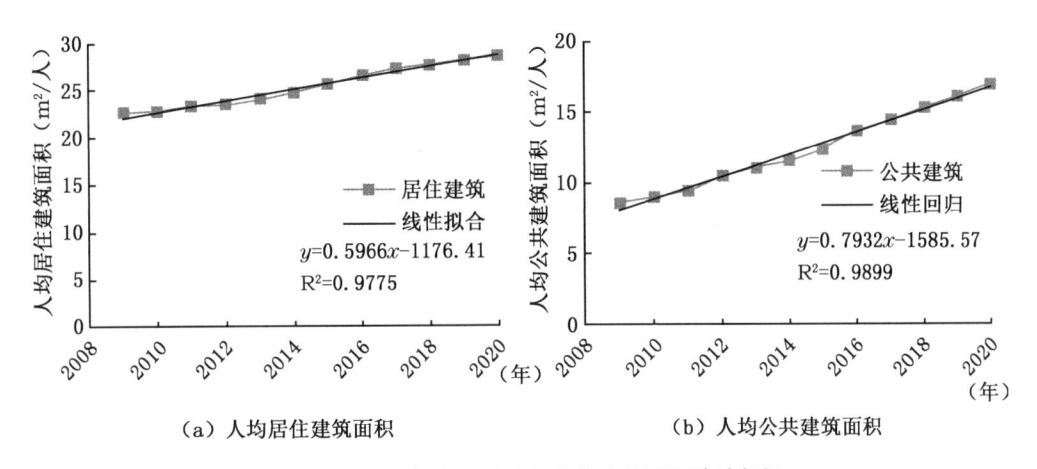

图4 上海市历年人均居住和公共建筑面积统计数据

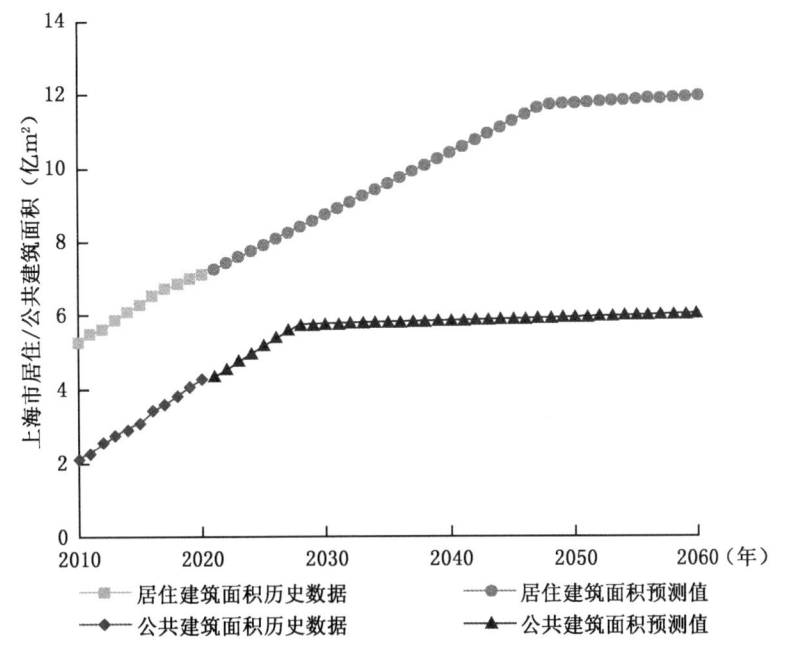

（a）人均居住建筑面积　　（b）人均公共建筑面积

图5 上海市未来居住和公共建筑面积预测

(二)电力碳排放因子预测

电力碳排放因子对建筑领域碳排放影响同样显著,本文基于《中国能源电力发展报告(2020)》和上海市发展和改革委员会印发的《上海能源电力领域碳达峰实施方案》分别构建了电力快速深度脱碳模式和电力缓慢脱碳模式,如图6所示。在电力快速深度脱碳模式下,假定2025年电力碳排放因子将降低为当前水平的80%,2035年电力碳排放因子将降为当前水平的55%,2035年之后将继续下降,2060年我国电力碳排放因子将降低为0.072 kgCO$_2$/kWh。在电力缓慢脱碳模式下,到2025年上海市电力碳排放因子下降至0.40 kgCO$_2$/kWh左右、到2030年下降至0.38 kgCO$_2$/kWh左右,2060年上海市电力碳排放因子为0.26 kgCO$_2$/kWh。

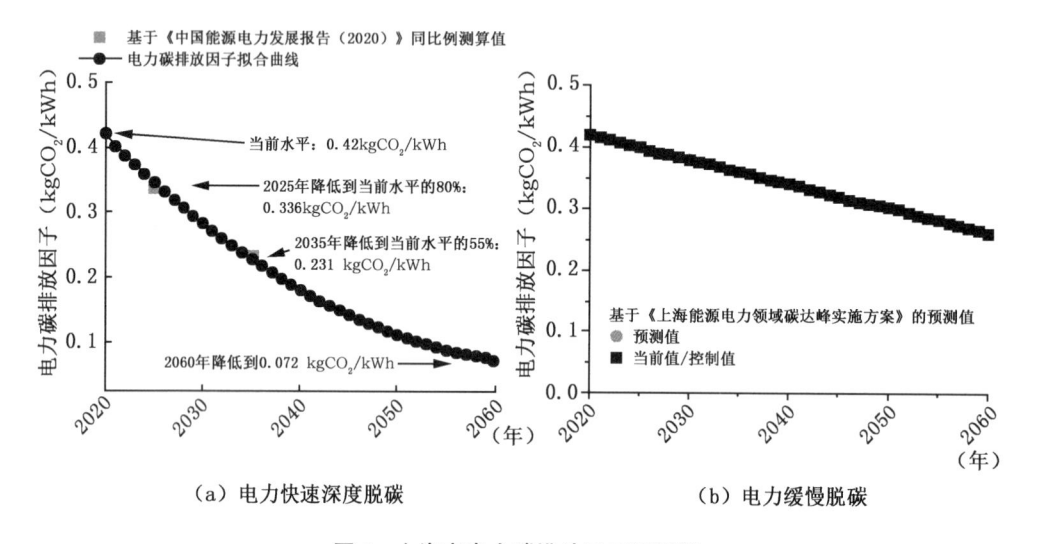

(a)电力快速深度脱碳　　(b)电力缓慢脱碳

图6　上海市电力碳排放因子预测值

三、不同实施路径下的建筑领域碳排放量预测

(一)基准情景测算

基准情景下,假定建筑节能措施强度和水平维持现状不变,未来上海市新建的居住建筑和公共建筑维持当前节能标准的能效水平,即新建居住和公共建筑单位建筑面积用电量分别维持在31.00 kWh/(m^{2}a)和104.83 kWh/(m^{2}a),天然气用量分别维持在2.76m^3/(m^{2}a)和2.89m^3/(m^{2}a)。基准情景下,至2060年上海市居住和公共建筑的运行阶段碳排放分别为2 429.76万 tCO$_2$/a 和3 277.90万 tCO$_2$/a。该数据也表

明,要在2060年实现建筑领域的碳中和目标,需要开展有针对性的高强度节能降碳措施(如图7所示)。

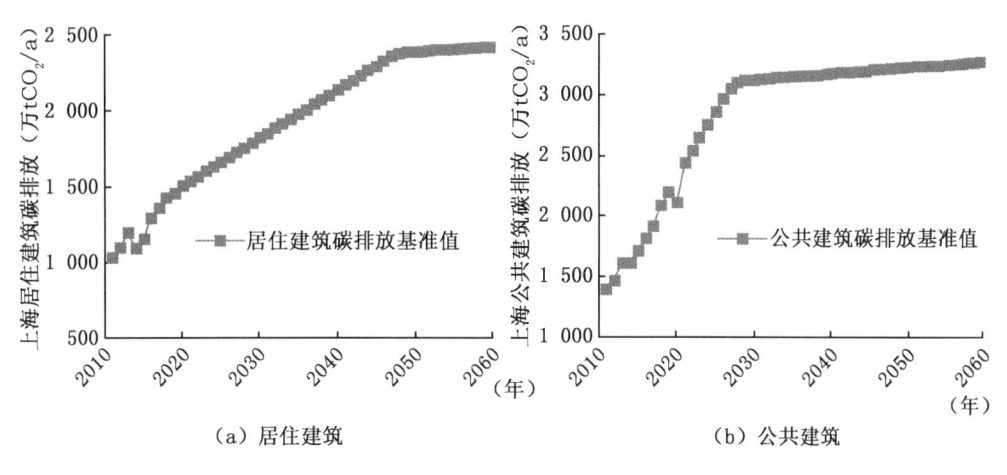

图7 上海市建筑运行阶段碳排放基准值

(一)居住建筑　　　　　　　　　(b)公共建筑

(二)达峰控制情景测算

基于《上海市碳达峰实施方案》和《上海市绿色建筑"十四五"规划》构建达峰控制情景,该情境下电力脱碳采用图6(b)的缓慢脱碳模式,新建建筑能效提升、既有建筑节能改造、建筑电气化和建筑可再生能源的边界设置如表1所示。

表1　　　　　　　　　　达峰控制情景模式措施设定

分类	应用范围	2021—2025年	2026—2030年	2031—2035年	2036—2040年	2041—2050年	2051—2060年
新建建筑超低能耗推广比例(%)	超低能耗居建	25%	50%	100%	100%	100%	100%
	超低能耗公建	5%	25%	100%	100%	100%	100%
既有建筑节能改造面积(万平方米)	居住建筑	750	750	750	750	1500	1500
	公共建筑	3250	3250	3250	3250	499	0
建筑电气化率(%)	居住建筑	0%	0%	0%	0%	0%	0%
	公共建筑	0%	55%	60%	65%	85%	85%

续表

分类	应用范围	2021—2025年	2026—2030年	2031—2035年	2036—2040年	2041—2050年	2051—2060年
可再生能源等效发电量 kWh/(m²a)	当前水平新建居建	3.5	3.5	3.5	3.5	3.5	3.5
	既有居建	0	0	0	0	0	0
	当前水平新建公建	10.48	10.48	15.72	15.72	15.72	15.72
	既有公建	10.48	10.48	15.72	15.72	15.72	15.72

计入施工阶段（含拆除阶段）碳排放后，达峰控制情景下上海市民用建筑碳排放变化趋势如图8所示。达峰控制情景下，2025年上海市民用建筑碳排放为4 517.28万 tCO_2/a，于2027年达到峰值4 604.40万 tCO_2/a，至2060年民用建筑碳排放为3 420.39万 tCO_2/a。

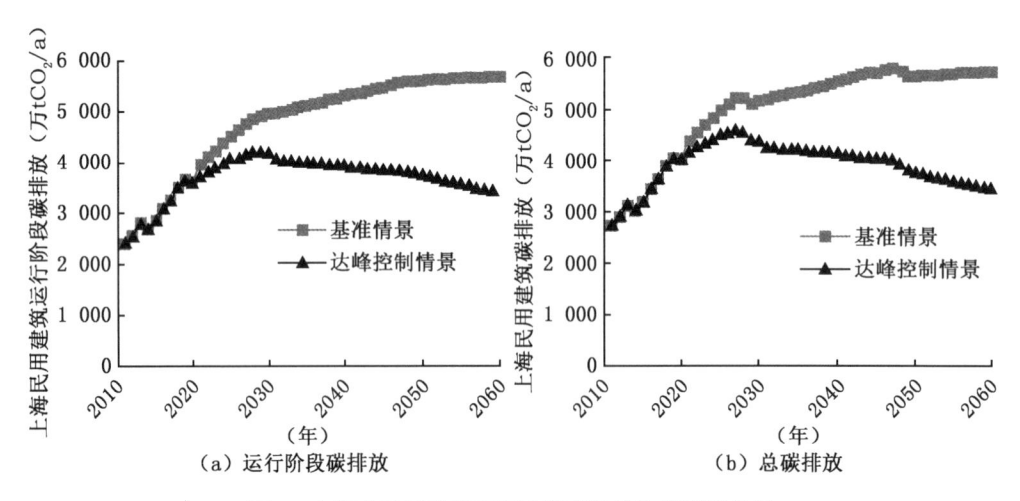

（a）运行阶段碳排放　　（b）总碳排放

图8　上海市民用建筑运行阶段碳排放和总碳排放量

（三）碳中和控制情景测算

根据电力系统能否深度脱碳，构建出两条上海市民用建筑碳中和实施路径。两种实施路径下新建建筑能效提升、建筑电气化率提升和建筑可再生能源应用的边界设置完全一致（例如，差异在于不同电力脱碳模式下既有居住建筑节能改造的实施强度，如表2所示）。

表 2　　碳中和控制情景模式措施设定

分类	应用范围	2021—2025年	2026—2030年	2031—2035年	2036—2040年	2041—2050年	2051—2060年
新建建筑超低能耗推广比例（%）	超低能耗居建	25%	50%	50%	0%	0%	0%
	近零居建	0%	0%	50%	25%	0%	0%
	零碳居建	0%	0%	0%	75%	100%	100%
	超低能耗公建	5%	25%	50%	0%	0%	0%
	近零公建	0%	0%	50%	25%	0%	0%
	零碳公建	0%	0%	0%	75%	100%	100%
既有建筑节能改造面积（万平方米）	居住建筑（电力深度脱碳）	750	750	750	750	1 500	1 500
	公共建筑（电力深度脱碳）	3 250	3 250	3 250	3 250	499	0
	居住建筑（电力缓慢脱碳）	750	750	20 000	20 000	50 000	47 829.94
	公共建筑（电力缓慢脱碳）	3 250	3 250	10 000	10 000	30 000	28 759.18
建筑电气化率（%）	居住建筑	0%	55%	65%	70%	95%	95%
	公共建筑	0%	55%	65%	70%	95%	95%
可再生能源等效发电量 kWh/(m²·a)	当前水平新建居建	3.5	3.5	3.5	3.5	3.5	3.5
	既有居建	0	0	0	0	0	0
	当前水平新建公建	10.48	10.48	15.72	15.72	15.72	15.72
	既有公建	10.48	10.48	15.72	15.72	15.72	15.72

从图9可以看出，在电力系统深度脱碳时的推荐路径下，上海市民用建筑运行阶段碳排放于2019年达峰，峰值为3 656.61万 tCO_2/a，至2060年运行阶段碳排放为824.14万 tCO_2/a；在电力系统缓慢脱碳时的推荐路径下，上海市民用建筑运行阶段碳排放于2028年达峰，峰值为4 206.48万 tCO_2/a，至2060年降低至977.63万 tCO_2/a。

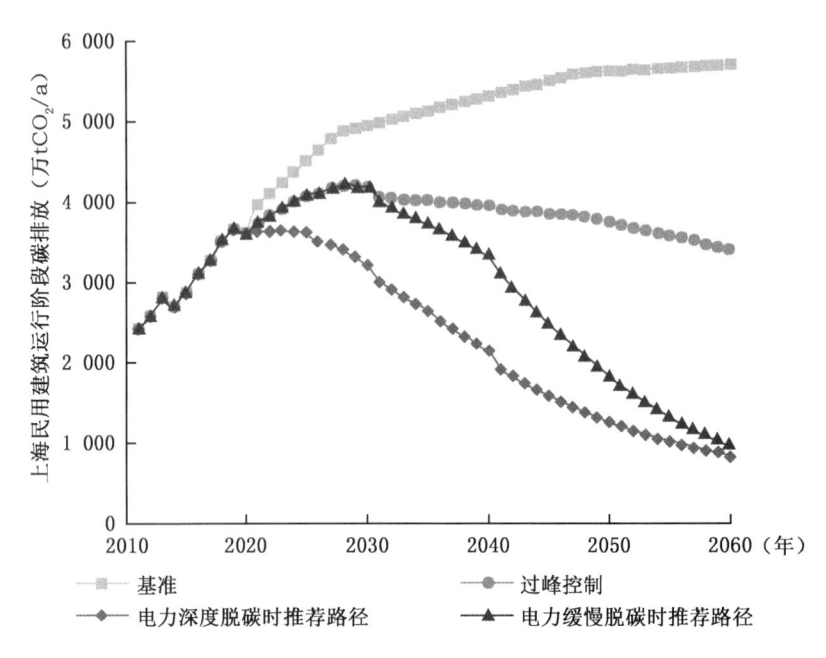

图 9 两条碳中和实施路径下上海民用建筑运行阶段碳排放

以 2060 年民用建筑运行阶段碳排放来比较两条碳中和实施路径下不同减碳措施体系的减碳贡献,如图 10 所示。当电力系统深度脱碳时,上海市民用建筑实现碳中和主要依赖电力脱碳、建筑电气化和新建建筑能效提升;当电力系统缓慢脱碳时,要实现建筑领域碳中和,需要加强对既有建筑的深度节能改造,此时既有建筑节能改造、新建建筑能效提升、建筑电气化率提升和建筑可再生能源应用是建筑行业可采取的主要减碳措施。

四、上海市建筑领域碳中和实施路径建言

为实现碳中和,建筑行业建议以新建建筑能效提升、既有建筑节能改造、建筑电气化和建筑可再生能源应用四方面为抓手,分阶段开展建筑领域脱碳工作。

(一)在新建建筑能效提升方面

在新建建筑能效提升方面,建议 2030 年前逐步扩大超低能耗建筑的实施范围,并适时开展近零能耗建筑和零碳建筑相关的标准制定与示范工程建设;在 2030 年之后利用 5~10 年时间将近零能耗建筑实施范围扩大到全部新建建筑;在 2040 年之前利用 5~10 年将零碳建筑推广至全部新建建筑。

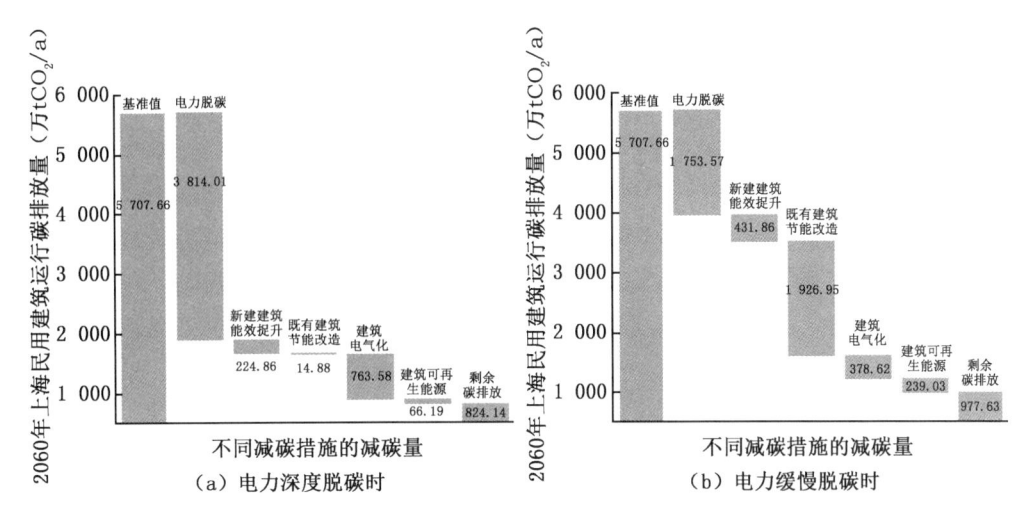

图 10 两条碳中和实施路径下不同减碳措施的减碳贡献

(二)在既有建筑节能改造方面

在既有建筑节能改造方面,建议在 2030 年前保持每年 800 万平方米以上的改造面积;在 2060 年前,建议以五年为周期对全社会电力脱碳进展进行评估,及时动态调整既有建筑节能改造的规模和实施强度。

(三)在建筑电气化方面

在建筑电气化方面,建议 2030 年前通过编制超低能耗、近零能耗和零碳建筑标准,完善建筑可再生能源利用核算体系,大力引导空气源热泵应用;在 2060 年前,引导和鼓励居民逐步采用电炊具淘汰燃气灶具,在公共建筑中大规模推行全电厨房。

(四)在建筑可再生能源应用方面

在建筑可再生能源应用方面,建议 2030 年前大力推广太阳能光伏屋面的应用,实现新建建筑太阳能光伏全覆盖,同时探索新型建筑电力系统的应用,发展建筑储能和柔性调节等技术;在 2060 年前,以建筑立面资源为重点,大力推广光伏建材,进一步提升建筑可再生能源替代率。

有效投资与高效运营

城市轨道交通发展历程中项目融资悖论与网络融资全面创新

钱耀忠

摘　要：城市轨道交通具有建设资金需求巨大、投资回收期长、公益性较强等特征，因此一般由政府主导投资建设。近年来，我国城市轨道交通进入快速发展阶段，目前已运营、建设和规划城市轨道交通的城市达38座。政府投资加项目融资是我国城市轨道交通建设资金的主要来源。要切实解决城市轨道交通巨额建设资金来源问题，必须进行融资创新。各城市根据城市轨道交通的特定发展阶段，积极探索银行贷款、发行债券、BT（建设—移交）、类BT、PPP（公私合作）及土地折价入股等融资模式。

2006年，上海申通地铁集团有限公司（以下简称"申通集团"）大胆创新城市轨道交通网络融资（以下简称"网络融资"）模式，备受业内、金融界以及国家银监部门和国家发改委等方面的高度关注和好评。2012年，笔者受世界银行和中国国际工程咨询公司的邀请，作为中方专家赴北京"中国城市轨道交通研讨会"，并作了题为《中国地铁项目融资经验》专题报告。有关方面认为，网络融资不仅适合轨道交通，还应在其他投资建设领域和企业中加以推广应用。本文以上海轨道交通融资方式创新实践为案例，深入论述网络融资的必要性、可行性和重要意义。

一、巨额网络融资需求

上海轨道交通投资建设起步于1990年，集中快速发展于2010年世博会前，已建

钱耀忠，正高级会计师，原上海申通地铁集团有限公司副总裁，上海市固定资产投资建设研究会副理事长。

有14条运营线路,总长548km,设有337座车站。按线路长度计,上海轨道交通规模已位列世界第一。按照网络建设规划,到2020年上海轨道交通规模将更大,运营线路将达到18条,线路长度超过800km,车站506座。

城市轨道交通属于国家审批的重大建设工程项目,先由国家审批近期建设规划,再由地方逐项审批项目。上海轨道交通网络近期建设规划分为二期(2005—2012年和2013—2020年),两期总投资约为4 500亿元,其中:资本金为总投资的42%～45%,约为1 900亿元,由市、区两级政府共同出资;其余2 600亿元需通过城市轨道交通项目融资(以下简称"项目融资")解决。申通集团作为市政府出资代表,是上海轨道交通项目投资、建设、运营的责任主体。

上海轨道交通规划建设18条线路,但有的线路建成之后又建延伸线,有的线路分一、二、三期投资建设,因此立项项目数量要多于线路条数。据测算,上海轨道交通单个项目的平均投资约为200亿元,最大投资约为500亿元。如果按项目组建银团进行融资,这一规模已实属不小。上海在城市轨道交通建设早期,采用的就是这种项目融资模式。但是,上海轨道交通进入网络建设阶段后,这种融资模式遭遇到了项目融资与轨道交通网络建设的诸多悖论,对项目建设资金的落实可能造成颠覆性后果。

二、项目融资模式的四大悖论

(一)建设周期与金融政策周期间的悖论

按照规划,上海轨道交通网络建设时期是从2004年至2020年,需历时16年。其中,2010年世博会前及2020年前几年为投资建设高峰期,期间年度投资近300亿元。如2008年的投资就高达358亿元,相当于1天投资1亿元。上海轨道交通网络建设投资之巨、集中度之高实属罕见,需要金融行业全程支持。但是,众所周知,金融市场具有周期性变化特征,与经济周期密切相关。在我国,经济周期往往是宏观调控的周期,货币信贷政策又是宏观调控的最主要工具之一。在城市轨道交通网络建设周期内,货币信贷政策出现多次变化是完全可以预期的。只要货币信贷政策适度从紧,银行信贷规模就会收缩,城市轨道交通项目因其融资额巨大,受影响的程度也就更深,相应地享受下浮优惠利率会变得更加困难。2005年,国家正式批准上海轨道交通近期建设规划,但因缺乏网络融资机制,期望银行对轨道交通网络建设项目贷款作出一揽子承诺十分困难。这也是城市轨道交通网络建设已开始启动,但许多项目贷款合同却迟迟难以落实的原因之一。

（二）规划审批与项目审贷间的悖论

国家对城市轨道交通近期建设规划的编报，有一套严格、完整、规范的体系。编报内容由城市社会经济发展和城市规划、城市综合规划、轨道交通近期建设项目线路总体规划方案、车辆及设备选择、轨道交通网络资源共享、项目实施规划、建设资金筹措及平衡等构成。对城市轨道交通近期建设规划的审批，国家重点关注的是城市轨道交通网络规划的整体合理性、必要性和可行性。对建设资金筹措及平衡部分的评审，通过城市轨道交通网络整体的投资估算及资金安排、资金筹措渠道和方式、投入产出、资金平衡分析来衡量。这样的评审具有科学合理性。城市轨道交通的线路规划设计，只有服务和服从整个城市的功能定位和布局，才能实现整体效益的最大化；如一味追求每条线路的当期效益，必然牺牲未来的整体效益。对接国家审批要求，如依然采用项目融资模式，就会在项目贷款审批上，只见"树木"不见"森林"，将有机完整的城市轨道交通网络割裂成一个个项目。有的项目因经济性相对强而广受银行青睐，有的项目因经济性相对弱而少有银行问津。这不仅会严重影响项目建设资金的筹措，还会出现国家审批城市轨道交通网络规划时认为可行、但审批项目贷款时却认为部分认可的悖论。

（三）市区线路与郊区线路间的悖论

从城市轨道交通规划与城市发展关系看，城市轨道交通线路的功能定位大体可以分为两类：一类是"线随人走"，城市轨道交通在中心城区集中布局，线路依人流走向规划设计；一类是"人随线走"，城市轨道交通线路向郊区延伸，引导中心城区人口和新增人口向郊区疏解，配合城市规划布局的整体调整。两种类型线路的客流增长特点有显著区别。中心城区线路除客流本来就集中外，还会吸纳郊区线路的换乘客流，经济效益十分突出。上海有的中心城区线路开通之日客流就井喷式爆满。而郊区线路客流则随着站点周边城市开发进程逐步增长，需要一定时间的客流培育期，初期经济效益不甚理想。两种线路不同的经济效益增长方式，让银行深感困惑：如以中心城区线路效益水平来评审郊区线路，郊区线路项目贷款审批将十分困难；而以郊区线路初期效益水平来统一把握审批条件，又不尽合理；若以城市轨道交通网络整体效益作为项目贷款的审批条件虽最为科学合理，但又缺乏依据。

（四）先建项目与后建项目间的悖论

按照国际经验，随着城市轨道交通网络的逐步形成，便捷的换乘将满足更多人的

出行需要,城市整体交通运行方式也将发生革命性变化。如伦敦、纽约、巴黎、莫斯科等城市的轨道交通占公共交通出行比例均在60%以上。上海轨道交通20多年的运营业绩也印证了这一规律。2004年,上海1、2、3、5号线的日均客流量为130万人次,占上海市公共交通出行的比例为11%;2014年,上海轨道交通网络运营日均客流量为774万人次,最高日客流量超过1 028万人次,占上海市公共交通出行的比例为43%,已超过道路公交。照此发展,上海轨道交通占上海市公共交通出行的比例超过60%也为期不远。按一般理解,后期建设项目的投入产出能力会更强。但实际状况是:随着城市轨道交通网络建设,一方面是投资控制日趋成熟,项目工程建设费用、车辆机电设备采购等可控制在概算范围内,甚至更低;但另一方面,项目前期动拆迁、市政管线搬迁费用,以及防治噪声、沉降、振动等施工措施费用却与日俱增,难以控制。项目越晚建、建设成本越高,几乎是一条铁律。而投资的增加势必消减客流增长带来的效益,使后期项目的投入产出可能反不如前期项目。这种情况下,如继续采用项目融资模式,只会面对城市轨道交通网络经济效益越来越好,而项目贷款审批却越来越难的悖论和尴尬。

三、全面创新的网络融资模式

(一)开创上海轨道交通网络融资特别授权模式

通过对项目融资模式诸多悖论的深入分析,已经得出结论:众多项目融资相加并不等于网络融资,因此需要重新定义网络融资的内涵。网络融资应涵盖城市轨道交通网络的所有项目,以城市轨道交通网络整体投入产出及财务可行性作为各个项目贷款的统一审批条件,并对项目贷款总额、贷款期限、贷款利率等作出一揽子安排和承诺,以有效规避政策变化的不确定性和项目融资的不合理性。网络融资是对项目融资的根本性颠覆,大大突破各银行分行的审批权限。网络融资要取得突破,势必先要惊动各银行的总行。所幸中国工商银行、中国农业银行、中国建设银行、中国银行、中国交通银行、上海浦东发展银行等银行都以极其认真负责的态度,对网络融资构想进行了全方位审视;一致认为这是用全新思维构建的融资模式,符合上海轨道交通网络建设的实际,也是一次深刻的金融体制改革和创新;并对将所有项目"装进一个篮子"的大胆设想所表现出来的远见和胆略,表示高度赞赏。各银行总行随后正式决定,将上海轨道交通网络融资统筹、申通集团分别作为特定业务、特定客户,给予地方分行特别授权,一期项目完成后续延二期项目。由此,网络融资的政策和体制取得重大突破,朝着组建城市轨道交通网络银团(以下简称"网络银团")方向迈出最为重要的一步。

(二)创建"网络总银团加项目子银团"全新模式

用一个网络银团来取代所有项目银团,是重塑银团架构最为简洁的做法,也是最容易想到的方法。但细细分析,这种方法也有不小难度:①网络银团组建时,许多项目尚处在投资估算阶段,项目工程实施方案和概预算尚未最终完善确定,许多不确定因素都可能引起网络银团整体不稳定性;②网络银团涉及众多项目和银行,如仅以一个网络银团来运作,事无巨细,一项正常业务可能需经全体银行的协调审批流程,运转效率将大大降低;③以网络银团取代项目银团,还将打破申通集团为项目银团提供担保的既有格局,需改由政府为网络银团提供担保,这按照规定也是不可行的。

只有一个网络银团显然不是可行方法,而以网络银团覆盖项目银团则可兼顾融资统筹、具体运作等多重职能。由此,创建"网络总银团加项目子银团"的具体方案呼之而出,并很快取得各银行的共识。网络总银团全面负责确定项目贷款总额度,确保项目子银团贷款落实到位,并对项目贷款期限、贷款利率等作出统一规定和安排。其具体运作机制是:项目子银团负责项目融资各项业务的运作;项目子银团如发生贷款困难,网络总银团负有落实责任;参与行如发生贷款困难,牵头行负有落实责任;项目投资如有调整,贷款总额度相应调整;一期项目完成后续延二期项目。这样,网络银团不再是一般意义上的一个银团,而是一项开放式的机制安排。

(三)实现网络融资贷款的三个统一

网络融资不但统筹特别授权和网络银团的组建,使项目融资贷款不再受一年一度基本授权的限制,而且可以放眼城市轨道交通网络建设全周期,制订中长期融资贷款计划,并对有关重大政策作出统一调整。

1.统一贷款审批条件

银行方面聘请第三方及申通集团参照国际经验分别对上海轨道交通网络中长期客流和财务状况进行预测。预测结果不仅完全可行,而且第三方的预测数据还好于申通集团的预测数据。由此决定,统一以城市轨道交通网络的投入产出、财务可行性作为各个项目贷款的审批条件。

2. 统一贷款期限

城市轨道交通一条线路的建设期一般在5年左右,因此,以往项目贷款宽限期设定为5年,贷款期限为15年左右。实际上,城市轨道交通项目的投入产出期要更长,尤其是进入网络建设阶段后,项目投入产出周期还要相互交叉叠加,因此原有贷款期限不利于错开用款高峰与还款高峰。经调整,最后统一为:贷款宽限期为10年,贷款期限25年。

3. 统一贷款利率

利率是银团贷款中最为敏感问题之一。巨额的网络银团贷款,让利率问题变得更为敏感。"长期贷款业务取得长期可预期收益"的理性认知成为取得共识的基础,从而决定各项目贷款统一享受同期同档次人民币贷款利率下浮10%的优惠。

融资贷款政策的重大调整,为彻底消除项目融资诸多悖论铺平了道路。

四、网络融资的成效及意义

上海轨道交通全面创新的网络融资模式,在银行界引起巨大反响。各银行也纷纷表达了愿积极参与的意向。2006年,以中国工商银行、中国农业银行、中国建设银行、中国银行、中国交通银行、上海浦东发展银行为总牵头行或副总牵头行,国家开发银行、上海银行、民生银行、光大银行、广发银行、招商银行为参与行的网络银团组建完成,并与申通集团正式签署了《上海轨道交通网络银团贷款总合同》《债权人间合同》《保证合同》《资金管理合同》等一整套统一、严密、细致、规范的合同文本。之后,上海轨道交通6、7、8、9、10号线子银团相继组建,并分别与项目公司签署项目银团贷款合同。银团的组建和合同的签署,标志着网络融资模式正式启航。现在,网络融资模式已历经整整9个年头,取得了显著成效,并显示出越来越重要的积极作用。这些作用主要表现在以下几方面。

(一)整体统筹

网络融资模式的创建,使网络融资不再等同于项目融资的简单叠加,而是将项目融资整合成一个有机整体,有效化解了政策周期变化、项目情况差异等诸多难题,为启动特别授权和网络银团创造了有利条件。2006年及2013年,网络银团对一、二期项目贷款总额2 600亿元作出一揽子承诺和安排,使上海轨道交通网络建设资金得到全面落实。这完全得益于由项目融资到网络融资的思维转换和体制机制创新突破,在我国金融史上史无前例的。

(二)集中资源

网络融资规模巨大,单靠几家银行难以满足需要。组建特大型网络银团,有利于将大型商业银行与中小型商业银行的积极性都调动起来,鼓励各家银行在公开、公平、透明的环境下展开有序竞争。网络银团完全以开放姿态来筹建,凡愿履行银团权利与义务的银行都欢迎参与。上述参与网络银团的12家银行,其中6家牵头行承诺贷款金额户均近400亿元,6家参与行户均也达到40亿元。由此可见,组建网络银团可充分发挥集中各类银行信贷资源、促进公平有序竞争、提高融资服务水平,共同支持上海轨道交通网络建设的积极作用。

(三)规避风险

创建网络总银团与项目子银团,有利于建立、健全两级银团的责任体系和监管体系,确保项目建设资金及时落实到位,防范资金风险。网络银团合同签署9年来,历经国家宏观调控、信贷规模调控、利率波动、债务融资平台清理、国际金融危机等政策和形势变化的考验,但是,所有合同执行至今未作任何调整,项目贷款始终依照建设进度正常发放到位。到目前为止,累计贷款已超过1 300多亿元,享受下浮优惠利率累计节约财务费用超过40亿元,有力支持了上海轨道交通网络建设顺利进行。网络银团对信贷资金和企业资金严格监管,进一步促进了企业财务资金管理水平的提升。网络银团实施至今,未发生任何不良贷款或资金问题,规模巨大的资金运作始终处于良好受控状态。

(四)示范效应

在国际成熟市场上,类似的特大型融资项目一般都采取银团贷款的方式进行融资安排,但像上海轨道交通如此规模的融资项目还不多见。更重要的是,网络银团的一整套合同对银企双方及银行间权利义务各项细节都作出详尽规定。这样精细运作的银团更少见。银团贷款市场是金融市场的一个重要子市场。目前国内银团贷款比例依然偏低,有的银团贷款还具有俱乐部银团贷款特征。上海轨道交通网络银团的成功创新与实践,为其他投资建设项目和企业的银团贷款合作提供了范例。

创新驱动 价值引领
打造投融资模式升级版
——以 PPP 模式为例

马 亮

摘 要:PPP 是投融资改革的一种重要模式,在国内外基础设施建设等领域得到了大量运用,上海在历史上一直是国内 PPP 模式探索和实践的先行者。然而,近年来,与全国 PPP 投资建设高潮形成鲜明对照的是,上海新增的 PPP 项目数量不多(截至 2021 年年底,上海市纳入财政部 PPP 信息平台项目管理库的 PPP 项目共 7 个,总投资 30.23 亿元),吸引力不强,社会资本进入积极性不高。作为改革开放排头兵,上海要分析原因,研判机遇,制定对策,打造 PPP 发展升级版,继续为全国提供可复制、可推广的发展经验。

一、项目供给与资本需求不匹配是上海 PPP 进展缓慢的主要原因

(一)上海城市发展进入新阶段,PPP 项目供给体现新特点

随着多年来城市建设的发展,上海的基础设施已经从增量建设转向存量盘活阶段,从硬件基础设施建设转向软件的民生、公共服务领域,上海也从自身发展转向实施科创中心、自贸区等国家战略的路径,这些新情况决定了上海发展 PPP 项目供给势必要集中在科创、文化、养老、存量资产盘活等方面,这与大多数兄弟省市快速发展传统基础设施 PPP 具有显著的不同之处。

马 亮,副教授,上海大学管理学院党委副书记、副院长,上海市固定资产投资建设研究会理事、特约作者。

(二)当前社会资本需求主要集中在交通、市政等传统基础设施领域

根据国家发改委、财政部的PPP入库项目信息统计,从行业上来看,交通运输和市政工程行业无论是在PPP项目的数量还是投资额方面,均远远超过了教育、文化、科技等其他行业。从区域上来看,上海虽处在华东地区这个PPP项目数量较多的区域,但是相比其他六个省,上海市传统基础设施条件已经相当完善,对采用PPP模式需求不大,对社会资本的吸引力不足。

(三)上海PPP项目供给与资本需求形成错位

当前上海PPP项目供给与社会资本需求的领域出现了错位现象,上海新一轮发展真正需要社会资本大量进入的科创、文化、养老、存量资产盘活等领域,目前尚缺乏具有足够实力和能力的社会资本机构,而大多数社会资本目前的优势还主要集中在路桥、市政等传统基础设施领域,因此,上海进一步推进PPP应用需要从全球视野出发,真正匹配好政府PPP项目与高水平的社会资本,有效解决供给与需求错位的问题。

二、上海处于PPP创新发展重要机遇期

(一)上海在早期PPP实践中积累了宝贵经验

事实上,上海最早开展PPP项目可以追溯到始建于1883年的杨树浦水厂BOT项目,其将专营权转交给英国投资商投资建设,当时是远东最大的水厂,这一举措毫不逊色于英国1989年的水务私有化或市场化改革。20世纪80年代以来,上海通过PPP模式建设运营的基础设施项目涉及路桥、水务、环境、能源等多个城市发展的关键领域,大大加快了城市基础设施建设步伐,促进了城市化进程。同时,上海第一轮的PPP实践拓宽了基础设施融资渠道,促进了政府职能转变,引进了先进技术和管理经验,形成了一定的投资回报机制和价格机制,初步构建了具有行业特色的监管体系,为上海市的城市建设和发展做出了重要贡献,积累了宝贵经验。

(二)上海建设全球城市尚需要大量基础设施支撑

2022年4月26日,习近平总书记主持召开中央财经委员会第十一次会议强调,要统筹发展和安全,优化基础设施布局、结构、功能和发展模式,构建现代化基础设施体系,为全面建设社会主义现代化国家打下坚实基础。《长江三角洲城市群发展规划》指出,上海城市国际竞争力和国际化程度不够,并首次提出"提升上海全球城市功能"。据《国际城市蓝皮书:国际城市发展报告》可知,从空间指标看,上海的交通和基础设施

指数、通勤时间指数虽然排在国内榜首位置,但均低于世界平均水平。这也反映出了上海在建设"全球城市"中基础设施领域面临的差距和其他国际城市竞争的巨大挑战。这也意味着上海建设全球城市仍然需要大量基础设施的有力支撑,对于社会型基础设施和经济型传统基础设施(主要在郊区)仍然有着旺盛的需求。

(三)上海有能力在产业链高端继续探索和引领新一轮PPP发展

上海市第十二次党代会报告中指出,上海要全面建成具有世界影响力的社会主义现代化国际大都市。今后一段时期,上海PPP将有望迎来新的发展机遇。从供给侧看,短期内受经济下行、新冠肺炎疫情、减税降费等因素影响,财政收支矛盾凸显,单纯依靠政府投入难以为继,需要大力引导社会力量参与,提升资金使用绩效;从需求侧看,推进乡村振兴、新型城镇化、绿色发展、应对老龄化等,都要求加大投资力度,加快补齐基础设施和公共服务短板,提升公共治理效能。当前,国际上PPP发展进入注重质量和可持续发展的新阶段,这与上海目前的经济社会发展环境十分相似。回顾全球PPP的发展历程,从最初的注重融资,再到注重效率,现已进入注重可持续发展的新时代。因此,结合国内外形势,上海PPP发展已经不能满足于停留在追求数量的一般水平上,而是要着眼于PPP产业链高端,充分利用上海PPP人才富集、金融资源丰富、国家战略先行先试等优势,着重为国内外兄弟省市输出PPP集成化服务,这也是上海服务全国定位的具体体现,同时也要在探索PPP发展新领域新方法方面走在前列,探索创新做法,持续引领新一轮的PPP发展。

三、上海加快推进基础设施建设应用PPP模式的主要建议

(一)积极探索PPP模式在科创、文化、养老等领域的创新与应用

要因项而异,大胆创新,联动发展,在社会型基础设施和新基建领域先行先试。在具有全球影响力的科创中心建设中,诸如国家实验室等高端科技设施群、上海市检测中心等基础科技设施群、张江农业科创中心等特色科技设施群的建设与运行中,PPP模式大有用武之地,要广泛借鉴美国等国家"国有民营"的管理方式、经验,切实提高科技设施建设运营的效率。在城市大脑包括智能交通、智慧城市等方面,要改变过去需政府雇佣庞大IT队伍组建信息公司、信息中心管理模式,积极引入PPP模式,节省政府大量精力投入,做到IT的跟踪研发,提高高科技项目治理能力。上海公共文化市场资源开发潜力巨大,结合中办、国办最近出台的《"十四五"文化发展规划》文件中对

推广PPP模式的要求,上海要大胆利用PPP模式,形成以"文化+"为核心的旅游、体育、教育、商业等符合文化产业链,助推公共文化服务产业化。上海进入老龄化社会,养老需求强烈,相关公共服务短板较大,利用PPP模式可以很好地打破垄断,增加社会资本参与的有效供给,真正让老百姓感受到城市基础设施和公共服务带来的获得感。

(二)注重抓好传统基础设施应用PPP模式的质量,凸显价值效应

要有效投资,分级谋划,因区施策,在传统经济型基础设施领域提质创效。对于上海市级层面,应重点抓好水务、路桥等方面的PPP模式应用;对于中心城区而言,其基础设施建设应用PPP模式的主要目的不是融资工具,应该更倾向于引制(也即政府职能的转变)和引智(也即基础设施供给效率的提升),而对于崇明、金山、青浦、奉贤等郊区,引资的作用更加明显,要结合特色小镇、城市更新等载体,充分利用PPP模式发展地方经济,推动当地城镇建设和社会事业迈上新台阶。上海各区要按照"引育并举、发挥特色、重点突破、公平竞争、试点先行、逐步规范"的思路,引导社会资本方积极参与不同领域PPP项目。同时,要着力在嘉定、松江、青浦、奉贤、南汇"五大新城"建设中,因地制宜组织实施PPP建设项目,助力将"五大新城"培育成在长三角城市群中具有辐射带动能力的综合性节点城市。此外,要充分发挥上海与世界银行等国际金融组织合作的经验优势以及国际金融组织贷款项目合作优势,积极探索"PPP+国际金融组织贷款"项目,开拓PPP规范运作新渠道。

(三)加快推进在盘活存量资产中应用PPP模式,激发基础设施新活力

要精准识别,分类实施,激发活力,在存量基础设施领域拓展空间。经过长期投资建设,上海在交通运输、环境保护、重大市政工程等基础设施领域形成了大量优质存量资产,大多可通过PPP模式加以盘活,形成投资良性循环。这将有利于增加民营企业投资机会,吸引具有较强运营能力的社会资本,提高基础设施运营效率。对拟采取PPP模式的存量基础设施项目,可通过转让-运营-移交(TOT)、改建-运营-移交(ROT)、转让-拥有-运营(TOO)、委托运营、股权合作等多种方式,将项目的资产所有权、股权、经营权、收费权等转让给社会资本;对已经采取PPP模式且政府方在项目公司中占有股份的存量基础设施项目,可通过股权转让等方式,将政府方持有的股权部分或全部转让给项目的社会资本方或其他投资人。

国内外特大型城市基础设施运行保障机制共性特点研究

王 强

摘 要：高度发达的基础设施在当代已经是国内外特大型城市，尤其是具有重要国际和地区影响力城市的标配。卓越的基础设施意味着优质的公共服务，优质的公共服务带动产、人口和就业，带动城市经济社会的全面发展。但是，正如"罗马不是一天建成的"，这些城市的基础设施往往要经过一百多年才能完成一个从无到有、从有到好、到精的历史性跨越，才能撑起一个现代化城市的基础骨架。与此同时，大规模的基础设施建成以后，就会进入大规模的运营管理阶段，其中的运行保障机制就需要相应的调整和完善，要与基础设施本身的特点相适配。本文从特大型城市基础设施的基本特征以及特大型城市基础设施运营保障机制的共性特点两个方面进行了分析研究。

一、特大型城市基础设施的基本特征

（一）从建设主导到运营主导

现代城市的基础设施建设实际上可以追溯到19世纪的欧美等国的工业革命和随之而来的城市化运动。以英国伦敦为例，1853年伦敦霍乱大瘟疫加之当时的施工技术突破催生了城市公共排水设施的诞生；蒸汽机车的发明再加上隧道开挖工艺的完善导致伦敦1863年就建成并投运了人类历史上第一条地铁。到19世纪90年代，美国向英国输出了刚刚诞生的电气技术，大大提升了伦敦地铁的建设速度。至20世纪初，

王 强，博士，上海城投集团战略发展部高级主管，上海市固定资产投资建设研究会特约作者。

伦敦的供水、排水、污水处理、地铁和公交已经初具规模,伦敦也是当时的世界中心。第二次世界大战以后包括伦敦在内的欧洲大城市恢复重建,也是经过30年左右的时间,到20世纪七八十年代基本完成符合现代城市发展需求的基础设施的建设和改造。在亚洲的特大城市,如日本东京,也是呈现出这样的规律。

大规模城市基础设施建设基本完成以后,城市建设高峰就会告一个段落。城市基础设施工作的重心就会从建设自然转到运营上来。此时以运营为导向的管理手段和运作方式应运而生,比如资本性投入在后续会大为减少,运营性投入会保持稳定和稳步增长,运营管理的机构就会建立起来并行使日常的管理职责,比如伦敦交通局(TfL)伦敦公交、城市铁路和地铁的监管,定期发布绩效报告,制定一系列与运营有关的政策和管理措施,如票价等。遇到任何与交通相关的突发事件,还要与公众及时沟通。另外,如果实际运营需求与基础设施规划与建设不相符合的地方,除了日常修缮以外,还要对已经建成的基础设施进行更新改造,使之符合城市发展的需要。最典型的案例就是2003年伦敦启动以为地铁技术设施修缮和改造为目标的庞大的PPP计划。2017年,伦敦在已经完善的排水系统的基础上,又投资40亿英镑开建位于泰晤士河下80米的防汛深隧工程也是例证。除此以外,基础设施的架构完成以后,城市经济发展起来,土地紧缺,地价上扬,再进行大规模的基础设施建设成本会上涨数倍,难度很大,只能通过加强养护来尽可能地延长设施的使用寿命。

从21世纪初开始,随着信息化、数字化和智能化的技术完善并逐步广泛地运用到基础设施的运营管理上,城市基础设施又迎来了投资不菲的信息化改造。例如智能交通和智慧水务等,这都是以运营为目标的技术创新。可以说,信息化为基础设施带来了一次产业革命。信息化不仅提升了基础设施运营管理的效能,并且向前延伸,使基础设施的规划与设计更加精准,更加符合人民的实际需求。总之,大规模的基础设施建成以后,运营引导建设、存量带动增量。

(二)从项目载体到系统载体

经济发展模式和城市布局对基础设施的建设有重大影响。基础设施从无到有,受财力和技术管理水平所限,往往从单个、局部项目开始。随着经济发展,人口导入,对基础设施的需求日益增长,最后同一专业领域的基础设施组成一个完整的系统网络,共同为市民提供公共服务。对于特大型城市而言,由于服务人口众多,所以基础设施系统的规模一般都相当可观,并且任何小的纰漏,如果不及时修复,常常会很快形成系

统性风险,乃至城市停摆,造成重大损失甚至人员伤亡。所以,基础设施系统的安全平稳运行至关重要,是底线。另外,不同专业的基础设施系统还会互相影响,如城市遭遇特大暴雨,无法及时排涝,造成雨水倒灌地铁车站,最终导致地铁停运。所以城市基础设施系统是一个巨大的有机整体,会牵一发动全身,一旦陷入危机,必须不惜一切代价快速恢复常态,这就是韧性城市的基本要求。从城市发展的布局来看,基础设施往往从城市中心开始建设。中心城区的基础设施完善以后,随着城市外延扩展,再逐步向郊区拓展,形成一个更大的基础设施系统,最终使得基础设施提供的公共服务在中心城区和郊区均等化,无论是伦敦、东京还是深圳的供排水服务都经历了这一过程。

（三）从设施导向到服务导向

基础设施进入稳态运营以后,人们往往更加关注基础设施运营以后所提供的公共服务的品质,而设施本身的状态,并不是公众关注的焦点。例如,现在长三角高速公路的服务区已经不是传统的给司机停车休息的概念,而是一个小型的餐饮、休闲、超市乃至住宿的综合服务的概念。人们更加重视服务带来的体验。伦敦部分地铁轨道已经使用上百年了,车辆也老旧,但是照样不影响列车通行的准点率,仍然是全世界最好的地铁服务系统之一。在供水方面,在欧美发达城市,饮用水已经达到食品级标准,直饮水已经普遍的现象,水质的标准不仅仅是关乎味觉和嗅觉,而且更加注重口感。分质供水在伦敦等一些著名的城市已经实现。在东京,地铁的准点率可以以"秒"计,在香港,地铁车站往往被改造成体现当地特色和时代特征的艺术博物馆,使人们的交通出行成为一种享受。

二、特大型城市基础设施运营保障机制的共性特点

（一）实施主体

基础设施建设的早期,往往是以单个或单线项目为主要模式展开的,实施主体也经常呈现出多样性的特点。上海在20世纪90年代中后期,还是存在不少由房地产开发商和当地街道投资建设的公共排水管道。进入运营期以后,如果继续"分而治之"和"各司其责",就会造成整体上一盘沙和系统风险。所以,基础设施进入系统运营以后,"分"和"散"就会逐步走向"统"和"合",最终由一家机构或企业统一运营管理。伦敦泰晤士水务从20世纪90年代开始,逐步将各市镇和各私人业主建设的私人污水管道均纳入公共污水管网管理。东京地铁在各个历史时期都出现过各种类型的投资建设和

运营主体,最后到20世纪七八十年代均归于统一,部分归于原先的东京都营交通公团(后改名为东京地铁公司),9条地铁线虽然还是私人所有,但是运营还是归于东京地铁公司统一承担并服从统一的调度管理系统。巴黎供水在2007年之前还是由威立雅和苏伊士各自承担一半,2007年之后巴黎市政府对两家企业终止了合约,改由一家公共机构承担。

研究表明,由于巨型基础设施安全稳定优质运营服务的特别重要性,这些著名国际都市的往往是由一家带有公共性质的机构或国有企业垄断经营或运营,即使是少部分的私人控股的企业,也是公众公司,有强烈的公共义务和责任感。例如,伦敦泰晤士水务集团的股权可以经常更换至各大金融资本,但是运营部门仍来自原先的伦敦水务公营部门,原则上人员不得随意更换。著名的港铁实际上是一家香港特区政府所有企业,垄断经营全港的地铁业务和相关的公交业务。巴黎1948年就组建了国有的地铁运输公司RATP,投资并掌管整个巴黎大区的地铁与RER业务。2001年,为了解决新加坡的用水危机,新加坡政府直接将原先只管理污水的公用事业局(PUB)转制为按照公司制运作的公营机构,将整个新加坡的水务工作全部交由PUB管理。即使在私人企业擅长的环境、环保和环卫事业,公共部门的身影还是比比皆是。伦敦城市的环卫服务交由东南西北四家事业单位来打理。1997年,新加坡政府在淡马锡下面组建了国有的胜科工业集团,即使没有任何经验,也直接指定胜科集团承担整个裕廊工业园区的环保服务,直至今天。

总之,在特大型城市和重要影响力的城市,即使是私有制为主的国家,其重要的基础设施仍然是由一家公营机构或国有企业垄断经营管理,这也是普遍的惯例。

(二)政企关系

与公营机构和国有企业独家垄断经营的惯例相配套,城市政府几乎无一例外地与这些机构或企业建立了法律关系。部门通过颁布法律、部分通过协议或法律与协议双管道来明确这些机构或企业的法定地位,责任、权利和义务。比如英国的《水工业法》和《授权书》明确了英国水务垄断经营企业的法定地位和责任权利。新加坡直接颁布了《公用事业局法》,明确了PUB为唯一的水务事业管理经营主体,还明确了财务、价格、服务标准等诸多事项。巴黎RATP设立完全是根据当时的《交通运输法》来设立,并且巴黎大区交通运输局还与RATP签订有一定期限的服务协议,约定服务的数量和质量以及价格和财政补贴等事项。日本在1985年颁布《铁路行业法》,一边推行传统的国有铁路企业改革和转制,一边明确核准的铁路企业的责任权利,这也是东京地铁运营的法律基础。

(三)保障机制

上述体制设计的根本目的,就是使基础设施能够得到长期平稳运行并有一个托底保障的作用。具体机制设计就是如何能够在国有垄断运营的条件下,既要消除垄断引起的低效率以及由于缺乏监管可能造成的低质量,又要使基础设施的安全运行,提供的公共服务做到优质、高效,同时,国有企业又能平衡可持续发展,这都需要一系列机制来配套保障。这些机制也是通过很多年的不断摸索而形成的,并取得了这些国家基础设施行业的共识,这些机制包括以下几个。

1. 价格和财务平衡机制(平衡可持续)

人们经过上百年的实践取得的一个共识是,基础设施及其提供的公共服务虽然被界定为公共产品,但是公共并不代表免费,仅代表公众可以普遍承受得起。公共产品的获得,是需要花费各种成本的,甚至是越优质的公共产品所花费的成本越高。安全平稳运行的基础设施系统往往也是需要功能强大的、高精尖的技术装备和完整的管理体系来保障的,这也需要长期稳定的资金和人力投入。另外基础设施领域目前越来越注重技术创新,信息化改造往往是一部巨大的投资,运营成本也不菲,短期内很可能见不到效益。实力较弱的民营企业根本无力承担,国有企业即使不盈利至少要做到盈亏平衡,即财务报表中损益表平衡,否则就会逐步影响到品质和安全,养护和更新改造难以保证。财务平衡的手段主要来自三个方面:价格、财政补贴和其他业务收入。部分城市的基础设施的价格机制完善,政府的定价机制完全能够覆盖基础设施服务本身,不需要财政补贴,如伦敦的水务每五年调价。如果有其他业务收入,则其他业务收入与公共服务用户付费收入严格区隔,并不意味着有了其他收入,价费调整可以缓行。东京地铁企业物业综合开发经营很成功,但是地铁票价调整照样正常进行,其他收入可以部分投入地铁资本性项目。但是如果企业没有其他收入,仅靠票价收入无力支撑,政府还是予以补贴,如巴黎地铁。伦敦地铁尽管有中央和地方财政投资,但是依旧每年调价。新加坡政府每年都要对 PUB 进行资助或补贴,使之财务做到盈亏平衡。

但是也有一些城市的基础设施,除了做到盈亏平衡以外,还略有利润。这实际上是普遍现象。这点利润往往是促进企业提高效率和可持续发展的有效工具。正是有了这点利润,企业有财力添置设备和技术创新,用于降低人员等刚性成本。也正是有了这点利润,企业才有动力和能力来获得融资并扩大投资,将服务拓展到城市边远地区,也使企业管理水平上个台阶。否则,企业会主要依靠补贴,故意把成本做大,造成垄断低效率。值得补充的是,上述这些价格和财务平衡机制一开始就要设计好的,否则,垄断企业不会靠自身努力来做到财务平衡和略有盈利的。

2. 一体化管理机制(优质高效)

城市基础设施发展到今天,越来越注重投建运管服一体化。也就是说,基础设施的投建运服管的决策和实施都集中于一个机构或企业。这个机构或企业就是功能性主体和责任主体,正如英国政府将区域水务企业称为"责任者"(undertaker),不仅承担了运营责任,还承担了大部分风险。投建运服一体,打破各个业务环节之间的屏障,促进信息沟通,降低交易成本,用服务指导运营(维),用运营(维)引导建设,用投融资满足全寿命周期管理的需求,最终目的是基础设施公共服务优质高效,避免无效投资和建设。这些城的基础设施功能保障性主体都是采取一体化管理的,虽然可以按照环节分包,但是决策权、管理权和考核权还是牢牢地掌握在这些企业的手里。英国泰晤士水务和新加坡的PUB还能代表政府实施PPP招商和签约。

对于关键环节,部分企业还直接自己承担,投融资基本上都是自己来运作,并有前期策划和设计规划,比如深圳市市政工程设计研究院在深圳市政府很早就划归至深圳地铁集团名下,深圳时的地铁规划设计就由该院承担,2003年,巴黎大区交通运输局也赋予了巴黎地铁规划设计功能,最终设计技术上的风险均由企业来承担。随着这些功能保障类企业运营服务的基础设施空间范围越来越大,积累的运营情报和数据越来越多,会比政府更加精准地把握实际需求,所以规划设计更应该由企业来牵头组织完成,否则就要造成严重的信息壁垒,最终不能满足实际需求。在信息化和大数据时代,这种情况将更加显著,因为只有企业才有经济能力和专业能力对装备进行持续投资并对数据进行深入分析。

3. 市场化运作机制(高效优质,分包降低成本)

基础设施的安全优质高效运行,是离不开强大的资金支持和丰富的资源作为支持保障的。高效虽然意味着节约资金和资源,但首先还是要通过技术把资金和资源节约下来。这些环节如果完全在政府体系里运作实际上是很难实现的,必须依托于一个功能性企业按照市场规则来整合市场资源。即便是有一个事业机构来组织实施基础设施的运行,也要向市场分包和采购各种业务,包括招聘人才和获得技术与咨询。也只有通过竞争和分包,才能将垄断成本降低。英国政府为了降低水务等公用事业企业的垄断成本,专门出台了《强制竞争法》,强制要求水务企业将非垄断、可竞争的业务强制分包,不得垄断经营。但是,即使水务企业暂时财务上不能取得平衡,但是分包业务还是按照市场规则,一分价格一分货。

4. 政府监管考核机制和公众监督机制(优质高效)

功能保障型企业承担基础设施一体化运行之后,政府就从"运动员"转向了"裁判员"。虽然程度、标准和手法不一,但是这些城市或所在的国家和地区都建立了监管体系和平台,主要实施质量、服务、安全等绩效监管和成本收益等经济监管。最典型的是英国水务办公室推行的是绩效比较和成本标杆比较,比较的结果是水价调价的依据,一旦有违规操作,几百万几千万英镑的罚单照开不误。每年政府对PUB都要严格的审计,作为政府资助和补贴的基础东京地铁调价之前也要经过成本监审。东京地铁,PUB和巴黎地铁等每年都要出具详细的年报,这一系列监督考核措施,就是为了迫使垄断企业时刻保持警惕,约束并力求降低成本,提高服务绩效品质。这样一来,垄断带来的负面效应就大大消除了。

与私人产品不同,公共产品,尤其是垄断性公用事业在供给过程中要保持一定程度的透明,这也是各国和地区的共识。透明就需要接受公众监督,尤其是成本。所以成本公开是一种常见的做法,英国水务企业还将各自的操作规程挂在网上。政府建立了信息公开的网站,很多研究机构、高校等也加入了对这些企业的考察和研究,主要聚焦于体制机制、成本效率和服务品质。

5. 企业自我发展机制(可持续)

虽然是国有企业,但是这些城市的功能保障类企业并不被贴上任何标签,企业还是企业,政府与企业之间的边界是清晰的。虽然存在政府监管,但是监管的是企业提供的产品和服务,也对生产的关键环节、关键要素进行监管。例如,东京地铁公司虽然可以规划线路,但是必须得到政府批准才能实施。除此以外,企业的日常经营决策政府不得插手,政府只管提要求、提标准,对这类企业必须保持"一臂之距"。

企业得以自主经营之后,企业的自我持续发展一般向三个方向铺开,一是在本地业务上的精益求精,包括技术创新和资本投入,这使本地服务品质不断提升。二是在本地借助基础设施拓展其他领域业务,如物业、广告等,这方面的代表是东京地铁。三是将主业发展到外地甚至是海外市场,比较典型的是香港地铁、巴黎地铁、新加坡胜科集团和柏林水务。即使不走向外埠,城市郊区也是一个很好的发展空间。这些企业参与国(地区)内和国际竞争以后,不仅输出能力和服务,赢取利润,更重要的是,这些企业将自身至于更加复杂的技术经济环境,通过市场竞争,不断强化自己提供解决方案的能力,回过来为本地的基础设施提供更高品质更有效率更加安全的运行保障服务。

6. 直接授权的特许经营或类特许经营机制(双向约束)

存量基础设施归于一统以后,无论是通过法律还是协议,政府都与功能保障类企业建立一种类似于特许经营的法律关系,甚至直接署名明确企业的法定地位。由于历史实践已经证明了专业能力,或是政府为了管理方便,往往是直接与企业建立了这样的长期关系,并不需要竞争选择。特许经营期到期之后,也是续签和再续签。虽然互相充分信任,但是,类似于特许经营的法律关系的存在,把政企双方绑在一条船上。通过特许经营,政府给企业一种承诺,反过来就可以对企业实施监管。对企业而言,获得了政府的承诺,必须尽心竭力把基础设施的运行做好、做精。所以,特许经营不是一种短期的政府选择企业的手段,更是一种长期的确保基础设施安全优质高效运行的手段和机制,这对功能保障类企业主动承担责任和持续发展而言尤为重要,否则就是被动式完成任务指令,持续发展也找不到方向。

坚持价值投资 全力打造国际一流的建筑全生命周期服务商

上海建工集团投资发展事业部　上海建工集团投资有限公司

摘　要： 浦江两岸华灯璀璨，632米的中国第一高楼上海中心大厦、上海国家会展中心、上海迪士尼、特斯拉超级工厂、北外滩世界会客厅等一批"超级工程"，随处可见上海建工的身影。上海建工作为中国建筑行业的先行者和排头兵，秉持"追求卓越"，聚合"建筑施工、设计咨询、房产开发、城建投资、建材工业"五大事业群之力，矢志不渝地创造和奉献经典，以功能各异、风格迥然的工程，改变着都市地天际线，美化城市形象，丰富城市的内涵，在中国和世界建筑之林，竖起一个个经典地标。在对接服务国家战略和上海城市建设过程中，上海建工以其卓越的服务品质使上海这座充满活力的未来之城更加璀璨夺目；同时在京津冀、长三角、粤港澳大湾区、海南、中原、西南等区域市场，以及柬埔寨、东帝汶、老挝、沙特、马来西亚等海外市场，主动融入为各地城市建设提供专业、全面、优质、快捷的服务，奋力书写建筑史一页又一页辉煌。

一、上海建工城建投资业务的主要情况与分析

（一）城建投资业务整体情况

目前，上海建工城建投资业务存量合同总额超1 000亿元、资产规模超600亿元，累计承接城建投资项目50余个，其中基础设施投资项目40余个（投资类型包括BT、PPP、ABO项目），城市更新项目10余个。

1.从项目体量与规模看，城建投资项目累计签约合同额接近1 300亿元，其中基

础设施投资项目近1 000亿元,城市更新项目近300亿元。

2.从地域与重点城市分布看,主要在上海、江苏、浙江、广东、山东、江西、四川、海南等沿海沿江城市。多为综合型、片区开发类政府重点工程项目,体量大、子项多、标准高,有着较大的社会影响力。

3.从拉动全产业链业务看,城建投资项目已拉动上海建工全产业链合同额近700亿元,存量城建投资预计后续还将拉动集团内产业联动合同额近300亿元。

(二)城建投资项目建设管理情况

截至目前,存量城建投资项目44个,其中基础设施投资项目32个,城市更新项目12个,合同额近1 200亿元,其中基础设施投资项目900亿元,城市更新项目300亿元。

1.从项目建设状态看,在建项目16个,交竣工项目23个,待建设项目5个,其中进入运营项目12个。

2.从项目管理模式看,处于在建和运营项目有24个,其中由投资发展事业群、投资公司直接管理模式项目18个,上海建工集团内建设咨询单位委托管理模式项目6个。

3.从各单位参建情况看,上海建工集团内各单位、全产业链全部参与进入投资项目,做到了投资项目的产业联动范围覆盖了集团内的所有单位。

(三)城建投资项目效益与贡献情况

1.城建投资业务历年效益情况

城建投资业务开展以来,城建投资项目全口径历年净利润总额近44亿元,其中报表净利润完成超过24亿元(如图1所示)。

2.城建投资业务历年贡献情况

从2016年城建投资业务实体化经营以来,城建投资业务全口径累计实现对上海建工整体利润贡献近34亿元,年平均贡献率占比达到19%(如图2所示)。

3.城建投资业务作用发挥情况

城建投资业务聚焦上海建工"三全"战略、发展定位,大力布局全国化市场,开拓重点区域优质项目,为上海建工战略目标市场布局、全国化品牌形象塑造提升助力赋能。

(1)引领拓展西南、华南等重点区域市场。在以成渝为重点的西南区域市场上,从2016年起,先后投资建设都江堰、眉山等PPP项目,树立了上海建工在西南市场的品

基础设施项目净利润总额

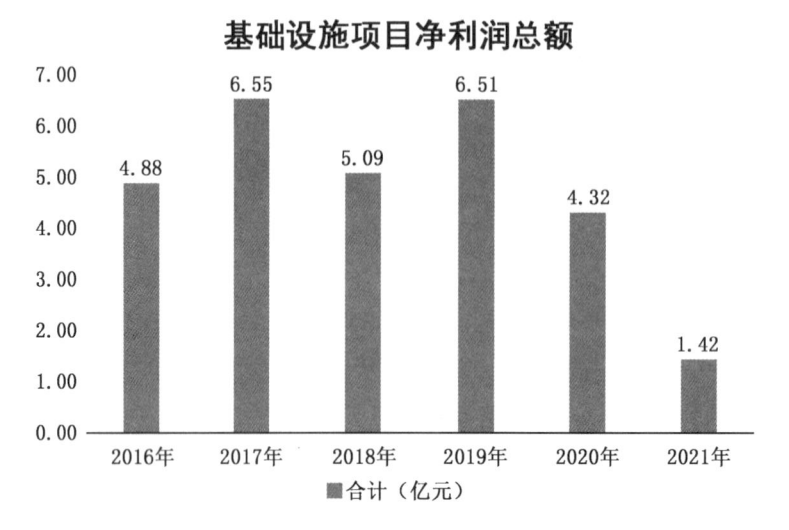

年份	合计（亿元）
2016年	4.88
2017年	6.55
2018年	5.09
2019年	6.51
2020年	4.32
2021年	1.42

图1 城建投资类项目近六年（2016—2021年）净利润情况

投资事业群历年利润占建功股份比例

	2016年	2017年	2018年	2019年	2020年	2021年
占比	23%	28%	14%	23%	15%	11%
建工股份	20.96	25.84	27.80	39.30	33.51	37.69
投资事业群	4.82	7.13	3.91	8.88	4.92	4.26

图2 城建投资类项目近六年（2016—2021年）贡献情况与比例（单位：亿元）

牌与形象，有力带动了集团各事业群逐步进入西南区域，西南市场区域业务规模从2016年的46亿元发展到目前超370亿元，市场规模实现大幅增长。在以广东为重点的华南区域市场上，城建投资业务2016年中标广东肇庆火车站、四会综合道路工程、珠海海绵城市等PPP项目，推进了上海建工各事业群在华南区域市场的开拓布局（2016年前该区域市场规模约30亿元，到目前为止规模达940亿元）。

(2)助力打响上海建工区域市场品牌与形象。城建投资业务大力实践上海建工"三全"战略和服务商文化,提升了上海建工在区域内的品牌影响力和市场占有率。比如,四川区域的眉山环天府公路及"建工第一隧"、都江堰"建工第一坝"、浙江区域的全国第一所研究型高校——西湖大学、温州七都大桥项目、综合投资规模最大的江苏盐城滨海港项目、广东肇庆火车站项目等,通过投资引领,打响了上海建工品牌与形象在重点区域市场的知名度、影响力和市场竞争力。

二、聚焦战略发展定位,充分发挥投资引领拉动作用

上海建工发展愿景是"成为国际一流的建筑全生命周期服务商",从20世纪90年代开始探索战略转型,从单一的建筑行业生产经营到生产经营与投资相结合,增强企业发展动力和抗风险能力,以雄厚的专业技术实力和全产业链协同联动优势,广泛开展跨行业、跨领域、跨区域的投资合作。上海建工立足建筑主业进入投资业务,以价值投资为主线,以品质效益为导向,以投建联动为依托,以核心竞争力建设为抓手,不断提升投资能级和市场影响力,为上海建工打造成为国际一流的建筑全生命服务商赋能增效。

(一)着力投资引领拉动,推动"全国化"市场开拓

上海建工投资业务是因时而生、因势发展,结合城市建设过程中大力引进社会资本参与的形势,1998年以BT模式投资建设延安路高架路(中段)开始起步,充分发挥投资的引领带动效应,以资产经营带动生产经营,以生产经营促进资产经营,依托以城建投资为主要形式的资产经营,以较少投资带动主业规模发展,通过投资强化市场开拓,与地方政府、金融机构和其他相关方建立紧密的合作伙伴关系,在带动建筑主业规模发展的同时,加快推动全国化市场拓展。

上海建工投资业务开展以来,围绕上海建工"十三五""十四五"发展规划、"三全"战略以及国内市场的新布局、总要求,坚持"一盘棋"思维,紧盯国家"十大战略性发展区域""两新一重"新基建投资领域,全力投拓长三角一体化、珠三角大亚湾、海南自贸港等经济发展高地与前沿阵地的优质项目,千方百计寻拓"好赛道、好项目",拓宽投资市场、拓展投资增量,推进高品质的全国化市场布局,强化赛道竞争力,提升投资能级,实现更高质量、更高能级发展,更优质、更有力地服务推动集团整体战略落地。

"全国化"发展是上海建工持续做大规模、做强能力、做优品牌的重要支撑,是顺应

国家战略、打开市场新空间、实现可持续发展的自我转型之路、自我加压之路。上海建工积极贯彻市委、市政府提出的"全国布局、服务全国、海外发展"要求，坚持投资引领拉动，围绕重要战略市场，通过以投资先行布局目标市场、站稳脚跟、打响品牌，助力"全国化"战略纵深发展。自2007年上海建工提出开拓全国化市场以来，全国化市场布局日趋完善，从"走出去"到"走进去"，从"1+5+X"到"1+7+X"，从"抢滩登陆"到"安营扎寨"，从"经营窗口"到"经营城市"，从"城市模式"到"区域总部模式"，上海建工积极探索实践、一以贯之延续，坚定贯彻"全国化"大格局、大发展的大战略。国内市场形成了以长三角区域，以及华南区域、京津冀区域、中原区域、东北区域、西南区域和其他若干重点城市组成的"1+7+X"国内市场布局，充分发挥自身技术、管理、品牌优势，对接、融入和服务中国（上海）自贸区临港新片区建设、长三角一体化发展、京津冀协同发展、粤港澳大湾区建设、雄安新片区建设、海南自贸区港建设等国家战略，投资业务、承建工程覆盖全国34个省、自治区、直辖市的120多座城市，并在海外20个国家或地区承建项目、开展业务。

上海建工投资业务开展以来，投资建设了常州客运中心、无锡吴越道路（A标段）、南京南站综合枢纽等BT模式投资项目，初步打开投资局面，为后续服务支撑"全国化"战略奠定了基础，特别是常州客运站等项目，得到当地政府充分好评，在江苏市场打响上海建工以及投资业务的品牌和口碑，为中标当时体量规模最大的108亿元的苏州昆山中环快速路工程投资项目打下基础。在华南、西南、海南等重点区域市场，以投资为引领，助力集团其他各事业群市场进入，以肇庆火车站PPP投资项目为突破，为华南市场"开疆拓土"提供了抓手；通过眉山、都江堰等PPP投资项目，开拓进入西南市场；设立上海建工海南投资公司，通过投资带动，顺利进入国家战略区域——海南自贸试验港建设，"全国化"市场拓展和布局进一步深入。

（二）着力投建联动协同，推进"全产业链"发展

上海建工旗下"建筑施工、设计咨询、房产开发、城建投资、建材工业"五大事业群，拥有完整的建筑全产业链。上海建工全产业链优势，在投建联动中得到了充分彰显，发挥了扩大主业规模、拓展国内市场"敲门砖"的重要作用。城建投资项目多为综合型、片区开发类项目，在投资的一盘棋统筹下，通过投建联动协同，上海建工各事业群力量、各专业条线联动作战，既建立了上海建工"全产业链"协同联动的试验田，检验了"全产业链"能力和优势，又在协同联动中推动了"全产业链"发展。

同时,上海建工城建投资业务围绕集团近年来"六大新兴业务"蓬勃发展的新格局,城建投资领域不断开拓新赛道,成为提升产业链、拓展价值链的试金石,"城市更新、水利水务、环境治理、数字化工业化建造、建筑服务业"等新兴业务在投资带动下快速提升发展。

在城建投资诸多综合性、片区类投资项目工程中,上海建工展示了"兵团协同作战"的全产业链优势。比如,四川眉山交通及社会事业建设PPP投资项目,项目涵盖公路、教育文化、医疗卫生、体育场馆等多个领域,投资协同建筑施工、设计咨询、建材科技等集团内各事业群的13家单位参与,是"全产业链"参与单位最多的一个项目,对"全产业链"进行了压力、能力全面测试、检验和提升。再比如,苏州昆山中环快速路投资建设项目,项目形象地比喻为"手持彩练当空舞"的交通枢纽,是当时投资额最大的一个项目,通过该项目为各产业链培养出了一大批技术、管理专业队伍,提升了队伍综合素养。

(三)着力投资聚合联通,打造"全生命周期"服务商

上海建工城建投资业务聚焦国家经济发展的高能级区域、优势资源导入的战略性地域、重要产业基建领域、集团重点发展的战略性新兴产业,以投资为引领深化集团内"企企合作"战略,通过投资聚合联通,加强集团内资源联动、优势互补,强化产业联动合作,推动形成了集团内更加成熟、更高能级的协同联动发展机制与模式,助力推动了集团"全生命周期"服务商建设。

1.注重以投资聚合联通市场,提高全国化资源配置能力。以投资为引领,聚合资源,联通业务市场,增强集团全国化资源配置能力,强化信息、人才、技术、资金等要素配置的市场影响力,推动业务模式、服务模式和管理模式创新,培育产业发展新动能,建设开放共享的市场体系、产品体系和服务体系,推动从建筑承包商向服务商的深度转型,提供智能、高效、优质的建筑全生命周期服务整体解决方案,打造专业能力一流的品牌形象。

2.注重以投资聚合联通服务,切实为全产业链赋能增效。以投资为载体,聚焦"核心业务+新兴业务",在重点领域和关键环节,推动行业标准、制度规范的提升,实现集团高水平、高质量的制度供给、产品供给和服务供给,从投资、策划、设计到建造、运维、更新,推动智慧建造与建筑工业化协同发展,增强创新能力、研发能力和技术执行能力,提升工业化、数字化、绿色化建造水平,进一步打通产业链,加快能力升级,形成各

个环节共同参与的生态圈,全产业链服务平台为客户创造最大价值,打造服务水平一流的品牌形象。

3.注重以投资聚合联通数字化、智慧化载体,推进"全生命周期"服务能级提升。围绕集团"数字化转型＋数字化建造体系",着眼投资业务实际,实施"星链行动",挖掘投资业务涉及的数字化、智慧化资源和载体,从参与建设的全过程、产业发展的全链条、工程项目的全周期出发,放大数字链接的综合效应,打造智慧设计、智慧建造、智慧加工、智慧运维和智慧更新的数字化平台,提升全周期服务能级提升,以高水平的组织自我革新优化能力、风险自我防范化解能力,打造运行机制一流的品牌形象。

三、坚持价值投资导向,塑造培育核心竞争力

上海建工城建投资秉承"价值投资"理念,坚持"确保投资收益为王"的发展原则,坚守初心,把握机遇,注重回归投资本源,培育核心发展优势,实现高质量可持续发展。

(一)紧盯战略目标市场,持续提升投资知晓

紧跟国家战略和上海城市布局,不断寻求高质量发展路径,是上海建工投资事业发展始终遵循的指导思想。上海建工迎着工业化和新型城镇化建设的曙光,服务城市转型升级,从以BOT模式投资建设城市高架路、国家高速公路,到以BT模式投资建设交通综合体、地铁世博专线,到投资建设规模超百亿元的昆山中环快速路,再到以PPP模式投资建设温州瓯江口新区一期市政工程、肇庆火车站综合体、都江堰滨江新区基础建设、眉山交通及社会事业、杭州西湖大学、青岛轨道交通产业示范区、盐城滨海工业区港城启动第一批项目,完成了多个城市基础设施经典项目,业务覆盖10余个省份30余座城市,从投资市场的一个单体进化为连接各方优势资源的集聚枢纽,以"合作共赢"的理念,为城市美好未来赋能增值。

(二)紧盯核心能力培育,持续提升投资能级

投资的核心能力主要体现在"融、投、建、运、退"五个环节。建设是上海建工一直以来的专业强项,随着集团的快速发展,投资能力的重要性凸显。"为项目创造价值、为资产保值增值、为城市美好未来服务"是上海建工投资业务一以贯之的目标。所有基础设施投资项目都经过认真研判,投资为地区、城市和集团带来什么价值,必须做全面的评估,确保符合上海建工的投资理念。昆山中环项目是上海建工投资发展历史进程中一个有代表性的项目。通过昆山中环项目的实施,上海建工在公路领域的施工能

力、工程业绩得以提升。昆山中环项目不仅获得了合理的投资回报,更让上海建工由此打开市政公路工程的大市场。上海建工已成为公路建设领域的领头羊和主力军,这是投资带给上海建工的最大价值创造。

(三)紧盯产业链拓展,持续巩固投资价值链

上海建工确立了大力发展城市更新、生态环境、水利水务、工业化建造、建筑服务业和新基建六大新兴业务,以及与国家战略、人民生活息息相关的目标。在巩固城市基础设施投资领域领先优势的同时,注重在城市更新、生态环境、新基建领域等寻求突破。上海建工城建投资参与的杨浦发电厂改造是一个城市更新的标志新项目,目标是将杨浦电厂这一"工业锈带"打造成国内顶尖的"秀场"、上海生活时尚高地,成为未来城市有机更新的标杆项目。投资上海电科智能,有力提升了集团智慧施工的产业发展。在集团全产业链引领下,电科智能业务全面融入建工体系。电科智能发挥高科技企业优势,针对集团业务开展智慧建筑、智慧建造技术等课题研究公关,先后承接了西湖大学云谷校区智慧运维平台项目以及嘉兴凯悦酒店、深圳佳兆业弱点智能化项目、迪士尼机电及弱电工程,实现了智慧建造与智慧工地技术融合的"零的突破"。在新基建等领域的投资实践,为拓展集团未来业务增长点、为集团高质量可持续发展提前布局。

四、加强全面风险管控,确保投资健康发展

管控风险是守住投资安全的基石和关键,防范住风险也是创造投资价值。面对复杂的经营环境和内部运营,不确定因素越来越多,企业转型发展的风险越来越大。我们始终坚持"主动风险管理"和"全过程风险管理"的理念,从风险识别、风险分析、风险处理、风险监控等环节的介入,在"投、融、建、运、退"各个环节中,注重定期管控与常态化管控结合,加强全面风险管理,切实把风险发生的可能性和影响力降低在可接受的范围内,持续提升预测风险和抗击风险的能力。

(一)落实主体责任,形成全面风险管理体系

以"强内控、防风险、促合规"为目标,构建全面风险管理工作体系,推进企业管理制度一体化融合,建立健全以风险管理为导向、合规管理监督为重点,严格、规范、全面、有效的内控体系,推进法务、合规、内控与风险四位一体管理平台建设。按照"风险导向、体系融合、整体部署、分批推进、先行探索、后发看齐"的原则,进一步梳理现行企

业管理制度,适应投资业务发展规模、组织架构、产业结构和地域格局等方面的变化,构建高度整合、集约的一体化企业管理制度体系,实现用一套完整制度涵盖所有风险管理的要求。

(二)加强过程管控,增强防范处置风险能力

在全面梳理排查投资业务整体性重点风险防范的基础上,分专业、分地域、分层级开展重大风险的全面梳理排查和识别,建立重大风险清单,明确风险预警指标,构建风险预警模型,编制常见风险防范指导手册(如图3所示)。进一步健全依法决策机制,完善"三重一大"等决策制度,抓好战略决策等各类风险的监测预警、识别评估和研判处置,坚决守住不发生重大风险的底线。建立分级分类的内部客户信用评级体系,实施差别化的风控政策。对供应链贸易、设计A类重大风险的工程承包、新型金融工具等高风险业务,实行风险业务总量控制。对发生特别重大风险的企业,实施相关业务熔断机制。

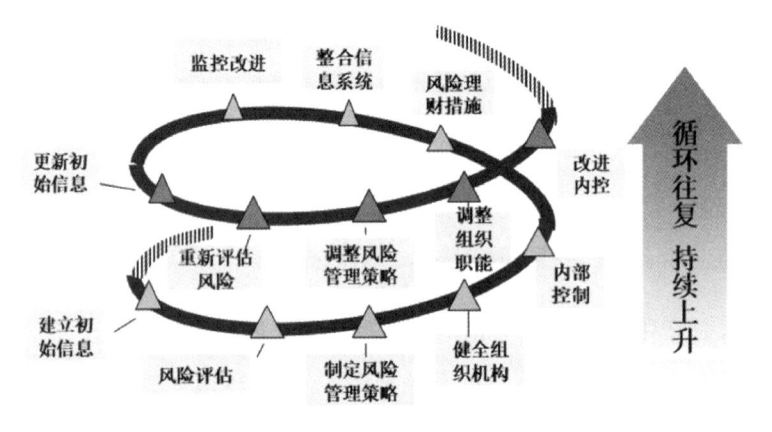

图3 循环优化的投资风险管控体系

(三)健全容错机制,激发创业热情

坚持"依纪依法、实事求是、公平公正、容纠并举、稳慎实施、激励担当"的原则,把管理人员在推进改革中因缺乏经验、先行先试出现的失误和错误与明知故犯的违法违纪行为区分开来;把上级尚无明确限制的探索性试验中的失误和错误与上级明令禁止后依然我行我素的违纪违法行为区分开来;把为推动发展的无意过失与为谋取私利的违纪违法行为区分开来。使创业者卸下包袱、消除顾虑、轻装上阵,鼓励各级领导干部在推进创新转型过程中,勇于担当、敢于负责、善于作为。坚持容错与纠错并举在实施

容错减责过程中,准确把握容错纠错的尺度,同步加强对违规经营投资的追责问责。

五、彰显文化凝聚力,为高质量发展保驾护航

文化是企业凝心聚力的灵魂,是基业长青的根基,更是健康持续发展的力量源泉,无形而有力,不可或缺。上海建工作为中国建设行业龙头企业,一直注重运用文化的力量引领和推动企业发展,在近七十年的发展历程中,积淀了厚重的文化底蕴,也形成了一批宝贵的精神财富。集团以党建为引领,全面推动企业创新转型,以传承三大文化基因为导向,全力延伸企业文化内涵,更加注重精神内核、价值取向和企业品牌的塑造,从"增强'国家队意识'、塑造'工程师气质'、培育'服务商文化'"三个层面凝聚共同价值追求,提出了新的发展愿景:成为国际一流的建筑全生命周期服务商,将落脚点放在"服务商",则进一步彰显上海建工勇担责任使命的自信心、服务国家战略的责任心和争创国际一流的进取心。城建投资事业群传承"三大文化基因",增强"国家队意识",塑造"工程师气质",培育"服务商文化"。城建投资事业群秉持"为客户创造价值、为资产保值增值、为城市美好未来服务"的理念,坚守"价值投资,赋能城市美好未来"的使命,奉献优质投资项目,赢得客户的信任与尊敬,开拓更为广阔的发展空间。

六、结束语

我国经济已由高速增长阶段转向高质量发展阶段,建筑业是我国国民经济的支柱产业,是国民经济其他行业和部门高质量发展的重要前提和保障。新形势下,上海建工在上海市委、市政府、市国资委党委和市国资委的领导下,一定会抓住新时代发展的战略机遇,成为国际一流的建筑全生命周期服务商,以更高质量服务国家战略,助力城市建设的高质量发展。

有效投资促进高质量发展格局形成的机理与提升策略研究

范道安

摘 要：本文探析有效投资对稳步构建"双循环"新发展格局的逻辑，有效投资促进高质量发展的机理与提升策略，积极运用有效投资手段，从投资领域和投资质量与进度两大方面做好配套制度建设和政策落实。面对经济下行压力较大的形势，创新思路方式，充分发挥投资关键作用，培育新的经济增长点，扎实推进高质量发展，奋力实现高质量发展格局。

一、引言

有效投资已经成为社会关注的重点与热点。投资是反映经济规模、结构、效益等状况的主要参照指标，是国民经济核算的重要基础，是国家制定宏观经济政策的重要依据。在全球经济徘徊缓慢复苏、国内经济下行压力加大的背景下，"大水漫灌"式投资对经济增长的边际效应递减，进一步扩大有效投资成为支撑经济稳定增长、拓展结构调整空间、增强转型发展后劲的有力抓手，也是加强供给侧结构性改革"补短板"的关键着力点。积极扩大有效投资，是当前宏观政策发力重点，既有利于扩大当前需求、应对经济下行压力，又有利于优化供给结构、推动高质量发展。

范道安，博士，上海杉达学院、上海大学管理学院区域与城市发展研究院研究员，上海市固定资产投资建设研究会特约作者。

二、有效投资的概念及现实要求

（一）有效投资的概念

有效投资是指对固定资产的形成真正做出贡献的投资额。有效投资等于实际投资额减去固定资产投资运营过程中的各种无效投资，即产出能够满足社会需要而不是形成新增存货和积压的投资。有效投资主要用于"补短板"，包括保障民生领域、提高全员劳动生产率、满足国内消费者购买需求、降低交易费用、基础设施新改建等领域的投资。无效投资的判断标准主要包括对环境和资源过度利用、产能过剩行业、投资效益低下。

（二）有效投资的现实要求

衡量投资效率的标准因投资主体不同而异。在某些产业领域，我国存在投资过剩的现象，投资的微观回报率很低，这些领域的投资过剩在金融层面反映为企业坏账增加，杠杆率和金融风险上升。而在另一些领域，则表现为投资不足，这些投资不足的领域其投资回报率有可能高于全社会平均回报率。对于竞争性市场投资领域，应尽可能优化市场环境，遵循市场规律，清理僵尸企业，为投资不足的领域腾出更多资源。

我国社会主要矛盾已经转化为人民日益增长的美好生活需要和不平衡不充分的发展之间的矛盾，我国经济已经从高速增长阶段进入高质量发展阶段。为防止杠杆率和金融风险过度上升，公共投资的原则是不搞大水漫灌式的强刺激，瞄准公共投资领域中的短板，精准投资。应推进供给侧结构性改革，改善民间投资环境，完善公共投融资体系，把扩大有效投资的重点放在补短板上面。通过稳投资推进稳增长和培育发展新动能，形成有效供给和新需求，推动经济高质量发展。

（三）有效投资对我国经济增长的作用分析

有效投资仍然是拉动经济增长的重要力量。在我国的经济增长结构中，固定资产投资一直是拉动经济发展的重要力量。改革开放以来的相当长时期内，固定资产投资在推动经济高速增长中发挥着十分重要的作用。长期过度依赖投资拉动经济增长必然带来经济增长结构失调、经济发展不可持续，最终会偏离经济发展的根本目的。随着我国经济发展进入新的历史阶段，客观上更加要求经济增长必须以提高居民消费增长能力和全面改善人民的社会生活水平为支撑的高质量发展。总体上看，我国经济增长结构在不断地向最终消费率和服务业发展比重提升的方向发展。

三、有效投资促进"双循环"新发展格局形成的机理研究

（一）构建新发展格局的有效投资逻辑：补短与升级

在宏观需求管理的框架中，内需与外需是一对最基本的关系。构建以国内大循环为主体、国内国际双循环相互促进新发展格局。改革开放以来，以开放促改革，总体上实施了出口导向工业化战略，更多地依靠开拓外需促进经济发展，中国经济高速增长总体上是与持续高投资率相伴随的。但是，随着资本边际报酬递减，这种高投资拉动的经济增长往往被认为是不可持续的，是一种粗放的规模扩张性的增长模式。构建新发格局，有必要牢牢抓住扩大内需这个战略基点，既要强调消费对经济发展的基础性作用，全面促进消费，又要拓展投资空间，保持投资的合理增长。

（二）内生增长理论强调了创新驱动在内源式经济发展模式中的重要性

我国经济发展模式由外源型增长向内源型增长转换是大国经济发展的必然选择。内生增长理论将知识创新、技术进步等内化到投入要素上，体现了创新驱动在经济增长中的重要作用。内生增长理论中知识创新与技术进步通常可分为两大来源：一是通过对现有技术模仿、吸收、改进和干中学以获得的创新和进步；二是通过研究开发、教育培训、公共政策等实现科学技术的原创式生产。

（三）扩大内需推动经济内循环的现实逻辑

我国在扩大内需推动经济内循环形成的阶段，必须重视和把握住有效投资，决不能因为曾经实施过大规模、粗放式的投资刺激计划而降低对扩大投资需求的重视程度，应该理性地保持扩大投资需求的科学性和连续性，坚持以供给侧结构性改革为抓手，提高投资的有效性、精确性以及与"五年计划"的匹配度，合理运用有效投资促进高质量的资本形成，夯实社会主义的物质基础，力争在全球经济深度衰退的困局中率先实现经济增长的再起飞。

四、上海促进有效投资高质量发展面临的新形势

提升上海城市能级和核心竞争力，增强资源配置能力是关键所在，须坚定不移提升城市集聚辐射能力，集聚高能级功能性机构。配置全球高端资源要素，是提升城市能级和核心竞争力的必然要求。提升上海城市能级和核心竞争力，优化营商环境是重要标志，必须坚定不移激发市场主体活力。营商环境是城市重要的软实力，也是城市

极其重要的吸引力、创造力和竞争力。

此外我们也应看到一些现实的危机与挑战。

(一)"经济空心化"的担忧

从过去十几年的数据看,与其他一线城市相比,上海在经济总量(如图1所示)、人均GDP(如图2所示)、产业结构调整、科技创新、数字经济、房价、人口增长率等多方面,存在比较大的发展隐忧。近十年来,在宝钢外迁等产业政策的推进下,上海的第二产业占比大幅下降至26.5%(如图3所示)。上海第三产业快速赶超的重要驱动因素是房地产业和金融保险业的快速发展(如图3所示)。2011年,上海房地产业占GDP的比例为5.3%,经过10年的发展,2020年上海的房地产业占GDP比例上涨六成至8.8%;2021年,上海的金融保险业占GDP比例为18.5%。以深圳作参照,深圳的第二产业(以制造业为主)占GDP的比例高出上海近50%(如图4所示)。因此,不禁令人引发"经济空心化"的担忧。

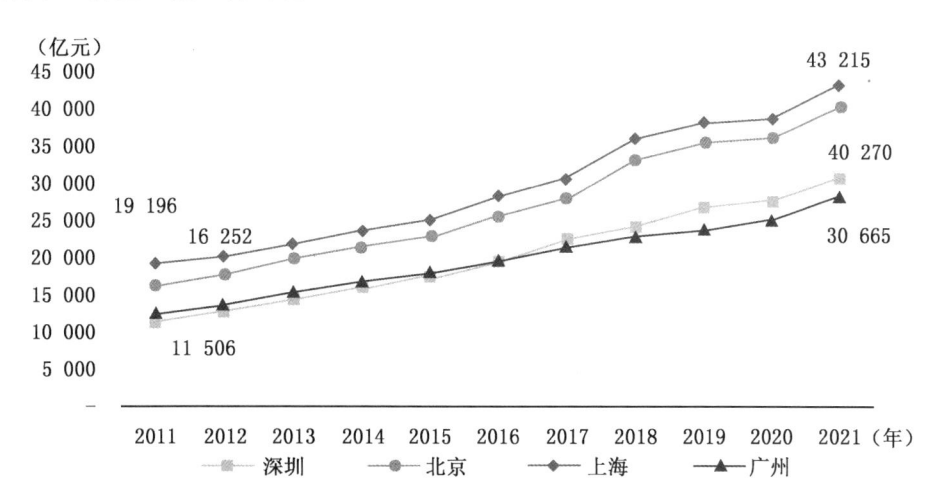

资料来源:国家统计局,万得资讯,望华研究。

图1 一线城市GDP

(二)经济效率的问题

上海面临资源环境要素"紧箍咒",面临人口、土地、环境等的硬约束。从人口看,上海面临人口规模大、老龄化高的问题。从土地看,上海建设用地规模达到3 100平方公里,建设用地占全市陆域面积超过45%,是国内外同类型大城市的1.5~2倍。从环境看,水环境污染仍较严重,生态环境历史欠账较多,市民对城市宜居品质的追求

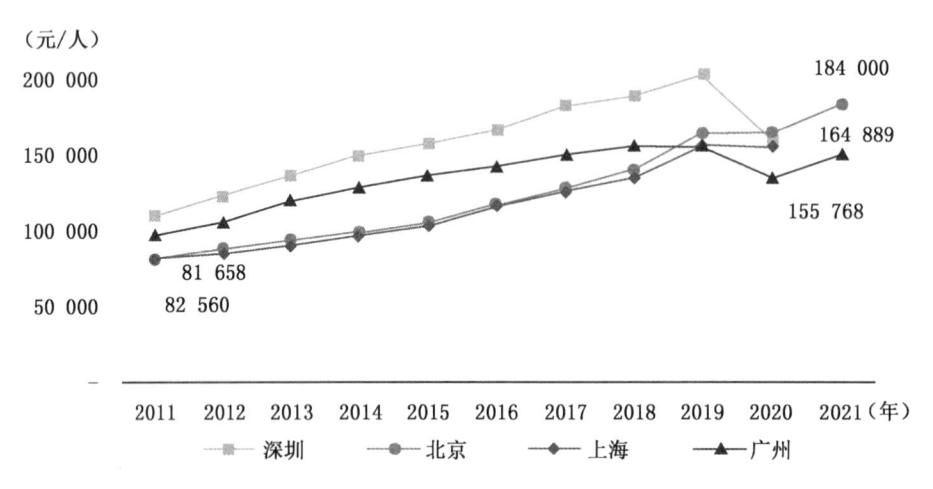

资料来源：国家统计局，万得资讯，望华研究。

图2 一线城市人均GDP

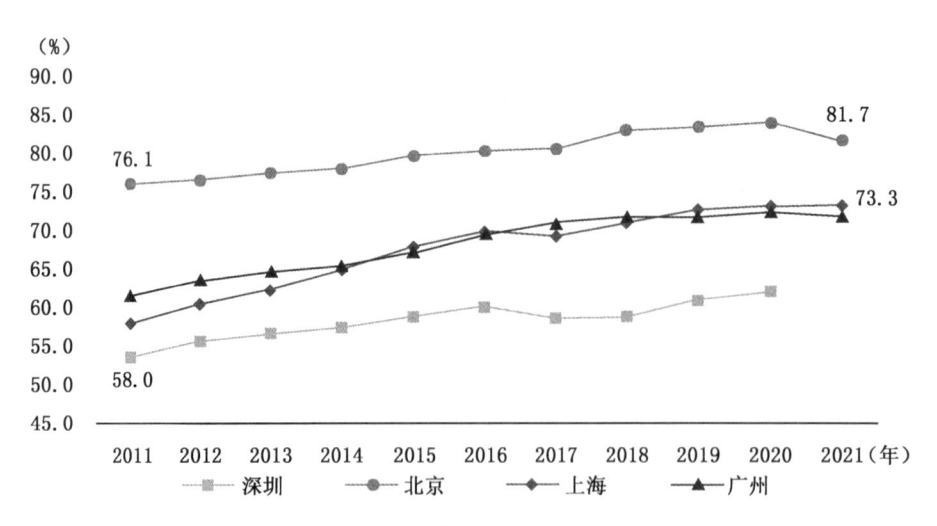

资料来源：国家统计局，万得资讯，望华研究。

图3 一线城市第三产业占比

图 4　一线城市第二产业占比

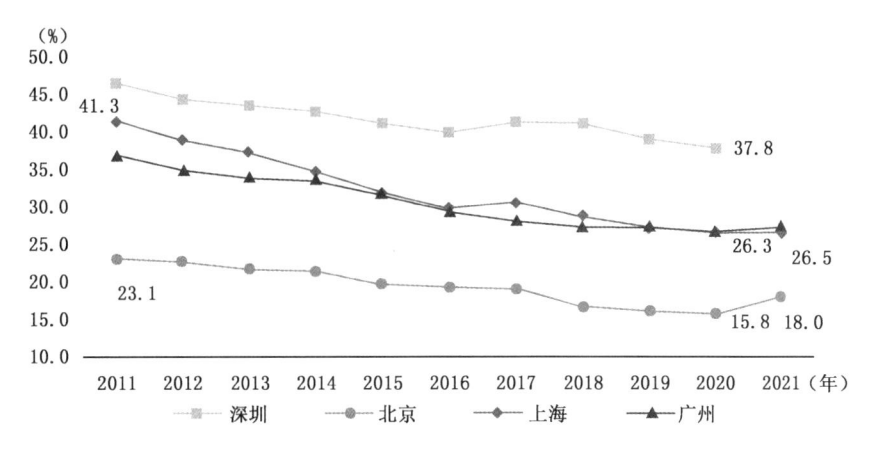

资料来源：国家统计局，万得资讯，望华研究。

越来越高。从全要素生产率增速看，呈现出递减趋势，1992—2000年期间平均增速为6.0，2001—2007年降至5.6，而2008—2016年下降至3.2（如表1、表2所示），抛开技术进步放缓原因，一定程度上也与前一轮改革开放所带来资源配置效率提升红利开始弱化有关。改革开放四十年，上海资源配置效率提升更多体现在产业结构调整升级，包括资本在三产业结构之间转移，以及产业由劳动密集型向资本密集型、产业密集型的升级等。下一轮提升资源配置效率的关键，除继续推动资源由低效部门向高效部门配置外，还要进一步推动资源要素在企业间、空间上的优化配置。

表1　上海市各区全要素生产率

地区	2013年	2014年	2015年	2016年	2017年	2018年	2019年	2020年
黄浦区	0.90	0.25	1.09	2.56	2.75	1.73	0.48	0.45
徐汇区	1.11	0.67	1.46	2.29	2.85	1.39	0.73	0.13
长宁区	0.46	0.45	1.69	2.48	2.08	1.35	0.34	0.04
静安区	0.53	0.53	1.42	2.36	2.29	2.21	0.78	0.16
普陀区	0.53	0.91	1.02	2.51	2.26	1.99	0.46	0.98
虹口区	0.25	0.59	1.79	2.30	2.61	1.78	0.96	0.82
杨浦区	0.26	0.13	0.93	1.81	2.29	1.39	1.06	0.09
闵行区	0.98	0.98	1.28	2.09	2.56	2.13	0.38	1.01
宝山区	0.54	1.01	1.16	1.92	2.25	1.73	1.07	0.29
嘉定区	0.36	0.80	1.56	2.52	2.03	1.89	0.96	0.33
浦东新区	0.39	0.25	1.78	2.11	2.89	1.61	0.65	0.33

数据根据统计局年鉴测算。

表 2　　　　　　　　　　　上海市近年来财政支出规模相关指标

年份	地方财政一般预算内收入（万元）	地方财政一般预算内支出（万元）	年末金融机构存款余额（万元）	年末金融机构各项贷款余额（万元）	GDP（万元）	地方财政一般预算内收入/GDP	地方财政一般预算内支出/GDP	年末金融机构存款余额（万元）/GDP	年末金融机构各项贷款余额（万元）/GDP
2013	41 095 087	45 286 106	692 563 200	443 578 800	216 000 000	0.19	0.21	3.21	2.05
2014	45 855 536	49 234 377	738 824 500	479 158 100	235 700 000	0.19	0.21	3.13	2.03
2015	55 194 964	61 915 601	1 037 605 977	533 872 070	251 234 500	0.22	0.25	4.13	2.13
2016	64 061 300	69 189 405	1 031 639 421	539 850 966	281 786 500	0.23	0.25	3.66	1.92
2017	66 422 638	75 476 205	1 050 988 000	611 888 700	306 329 900	0.22	0.25	3.43	1.99
2018	71 081 480	83 515 363	1 126 162 300	675 679 400	326 798 700	0.22	0.255 56	3.446 04	2.07
2019	71 650 984	81 792 842	1 233 300 600	738 236 600	381 560 000	0.19	0.21	3.23	1.93
2020	70 462 987	81 021 120	1 453 276 519	779 910 285	387 010 000	0.18	0.21	3.76	2.01

五、扩大有效投资的思路与对策

（一）坚持优化投资结构，努力扩大有效投资需求

扩大有效投资需求须坚持以优化投资结构为前提，立足于为更长远的高质量发展提供优质的战略支撑，立足于推动眼下发展面临的短板供给和长远发展需要，并能较快形成实物工作量的项目建设。固定资产投资受新冠肺炎疫情影响较小，目前正是加紧启动、推进项目建设的有利时机。应该因势利导，贯彻新发展理念，选准投资方向，鼓励、引导、扶持、推动有社会需求潜力、有市场发展前景、符合国家发展战略要求的项目加快实施建设。

（二）选准投资内容，明确投资方向

明确投资内容，助力社会全面发展。加快推进以5G、物联网、工业互联网、智慧城市、大数据中心为代表的新型基础设施建设。环境卫生设施提级扩能、市政公用设施提档升级、公共服务设施提标扩面、产业配套设施提质增效，弥补新冠肺炎疫情发生后暴露出来的短板弱项。

（三）强化项目储备，提升投资潜力

一方面，紧扣未来发展趋势，谋划项目。聚焦国家投资重点领域，服务国家发展战略谋划一批重大交通、能源、水利基础设施项目。另一方面，加大招商引资力度，引入项目。围绕上海主导产业，深化产业链招商，充分发挥产业配套的滚雪球效应，实现产业集群化发展。

(四)组合政策措施,有效提供建设资金供给

筹措好投资建设所需的资金,是保证固定资产投资尽早落地、有效推进的基础,需要科学筹划、组合投资来源。从项目开展前期工作、可研、立项、施工直至建成投入运营全过程的投资总额。许多项目并不是一年可以建成,发生在今年的投资额仅是项目投资总规模的一部分。但项目建设资金的筹措则需要在一揽子计划下分年进行,做好统筹平衡十分重要。

(五)提升服务水平,优化投资环境

一方面,优化营商环境。各级各部门应把营商环境建设上升到更高的战略高度来抓紧抓实,进一步加强组织领导,建立长效体制机制,建立以国家营商环境评价为导向的工作思路,紧密围绕项目全生命周期,明确营商环境建设目标,凝聚各方面力量,打造营商环境特色品牌。另一方面,推动项目开工建设。针对重大项目推进缓慢,重点排查制约项目推进的原因,逐项压实责任,切实优化项目建设环境。

智慧城市与数字转型

智慧城市建设推动产业结构升级的效应分析

应望江　张艺晟

摘　要：智慧城市建设是升级版的城市化建设，是我国激活国内创新活力，扩展经济发展新增长点的重要抓手。本文梳理了智慧城市建设和产业结构升级的内涵及其影响因素，通过文献分析和理论归纳，提出了智慧城市建设助推产业结构升级的资源配置效应、技术创新效应、政策集聚效应及其传导机制，并就如何抓住新基建机遇扩大产业结构升级效应提出若干建议。

一、引言

自从2009年IBM提出了"智慧城市"的理念以来，美国、英国、新加坡、中国等纷纷试水智慧城市建设。智慧城市建设的本质是利用信息科学技术对城市功能进行新的赋能，使城市功能更加便利化、智能化。如果说城市基础设施的建设和完善是初级城市化，那么利用信息技术改造升级城市设施，完成城市功能的智能化赋能便是升级版的城市化。

纵观我国改革开放以来城市化建设，最显著的成效之一就是实现了城市产业结构从较低层次不断向较高水平跃升。然而，随着原有经济发展动能的衰减，大多数城市

应望江，上海财经大学图书馆馆长、公共经济与管理学院投资系教授、博士生导师，上海市固定资产投资建设研究会副理事长。

张艺晟，上海财经大学公共经济与管理学院投资系博士研究生。

的产业升级再造开始出现迟滞,其主体产业锁定在了全球价值链中的中低端位置,产能过剩问题严重,且整个产业链条的自主创新能力不足,核心技术的知识产权被发达国家掌控,部分高精尖的产业面临被"卡脖子"的危险境地。面对这种局面,继续深入推进城市化,开展升级版的城市化建设成为许多城市的发展路径选择,具体抓手便是开展智慧城市建设,其目的是带动城市产业结构的进一步优化升级,使我国城市的产业跃升到全球产业链中高端位置。

目前已有部分实证研究表明,智慧城市建设能够推动城市产业结构的优化升级,[①]但对于效应分析及其实现机制等还有待进一步研究。本文聚焦智慧城市建设与城市产业结构的相关关系,力图通过文献梳理和理论推导,梳理出智慧城市对城市产业结构优化升级的效应及其传导机制,为城市经济的高质量发展提供思路借鉴。

二、智慧城市的内涵和发展特征

(一)智慧城市的内涵

2008年,IBM提出了"智慧地球"理念,智慧地球的愿景是把新一代互联网技术运用到各行各业,通过在全球各处的公共服务设施系统中嵌入感应器,并利用超级计算机和云计算相连,形成能够满足人类更精细、动态化的工作需求的智能物联网络,从而在全球范围内提升"智慧水平"。随后,IBM从"智慧地球"理念中分离出"智慧城市"概念,并将其描述为"能够充分运用信息和通信技术手段感测、分析、整合城市运行核心系统的各项关键信息,从而对于包括民生、环保、公共安全、城市服务、工商业活动在内的各种需求做出智能的响应,为人类创造更美好的城市生活"。

可见,信息技术的运用是智慧城市建设的主体技术思路,具体来说,是将各类智能感应器、传感器等嵌入到建筑物、电网、公路、桥梁、供水系统、大坝等物体中,通过互联形成物联网,实时动态感测城市中组织(人)、业务(政务)、交通、通讯、水和能源等核心系统运行中的关键信息,进而运用云计算和超级计算机对城市运行中产生的大数据资源进行分析和整合,实现对城市资源的精细和动态高效配置,最终实现城市中生产活动、公共安全、民生、政府服务等的智慧式治理和运行,以及城市的和谐、可持续发

---

① 赵建军,贾鑫晶.智慧城市建设能否推动城市产业结构转型升级?——基于中国285个地级市的"准自然实验"[J].产经评论,2019(5):46—60;张辽.智慧城市建设对城市产业结构升级的影响研究——基于杭州市的实证分析[J].杭州电子科技大学学报(社会科学版),2019(6):33—39.

展。①

(二)智慧城市的发展特征

随着新一代信息通信技术的迅猛发展,全球范围内牵起了智慧城市的建设浪潮,目前全球已启动或在建的智慧城市已达1 000多个,未来还将以20%的速度增长。欧洲的英国、芬兰、西班牙、德国等,亚洲的日本、韩国、新加坡、中国等,美洲的美国、加拿大等国家均开展了各具特色的智慧城市建设,如韩国的UCity计划、新加坡的"智慧国家"计划、英国的"未来城市"战略等。总结各国的智慧城市建设,发现智慧城市的发展特征主要有以下几点。

第一,信息高新技术的创新与运用成为智慧城市建设发展的源动力。智慧城市的建设与发展是以新一代信息技术为支持的,这些技术具体包括互联网、云计算、物联网、3S(RS遥感、GPS全球定位系统、GIS地理信息系统)等。从智慧城市的功能实现顺序来看,网络信息技术要涵盖数据采集的传感技术、数据传输的网络宽带技术、数据处理的云计算技术、数据存储的云存储技术、数据共享的云平台技术、网络信息安全的量子通信和加密技术等。如果没有这些高新技术的支持,城市功能的互联互通就无从谈起,依托于大数据的城市智能服务更是成为空谈。

第二,智慧民生、智慧产业和智慧治理是智慧城市建设的三大路径。智慧民生,是指将城市民生功能智慧化,利用新一代信息技术提升市民生活便利性和幸福感,包括智慧家居、智慧健康、智慧教育、智慧购物、智慧交通、智慧环保等,大都涉及基础设施与公共服务,属于智慧城市的生活领域。智慧产业,是指将城市的企业服务功能智慧化,利用新一代信息技术降低企业的运营成本,提升生产效率,包括智慧农业、智慧制造、智慧建筑、智慧物流、智慧商务、智慧旅游、智慧传媒、智慧金融等,主要涉及智慧城市的生产领域。智慧治理,是指将城市管理的形式和手段智慧化,通过新一代信息技术提升政府决策部门的治理效率和精准度,加强管理的科学性和即时性,包括智慧规划、智慧政务、智慧监测、智慧决策、智慧社区,这些主要与城市治理有关,是智慧城市的"中枢神经"。

第三,数据开放和协同运作,是智慧城市建设的突破点。智慧城市是一个要素复杂、应用多样、相互作用的综合性复杂系统,本质是通过将功能完全不同的系统互联在一起形成的"系统的系统",因此,不同系统之间形成有序交流、合理协同的运作机制至

---

① 石大千,丁海,卫平,刘建江.智慧城市建设能否降低环境污染[J].中国工业经济,2018(6):117-135.

关重要。然而,由于各个系统之间在数据标准、数据格式、数据交流之间存在差异,要实现跨部门、跨区域、跨系统的数据融合与信息共享,同时保障个人隐私安全,这还需要在制度以及技术上,做出合理的突破。

三、产业结构升级及其影响因素分析

(一)产业结构升级的定义

产业结构是经济学研究的经典问题,早期英国古典经济学创始人威廉·配第、英国经济学家克拉克和美国经济学家西蒙·库兹涅茨等学者都对产业结构演进规律做了研究和探讨。根据配第-克拉克定理对产业结构演进规律的描述:随着经济发展,人均国民收入水平提高,第一产业的相对比重逐渐下降,第二产业的相对比重上升,经济进一步发展,第三产业的相对比重也开始上升。总而言之,在部分经济学家看来,所谓产业结构升级,是指产业机构从低级形态向高级形态转变的过程或趋势。

然而,随着研究的深入,部分经济学家提出了补充观点,他们认为,产业结构升级并不能单纯概括为产业结构的高级化。从动态的角度看,一个经济体的产业结构变迁具有两个维度:一是产业结构高级化,二是产业结构合理化。产业结构合理化指的是产业间的聚合质量,它一方面是产业之间协调程度的反映,另一方面还应当是资源有效利用程度的反映,也即是要素投入结构和产出结构耦合程度的一种衡量。[①] 通俗地说,产业结构的优化升级,必须根据当时的客观条件进行调整,如科学技术水平、消费需求水平、地区资源禀赋等,而不是一味地追求产业结构高级化,产业结构高级化必须伴随着合理化一同进行,这样才能实现国民经济各部门的协调发展,保证社会有效需求的满足。

(二)产业结构升级的影响因素

产业结构升级是经济增长的重要原因之一,鉴于其突出的经济动力属性,学界对产业结构升级的影响因素及动力机制进行了广泛且深入的研究,并取得大量的研究成果。通过梳理前人的研究成果,我们发现影响产业结构升级的因素主要有三类:要素流动、技术创新和制度环境。[②]

第一类影响因素是从要素流动的角度出发,包括资本要素流动、人力资本流动、直接

---

① 干春晖,郑若谷,余典范.中国产业结构变迁对经济增长和波动对影响[J].经济研究,2011(5):4—16.
② 赵冉冉,沈春苗.资本流动、产业集聚与产业结构升级——基于长三角16个中心城市面板数据的经验分析[J],经济问题探索,2019(6):135—142.

利用外资、社会融资结构等因素。要素流动是产业结构遵循市场化演进的重要推力。以国际资本流动为例,资本偏向于流入资本密集型更专业化的国家或地区,这称之为"配置效应",同时,资本亦偏向于流入有效资本劳动率更低的国家或地区,最终资本流动的方向取决于这两种效应较大的一方。[1] 而一国或一地区为了获得资本,必定会遵循市场需求导向,着力发展资本技术密集型工商业,并大力发展服务业以降低资本劳动率,而资本的到来,又会助推经济增长方式的转型升级,[2]从而形成正反馈机制。

第二类影响因素是从技术创新角度出发,包括研发投入、信息化发展、价值链攀升、产业集聚等因素。技术创新一方面提高了劳动生产率,促进了产业链进一步细化,推动了产业聚集,提升了产业间的聚合质量;[3]另一方面,技术创新带来企业绩效的提高,企业完成原始资本积累后将获得提升自身价值链地位的动力,进而实现产业高级化。这样一来,技术创新对产业合理化和高级化的"两化"发展便产生了显著的正向空间效应。[4]

第三类影响因素是从政策制度角度出发,包括财税支持、货币政策、组织结构等因素。政府为了实现一定的经济和社会目标而对产业的形成和发展进行干预的各种政策的总和,称之为产业政策。产业政策的有效性一直是学界关注的问题之一。经验层面,日本、韩国等多个国家尝试利用产业政策推动产业结构优化升级,其中既有成功的案例,也有失败的经验。[5] 理论层面,已有相当数量的成果论证了产业政策能够有效推动地方产业结构升级[6]:一方面,市场并非万能,由于外部性、信息不对称等问题的存在,导致企业出现投资过度或不足,以致出现产能过剩或过度波动等问题,此外,个别种类的市场可能发育并不完全,导致企业无法完全依赖市场完成资源最优配置[7],

---

[1] Keyu Jin. Industrial Structure and Capital Flows[J]. *American Economic Review*,2012(5):2111—2146.
[2] 赵文军,于津平. 贸易开放、FDI 与中国工业经济增长方式——基于 30 个工业行业数据的实证研究[J],经济研究,2012(8):18—31.
[3] 王春晖,赵伟. 集聚外部性与地区产业升级:一个区域开放视角的理论模型[J],国际贸易问题,2014(4):67—77.
[4] 陶长琪,彭永樟. 经济聚集下技术创新强度对产业结构升级的空间效应分析[J],产业经济研究,2017(3):91—103.
[5] Lin,J. ,Chang,H. J. Should Industrial Policy in Developing Countries Conform to Comparative Advantage or Defy It? A Debate Between Justin Lin and Ha-Joon Chang[J]. *Development Policy Review*,2009(5):483—502.
[6] 韩永远,黄亮雄,王贤彬. 产业政策推动地方产业结构升级了吗?——基于发展型地方政府的理论解释与实证检验[J],经济研究,2017(8):33—48.
[7] Rodrik,D. Coordination Failures and Government Policy:A Model with Applications to East Asia and Eastern Europe[J]. *Journal of International Economics*,1996(1):1—22.

面对这种情况,通过政府职能部门反复研判产生的产业政策,在市场机制不完善且短期内难以根本改善的情况下,有助于弥补市场缺陷,防止盲目投资和过度生产,加快资源在产业间的优化配置,促进产业结构的合理化;另一方面,由于技术创新和升级需要必要的公共基础设施以及市场风险分散举措,如专利保护政策、风险投资基金、公共研发基础平台乃至各类人才政策支持等[①],而在产业政策的调节机制下,政府部门通过基础设施建设、重大科学创新攻关计划、财政补贴和信贷扶持等操作手段,能在较大程度上承担技术研发和应用等过程中的市场不确定性风险,引导各方力量集中开展新技术研发,发挥技术研发的规模经济效应和集聚效应,推动产业技术创新,发展前瞻性的主导优势产业、新兴技术产业,促进地区产业结构高度化。

四、智慧城市推动产业结构升级的效应及传导机制

通过对智慧城市建设的发展特征和产业结构升级的影响因素分析,可以梳理出智慧城市推进产业结构升级的理论机制,参见图1。

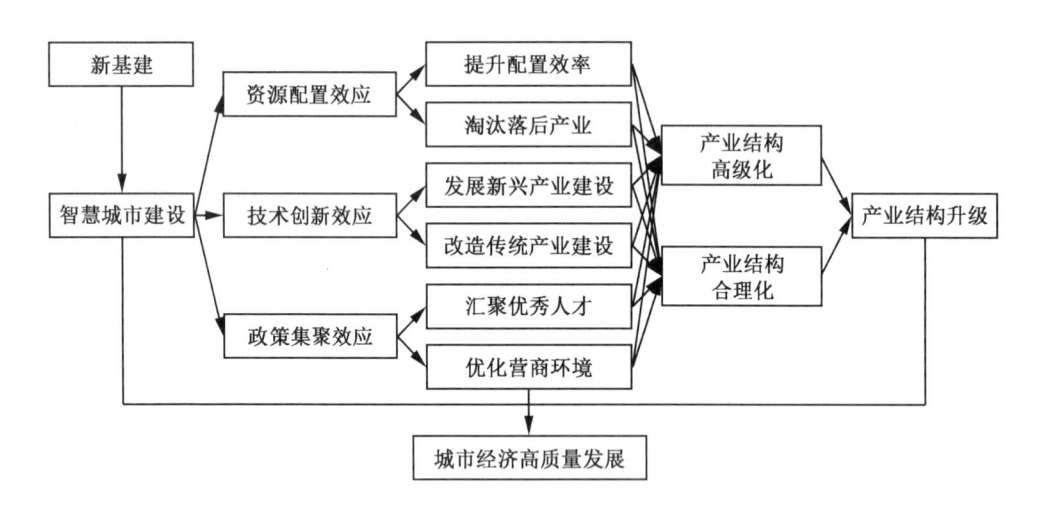

图1 智慧城市建设推动产业结构升级效应及传导机制

---

① Pack, H., Saggi, K. Is there a Case for Industrial Policy? A Critical Survey[J]. *World Bank Research Observer*, 2006(2): 267-297.

(一)资源配置效应

首先,从生产技术上来看,智慧城市建设伴随着智慧技术深入发展,智慧物流、智慧交通、智慧社区等可以实现城市中物流、人流、信息流、交通流的协调高效运转,高效运转的物流、人流、信息流、交通流降低了企业生产经营活动中的交易成本,进而提高企业资源配置效率。

其次,在管理制度上来看,智慧城市运用新兴信息技术变革传统产业和企业的组织管理形式,促使其向科学管理、信息管理、网络化管理方向转变。企业通过智慧技术采用科学管理和信息管理模式,调整和改变当前的组织方式和商业模式,以捕捉瞬息万变的市场需求,提高企业资本、劳动力和能源等生产资源的配置调度效率,提升企业资源利用效率,避免资源浪费。

综上所述,智慧城市建设对于提升企业的全要素生产率有着积极的理论意义,考虑到生产率的提高是产业结构升级的根本动力,智慧城市建设对于产业结构升级的积极作用就显而易见了。

(二)技术创新效应

智慧城市建设是一项围绕高新信息科技展开的城市功能更新活动,需要传统行业拥抱物联网、大数据、云计算等新一代信息技术产业,这势必促进传统产业进行技术创新,提升产品技术含量,进而实现传统产业向现代产业的过渡。

此外,要实现城市建设在民生、产业和治理上的智慧化,还需要在交通、教育、医疗、通讯、能源、安防等多方面的基础设施建设中加装智能设备,尤其是在类似"城市大脑"的城市人工智能中枢的生产建设中,需要包含更多尖端科技的硬件和软件,这种崭新的、高端的市场需求带来了全新的、更高附加值的产业生态,这些产业的兴起会带动信息服务、研发、设计、软件、商务服务等生产性服务业的发展,第三产业的市场需求扩大,推动企业增加对这部分市场需求的供给,从而实现新兴经济的产业集聚,加快地区产业结构升级。

(三)政策集聚效应

2009年以来,关于推进我国智慧城市的讨论就从未停歇,经过前期的理论探讨,从2012年开始中国的智慧城市建设实践开始试点。此后,中央和地方政府出台了一系列政策指导和保障智慧城市建设健康发展。2015年之前,我国关于智慧城市的政策指导均是围绕着总体设计规划展开。从2015年开始,国家政策逐渐倾向于转为对

具体行业或者技术领域的标准指导,包括交通、信息网络、政务等多方面的行业指导和技术指南。此外,国内各地方政府也纷纷出台政策,响应国家号召,探索具有地方特色的智慧城市发展道路。除了北京、上海、广州、深圳四大一线城市出台了智慧城市建设规划外,宁波、武汉、天津、南京、重庆、杭州等多个地市均出台针对性政策推动智慧城市建设。

可见,国家对智慧城市建设给予了大量的政策支持,鉴于各级政府对智慧城市建设项目上的资金帮扶、财税支持,以及基础设置配套,依据前文的分析,各方力量会被引导至智慧城市的建设中来,形成规模集聚效应,进而进一步吸引资本、人才的进入,从而提升产业的资本、技术密集度,实现产业结构的转型升级。

事实上,从智慧城市项目上来看,依据政府公开信息,所有副省级以上城市、超过90%的地级及以上城市均已开展智慧城市建设。智慧城市建设的集聚效应初见成效。

五、以新基建为契机扩大智慧城市建设的产业结构升级效应

(一)高水平建设新一代信息基础设施

新一代基础设施建设对其他制造业和服务业可以起到积极的带动效应。因此要抢抓新基建为产业复苏升级带来的重要机遇,高水平推进5G等"新网络"建设,对电气、燃气、水务、交通、物流等公用基础设施进行智慧化改造,提升新设施的国际竞争力;加快大数据平台与云平台的建设,建设人工智能等新平台;构建一体化的政务服务平台,完善社会治理和民生服务新终端布局,着力创造新供给、激发新需求、培育新动能;在法律法规允许的范围内尽可能公开政府所拥有的各类大数据,充分释放大数据的创新潜力,进一步降低市场主体的交易成本,打造优质的城市营商环境,为加快构建现代化产业体系厚植新根基。

(二)加大具有自主知识产权核心技术的开发力度

在智慧城市建设中,加快高科技密集型产业和新兴产业的发展,培育和提升智慧产业的核心竞争力。同时,进一步提高技术创新水平,转变企业传统生产经营方式,充分利用信息和网络等资源,通过智慧技术提高自主创新能力,改造传统产业,推动传统产业的智慧化改造。

（三）创新多元主体参与智慧城市建设的新模式

智慧城市建设对产业结构升级助推效应的充分释放，需要诸如人财物等要素辅助，这就要求政府利用信息科技加强资本市场建设。在推进智慧城市的过程中，要创新投资建设模式，坚持以市场投入为主，支持多元主体参与建设，鼓励金融机构创新产品强化服务。为此，政府需要加强引导和支持，通过规划布局、规范标准、要素保障、信贷优惠、数据开放等举措，鼓励和引导更多社会资本投入智慧城市建设领域。

大型建筑智能运维平台设计与关键技术研究

马国丰　尚珊珊　丁　玥　马骏祎　丁皓然　吴志江

摘　要：随着云计算、物联网和大数据技术的发展,给建筑业的理念创新和思路重构带来了新的冲击,由此也引发了对于建筑智能运维的新思考。同时,针对大型建筑如何利用好产生的异构化数据和多样化的信息技术促进后期运维的智能化成为重要的研究议题,并以此建构相应的智能运维平台保障大型建筑(譬如机场、商业中心等)的科学运转。[1][2] 然而,在亟待建立一套完整的大型建筑智能运维平台过程中,因理念缺少和技术限制造成平台建设存在较大障碍,相应的管理思路和平台架构均需要深入思考,从而延缓了大型建筑智能运维平台的建设步伐。显然,基于信息技术,创造新的管理理念,并以此建构大型建筑智能运维平台成为重要的研究热点。

本文结合云平台和大数据技术的发展情况,进行了大型建筑智能运维平台的设计和关键技术研究,从平台的运行机理、功能布局、系统构成、关键技术和可视化等角度进行阐述,解释了大数据的一些基本概念,对大数据的数据源进行了分析和归纳,然后

马国丰,上海同济大学经济与管理学院教授,上海市固定资产投资建设研究会副理事长。
尚珊珊,上海外国语学院国际工商管理学院。
丁　玥、马骏祎、丁皓然、吴志江,同济大学经济与管理学院。
[1] 马国丰,宋雪.基于BIM的办公建筑智能化运维管理设计研究[J].科技管理研究,2019,39(24):170-178.
[2] 王红卫,钟波涛,李永奎等.大型复杂工程智能建造与运维的管理理论和方法[J].管理科学,2022,35(1):55-59.

展示了大数据的基本的数据处理流程,最后总结了在数据处理流程中使用的若干关键技术,对信息采集、数据存储、数据处理等方面进行了分析,给出大型建筑智能运维平台的解决方案。

一、建筑智能运维平台的研究现状

1. 建筑智能运维平台的理念随着物联网、云平台和大数据技术的不断进步,建筑的智能化、人性化、多元化已经成为行业未来发展趋势。当前虽然自动化管理工具普及,但是普遍是人工使用这些管理工具,存在较大不确定性和失误风险。大型建筑的智能运维管理需要秉承模块化原则,建立明细精细的专业划分和系统划分。[①] 大型建筑的系统众多,应用系统业务多变,因而在设计运维平台的过程中可拓展性原则十分关键:系统平台需要考虑系统日后拓展和移植的需要;选用的技术构架需要有开放性,并能在统一平台上集成。

2. 建筑智能运维平台的关键性技术随着物联网和传感器技术的发展,在建筑的安全管控领域,国外研究将计算机技术应用到安防系统中,使用Mean-Shift聚类算法(MSCA)建立入侵检测系统,[②]将模拟信号和数字信号转换有效结合建立视频监控系统,安防系统的研究向模块化和实施便捷方面发展。相比传统的建筑安防系统,智能化安防系统对于突发事故的预警和处理将更加便捷。

建筑舒适智能化主要包括照明、空调和声音三个方面。在照明控制方面,从照明环境出发,Shen等人提出了一种能够通过在各照明环境进行需求分析的个性化智能照明控制系统,系统可以自动评估并管控照明环境。[③] 从用户角度出发,Jia等人提出根据用户的皮肤温度舒适范围,调整热环境的方法。[④] 在智能空调方面,李真等使用温度传感器和热释电传感器测量温度信息,通过主机和终端信息交换,红外遥控空调调整温度。[⑤]

[①] 马国丰,江山.基于数据模型的模块化建筑构件进度-成本协同管理研究[J].科技管理研究,2019,39(21):178-184.

[②] 张探探,樊亚莉,钟先乐.基于均值漂移模型的异常值检测方法[J].上海理工大学学报,2018,40(2):116-120.

[③] Shen D,Ning C,Wang Y,et al. 2022. Smart lighting control system based on fusion of monocular depth estimation and multi-object detection[J]. *Energy and Buildings*,277:112485.

[④] Jia M,Choi J-H,Liu H,et al. 2022. Development of facial-skin temperature driven thermal comfort and sensation modeling for a futuristic application[J]. *Building and Environment*,207:108479.

[⑤] 李真,彭辉丽,孙伟华等.实验室智能空调管理系统的设计[J].实验室研究与探索,2018,37(2):280-284+288.

建筑智能化管理系统中,将建筑系统细分成众多子系统,由中央控制系统对细分子系统进行控制,这种精细化管理方法虽然提高了智能化管理质量,但是也对建筑信息集成技术提出了极高的要求。在大型建筑集成化管理方面,文桥等利用GIS技术将大型公共建筑存档图纸转化为地图数据,将大型公共建筑属性数据通过归纳总结赋予唯一标识符,基于属性数据标准库建立B/S架构运维管理平台,系统设计走向模块化和构件化。[①] 段鹏(2014)研究了系统集成技术,分析了系统集成的各种集成方式,最后基于Web服务技术建立了智能楼宇系统集成模型,实现了各个系统间的有机结合,提供了多种建筑系统集成方法。[②] 系统集成度的高低一定程度上反映了建筑智能化水平的高低。

综上所述,过往的研究主要集中于建筑智能运维的技术分析,专注从基础技术的视角分析建筑智能运维的可行性。然而,目前研究存在两个主要缺陷,其一是关于大型建筑智能运维的研究不足,而大型建筑特点往往具备智能运维的重要应用潜力;其二是研究专注于智能运维技术研究,缺乏将技术融合管理思想,尤其是在管理理念指导下,形成一套完整的技术融合平台,使得大型建筑的智能运维平台能够切实设计完成。显然,针对现有的研究问题,给予本文设计大型建筑智能运维平台提供引导,并辅助以关键技术的分析以指导实践。

二、大型建筑智能运维平台的架构设计

(一)大型建筑智能运维平台的运行机理分析

数据访问层执行从数据库获取数据和向数据库发送数据的功能。大型建筑智能运维平台的数据库资源包括模型数据库、文档数据库、属性数据库、项目数据库、用户数据库和其他数据库。多类型的数据库构成一个集成的数据仓库,本层同时负责多源异构数据的交互处理。数据访问层从业务应用层接收命令,数据处理完成后再将数据库查询结果反馈给业务应用层。

业务应用层的业务对象涵盖大型建筑全生命周期的成本管理、进度管理、安全管理、文件管理、任务管理、人员管理和权限管理等内容。该层从web表现层接受命令,从数据访问层获取数据或将数据发送到数据访问层,最后将处理结果反馈回web表现层。

---

① 文桥,张建平,向雪松等.基于GIS的大型公共建筑轻量级运维管理平台研究与应用[J].图学学报,2019,40(4):751—760.
② 段鹏.智能楼宇系统集成模型研究[D].天津大学,2015.

Web表现层是指在应用程序中实现的客户端。根据使用的C/S架构、B/S架构或SOA架构,Web表现层的客户端可以是Web客户端、Windows客户端、移动客户端或定制客户端;用户界面包括接收的数据报表、通信接口管理、运维管理等内容;涉及用户包括业主单位、设计单位和施工单位在内的各种有大型建筑智能运维需求的单位。用户使用应用程序管理Web页面呈现的内容,向业务应用层发送指令,从业务应用层接收处理后的数据。

(二)大型建筑智能运维平台的功能分析

1.信息集成和交互功能大型建筑涵盖了设计、制造、施工和运维等全生命周期信息,集成了建筑、结构、机电、装修、运维等各专业数据,涉及业主、咨询、设计、施工和运营等众多参与方,所以需要通过集成信息功能统筹管理。信息集成与交互是平台的核心功能,通过信息交互技术实现各专业模型的系统集成;通过模型的无损交互,实现各阶段和各专业的协同工作。

2.大数据处理功能大型建筑的智能运维平台在全生命周期会产生海量大数据,大到整栋建筑物的照明系统、报警系统,小到某一个消防栓、一盏电灯,都涉及数据存储、数据集成、数据处理,以至根据大数据做出的预测和决策。大数据处理功能对大型建筑整体的收益巨大,同时工作量和资源需求量巨大。通过搭建云平台,对建筑大数据以数据库形式归档保存,并完成数据挖掘、异构数据交互处理、报表分析等功能。通过机器学习,训练出适用于当前项目的计算模型,可以简化大数据处理过程。

3.三维可视化功能大型由于其建筑复杂性,非常依赖建筑三维可视化功能来直观获取信息。可以使用Revit建立BIM软件建立BIM模型并输入构建属性,并通过API接口实现BIM模型与数据库的实时无缝对接。各大BIM软件还提3D漫游、模拟动画、碰撞检查、场布等三维可视化功能。

(三)大型建筑智能运维平台的系统构成

大型建筑智能运维平台的系统构成可以从安全、便捷和舒适三个维度分解,全部子系统汇总到中央控制系统集成,中央控制系统调控各个系统的日常任务和各系统之间的协作任务。同时,为了支持大型建筑内庞大数据流的计算分析,解决系统间异构数据不互通的问题,平台需要强大的硬件基础支持,平台基础和系统构成框架如下。

1.安全智能化系统构成

大型建筑智能运维在安全智能化方面主要包括门禁系统、防盗报警系统、供电监

测系统和智能能防火系统,每个系统又由多个子系统构成。为了保障用户安全,大型建筑通常设置门禁系统和防盗报警系统。为了避免防盗报警系统误报,通常会设置多个热释电红外传感器,并分布在门窗和房间各处。只有当多个传感器同时达到报警条件时,才会判断为外来入侵,触发报警系统。

智能防火系统主要由火灾探测系统、智能报警与协同控制系统、树状控制系统组成。首先,火灾探测系统探测火苗出发自动报警系统。然后,自动报警系统通过总线建立数据,与中央控制系统互通信息。此时,消防员从监控系统获得信息并迅速制定灭火方案。同时,火灾探测系统将搜集到的火灾信息传递到智能运维平台的中央控制系统,中央控制系统对室内消火栓系统、自动气体灭火系统、正压送风防烟系统、火灾应急广播系统以及电梯控制系统进行消防树状控制,全方位控制火情。智能防火系统下信息的高效传输为救火工作赢得了宝贵的时间,也为消防人员提供了便捷。

2. 便捷智能化系统构成

大型建筑智能运维在便捷智能化方面主要包括物业集成管理系统、办公自动化系统、设施监控系统和可视化空间的"符号系统"。物业集成管理系统一方面对建筑内设施设备进行实时监控,保障设施性能处于最佳状态,另一方面对各空间的使用情况进行监控,合理调控各建筑空间的使用,提高空间使用效率。设施监控系统属于物业集成管理系统的一部分,其特点在于读取记录设施全生命周期的生产、维修记录,分析其安全性,从而评估整栋建筑的稳定性,为使用者提供生命安全保障。针对大型建筑的大空间和复杂建筑结构,可以在 GIS 中运用符号化处理将不同空间的分割,以实现空间的视觉区分,并可以实现多空间之间的资源调配等功能。

3. 舒适智能化系统构成

大型建筑智能运维在舒适智能化方面主要包括 CPN 智能照明系统、智能空调系统、声音控制系统和环境舒适性控制系统。CPN 智能照明系统硬件包括无线通信模块、传感器模块、电源模块、主控制器模块、LED 模块和智能开关。系统首先获得一定参数(天气、灯具高度)下建筑内部的光照度,确定使用者的分布状态,然后确定适宜的智能照明策略,最后控制开关调节灯光亮度。智能空调系统基于模糊神经网络的空气质量评价模型,通过空气智能感知系统对建筑楼宇群的空气质量进行评价,并基于评价调整冷热阈值,对空间温度进行控制,在有害气体量值达一定标注时置换空气。声音控制系统根据建筑声音环境的评价要素和智能控制需求,建立建筑智能声音环境的模糊综合评价体系。当监测到外界噪声,使用自适应的 BP 神经网络声音控制器,控制室内声音维持在人体舒适度范围内。

三、大型建筑智能运维的关键技术研究

该部分内容的主要目的在于面向云平台和大数据技术针对运维阶段进行智能化管理提供信息平台,对大型建筑运维阶段进行全过程智能化跟踪、监控、预警,并实现可视化。

(一)运维平台的关键技术分析

1.信息采集与存储技术

建立统一的组织层级的云平台,支持全生命周期的信息采集,实时采集散布于不同软件系统中的项目管理和工程数据,实现目前以结构化数据为主转向结构化、半结构化、非结构化的信息采集。采用数据库的存储方式来应对大数据,通过集成关系数据库和非关系数据构建一个全新的分布式异构架构:采用多层云存储机制和基于数据查询模式的全新数据分布策略,实现荷载均衡、高性能、动态存储可持续增长的 BIM 模型数据管理。

2.信息提取与集成技术

数据挖掘(Data Mining)就是从大量的、不完全的、有噪声的、模糊的、随机的实际应用数据中,提取隐含在其中的、人们事先不知道的、但又是潜在有用的信息和知识的过程。[①] 用机器学习技术对数据对象进行分类、组合、关联、聚合,从中抽取出结构化、半结构化和非结构化数据之间的关系和数据实体,数据自动关联和聚合之后采用统一定义的结构来存储这些数据。在大型建筑信息模型与工作分解结构之间建立关联,使管理数据如成本分析、计划控制、完工率等与三维模型之间建立耦合;不同组织的多专业团队之间的数据能够相互交换。通过一个统一的大数据处理机制,在不同特性的楼宇之间架起桥梁,实现不同层次的数据集成,使数据保持一致,满足从单个建筑到楼群层级的数据管理需求和提高大数据的管理能力。

3.信息处理与分析技术

研究高效的索引技术,根据各方需求进行高效的实时数据查询,利用数据分析和数据转换技术从 BIM 模型中提取所需信息,如建筑、结构、机电、装修等专业模型信息

---

① Han J,Kamber M,Pei J. *Data Mining:Concepts and Techniques*,3rd Edition[C]. 2012:1—703.

及设计、制造、施工、管理等项目信息。同时对传统数据算法进行改进：如消除数据噪声、数据实时性和准确率取得平衡、适应云计算的可扩展性等。在计算基础设施方面，选择开源 Hadoop 计算框架搭建 BIM 大数据处理平台；在并行计算方面，研究适用于大数据处理的云编程模型，针对多源异构数据源下的大数据处理业务特点对传统的 MapReduce 编程模型进行扩展，使其能够高效处理海量大数据。

4. 多源异构数据交互技术

分布式文件系统（Distributed File System）是指文件系统管理的物理存储资源不一定直接连接在本地节点上，而是通过计算机网络与节点相连。[①] 分布式文件系统的设计基于客户机/服务器模式。传统的文件存储模式已经不能适用于大数据环境下的数据存储，由于数据规模效应，大数据的数据量已远大于本地单机的存储容量，所以需要使用分布式文件系统来存储和管理这些数据。同时，实现多用户对不同 IFC 模型的属性、简化子模型及数据交换模板的并发查询，支持基于精确的语义对象名称的查询。具有建筑、结构、设备等多个专业和设计、制造、施工、运维等全生命周期的多种 BIM 信息交换与导出功能。实现 BIM 模型几何与属性的可视化、交互式体验，将 BIM 模型发布成支持移动终端访问的体验格式，实现非专业技术人员也能参与到协同设计中，用户可在虚拟场景的 BIM 模型中漫游模型，实现虚拟世界中的可视化协同设计。基于 BIM 技术的 4D 项目管理信息系统在模块化建筑中的应用，实现对工程项目有效的可视化管理。

5. 部品数据库创建技术

针对典型模块化建筑体系，建立预制部品的分类与统一编码体系。基于各类典型部品基于 BIM 的信息模型数据特点，提出模块化建筑预制部品基于 openBIM 的信息数据存储、数据交换及数据处理标准和实用技术，形成模块化建筑建造全过程各参与方对部品全过程信息的交互和共享机制，为建筑设计、结构设计、制造和施工等参与方提供统一的信息数据共享标准，为模块化建筑部品数据库的建立提供技术支撑。开发部品数据库的服务功能和相应管理软件，建成基于 BIM 的部品数据库公共服务平台，形成面向供需链的基于 BIM 的模块化建筑预制部品商务与加工信息交互系统。

6. 数据可视化技术

基本思想是将数据库中每一个数据项作为单个图元元素表示，大量的数据集构成

---

① 杨河山,张世明,曹小朋,等.基于 Hadoop 分布式文件系统的地震勘探大数据样本采集及存储优化[J].油气地质与采收率,2022,29(1):121—127.

数据图像,同时将数据的各个属性值以多维数据的形式表示,可以从不同的维度观察数据,从而对数据进行更深入的观察和分析。通过计算机图形学算法和可视化算法将海量数据结果以静态或者动态的图形展示出来,通过交互手段抽取或者集成数据能在画面中动态显示改变的结果。通常可视化技术有基于几何技术,基于图标技术,基于图形技术,分层技术,混合技术等,在云平台下处理大数据时由于数据在不断地实时更新,所以需要通过多种技术手段来展示数据处理结果。

(二)基于云平台与大数据技术的智能决策分析

在云平台下的大数据挖掘技术中包含了数据统计,人工智能,机器学习等,传统的数据挖掘是从数据仓库中抽取的数据,然而云平台下的数据来自互联网中的实时产生的海量数据,其次,这些数据都是建立在分布式存储系统中的数据,并且数据类型多样化,云平台下的数据类型包括了结构化数据,非结构化数据,半结构化数据等,对其的操作也是多样化的,不再是简单的增加、修改、删除、查询操作,需要借助于人工智能、机器学习、神经网络等技术。

随着大数据(big data)技术的迅猛发展,对打破各建筑数据信息系统维护支持信息壁垒提供了技术手段。从资源共享及资源整合的角度出发,对运维数据信息系统和设备设施运营维护信息进行数据采集、数据存储、数据处理、数据分析统计、数据挖掘,实现维护监测智能化、维修决策自动化、维修知识可视化、设备寿命透明化、维修管理流程化,实现基于大数据的建筑信息运营维护智能平台,是目前大数据智能运维平台建设的迫切需要。

(三)大型建筑智能运维平台的可视化设计

智能运维平台不仅需要管理各种信息并实现跟踪、监控、优化等功能,同时应能够通过热度图、三维图等可视化各种跟踪结果,使用户可以清楚明晰地看到当前建筑运行的各种状态。

信息关联运维信息与设计信息相关联,点击元件设计图不仅可以看到相关设计信息,还可以看到该元件维护信息,同时点击元件维护记录,可以自动关联到元件的设计图,形成全生命周期信息一体化管理。

(四)平台设计的总体效果

1.信息集成

以大型建筑全寿命周期的信息集成为基础,将建筑、设备、构件体块与对应参数信息链合，运维信息与设计信息相关联，实现全寿命周期信息一体化管理，形成建筑运维数据库，使运维管理更加精细化。实现各参与方数据共享，打破传统运维模式中的"信息孤岛"，使各阶段无缝衔接、高度协同，数据库信息更加完善丰富，为大型建筑智能运维平台的构建和应用提供了可靠依据。

2. 运维效率

智能运维平台对建筑进行智能跟踪，便于管理人员随时掌握建筑整体与各部位部件的运行状态，一旦发生故障或被认为风险较高，将自动发出预警，缩短工作人员的反应时间。对建筑全年寿命周期的信息集成提高了数据检索的效率及准确性，智能反馈技术将对海量数据进行快速分析、匹配，择优提供解决方案，同时平台可视化更利于管理人员理解状况，提高运维的效率和质量。

3. 运维成本

在设计期预先考虑运营维护阶段的需要及未来系统更新的可能，利于后期新老系统彼此融合，充分发挥价值作用，减少不必要的支出。智能运营平台使运营管理更加直观明了，对问题部位作精确化、针对性处理，减少不必要的工作、损耗，同时降低了对管理人员专业性的要求，简化了运维管理工作。大型建筑智能运维平台前期投入较大，但相较于大型建筑的使用年限和复杂的运维管理作业，已有实践与研究表明后期收益远大于支出。

4. 风险管理

建筑参数、实时数据与历史数据的横向比较是判定建筑各部位部件是否正常运行的基础，故障信息是评估项目风险、故障预判、提供故障预案等高级服务的可靠依据。大型建筑智能运维平台使储存处理海量数据得以实现，数据积累提高了异常分析与风险识别结果的可靠性、准确性，提高风险预警的效率和可信度，使风险控制和风险管理的能力不断提升。

5. 远程管理

智能运维平台为建筑运行实况与移动终端的结合提供了条件，实现了管理人员对建筑运营情况的远程管理，实时监控整个建筑工程中各点位置构件体块的状态和设备运行状态，随时随地对问题节点进行统一通报，网上发送维护指令，指派工作人员前往相应节点进行察看维护，提高运维效率。

6. 可视化

智能运维平台通过三维图、热度图等使跟踪结果可视化，直观反映建筑各部位部件的实时运行状态，利于运维管理人员对各部位部件的空间位置、基本信息、运行参数的理解。对建筑周边的人流、车流等进行动态监控，根据实时情况进行引流，保持建筑内外交通畅通与安全。可视化三维模型、4D模拟与信息数据库相契合，实现全方位、可视化的监控管理。

7. 智能化

基于信息数据库中集成的设计、施工、生产和运维信息，智能运维平台对建筑实时运行状态进行智能跟踪、综合分析，根据实时数据对建筑进行绿色分析、空间优化配置以及智能反馈，实现建筑运维的智能优化。以云计算和大数据处理为支撑，实现智能运维的迭代升级，通过自我完善和学习发展进一步完善信息数据库与算法，形成良性循环，智能化得以持续提升。

（五）应用前景

在我国，智能运维管理的研究应用仍处于起步阶段，但大型建筑发展迅速，设计、功能、结构、设备等十分复杂，传统的二维运维管理模式已经不能满足建筑高质量、安全运行的需要。在这一背景下，基于云计算和大数据处理等技术形成的大型建筑智能运维平台有良好的应用前景。

大型建筑智能运维平台的开发与使用，实现了对建筑功能及设备运行等方面进行全方位、实时监控，物联网与移动终端的结合大大缩短了信息传递的时间，确保信息传递的实时性、可靠性、准确性，各阶段、项目各参与方彼此信息共享，提高了风险识别、风险预警与风险控制的效率、准确性，为大型建筑安全、高效运行提供保障。

建筑运维的发展趋势是实现建筑数据的自动采集与分析，实现建筑内外部环境的实时智能调节，建筑内设备运行的自动调控，改变运维对人过度依赖的现状，最终实现建筑运维智能化、科学化管理。大型建筑智能运维平台作为载体，为实现各项功能技术的集成与深度融合、发挥各自之长、优势互补提供强有力的支持。智能运维平台的不断完善与发展将是推动传统运维模式变革的核心推力。

四、结论

我国大型建筑智能运维平台的发展仍处于起步阶段，尚未形成成熟完善的体系，

但随着物联网、互联网、5G等技术的崛起,BIM、GIS等技术与建筑全寿命周期的融合日益加深,大型建筑智能运维平台将不断发展、完善,实现关键技术难题的突破,针对目标建筑的特点,在共性的基础上形成个性化的智能运维平台,满足大型建筑运维过程中繁杂多样的需求,提高运维效率与质量,有效降低建筑运维成本,推动实现大型建筑智能运维并在运维过程中发挥至关重要的作用。大型建筑智能运维平台的兴起将加速传统运维方式的变革,使大型建筑运维管理朝着智能化、信息化、可视化、移动化、专业化的方向不断发展。

浅谈上海市城建领域推进数字化转型构建城市智慧治理示范"力"

乔延军

摘　要：上海全面推进城市数字化转型是面向未来塑造城市核心竞争力、推动超大城市治理体系与治理能力现代化的重大举措。本文阐述了上海城建领域数字化发展现状，针对融合发展、资源共享、系统集成、制度支撑等方面尚存不足之处，提出了上海城建领域数字化转型的总体规划设想，以及"五个一"具体目标和重点工作任务，具体包括：建设基于空间地理数据的城市CIM底座，打造城市精细化综合管理服务平台，打造实用、管用、好用的应用场景、系统与示范项目，提升规建管协同的城市服务能力，以及完善与数字化转型相适应的政策与制度环境等。

为深入贯彻习近平总书记关于网络强国、数字中国、智慧社会战略部署，践行"人民城市人民建、人民城市为人民"重要理念，巩固提升城市能级和核心竞争力，构筑上海未来新的战略优势，2020年底上海市委、市政府《关于全面推进上海城市数字化转型的意见》（以下简称《意见》），《意见》指出，全面推进数字化转型是面向未来塑造城市核心竞争力的关键之举，是超大城市治理体系和治理能力现代化的必然要求，要坚持整体性转变、全方位赋能、革命性重塑。城建领域数字化转型按照党中央对上海的要求和定位，努力打造成为我国城市的治理样板，向世界展现"中国之治"新境界，率先构建以经济治理、社会治理、城市治理统筹推进和系统集成为特点的治理体系。

乔延军，高级工程师，上海市城乡建设和交通发展研究院建管所所长。

一、上海城建领域数字化发展现状

21世纪初以来,上海城建领域积极应用和发展数字化(信息化、智能化)技术,加强政府监管、行业服务、企业发展、服务民生工作,建设相关基础平台(系统),推进相关法规、政策、标准建设等,为数字化转型工作打下了良好的发展基础。

（一）城市治理方面

城建领域跨部门跨行业综合平台。2015年7月建成上海市城市管理综合共享交换平台,平台依托市电子政务云,运用云计算技术建立了空间地理信息云计算环境,汇集了两委六局城市规划、建设、管理、交通、水务、环保、绿化市容、测绘等行业现有基础空间地理数据,建立了集中与分布式相结合的共享数据库,形成了城市管理领域政务云的框架,向全市政府部门开放,实现了委局间跨行业、跨平台数据共享服务与应用示范。上海城市网格化管理体系已实现全市建成区全覆盖,包括一个市级数字化中心、16个区级城市网格化综合管理中心、214个街镇城市网格化综合管理中心和5 902个村居工作站,实现了市、区、街镇、村居四级城市管理全覆盖和全连通,进一步深化拓展网格化管理内容和范围,优化网格化管理标准和流程,形成了标准明确、管理规范、联动高效的城市综合管理指挥监督体系。自2018年起,按照市委、市政府关于城市运行"一网统管"和加强城市管理精细化工作的总体要求,对已经运行10多年的城市网格化管理信息系统(1.0版)进行升级优化,建设网格化系统(2.0版),着力支撑和推动城市管理精细化工作。

国土空间治理数据库。应用现代信息技术,整合不同业务模块,在此基础上共同向智能化方向迈进。一是统筹陆地海洋国土空间。二是统筹地上地下国土空间。发挥测绘地理信息工作的基础性、先行性作用,加快构建地上地下一体化测绘坐标系统和相应的基础地理信息数据库,加快施行地上地下测绘技术标准的一体化进程,为地上地下空间治理政策的统筹打下基础。

城市建设和管理信息化平台。包括上海市建设市场管理信息平台,以工程建设项目全生命周期管理为主线,企业、人员、建材管理为辅线,将建设工程管理相关的信息系统全部整合到建设市场管理信息平台,形成了政务服务对接"一网通办"、监督管理对接"一网通管"的覆盖全市工程建设行政管理业务系统,实现了项目全覆盖、管理全过程、部门全参与、服务全方位的监管目标。上海地下空间信息基础平台汇聚了本市约 12 万管公里的地下综合管线和以交通类基础设施为主的地下构筑物数据,并补充完善了地质数据,平台涵盖了地下空间数据生产、管理、维护和服务的各个方面,初步形成对上海城市重要地下设施安全运行、安全监控的信息支撑,为上海地下空间开发利用和城市地下设施安全运行提供了信息服务。上海市住房公积金综合业务服务和管理平台包括归集、提取、个贷、核算结算等核心业务系统,提升公积金运作效率、强化资金监管,形成线上线下全覆盖的服务网络,提升了为民服务的能力。建成房地产市场系统、住宅建设管理、物业监管服务、既有房屋安全检测、OA 办公、行政审批等一批核心业务系统。

各业务条线建设数字化系统。各业务条线机构根据社会治理"一张网"、城市运行"一网统管"的工作要求,开展综合信息管理平台建设,强化城市综合管理信息数据场景应用建设,通过云计算、大数据、人工智能等科技手段,全面汇聚本市城市管理领域相关数据信息并及时分析研判,发挥信息化、智能化在改进城市公共服务管理、提升治理能力水平方面的支撑作用。例如:绿化市容行业整合各条线空间数据,实现行业数据大集中,协同共享式电子政务技术框架体系逐步形成;水务监控系统建设完成取水(地表水、地下水)水量监控系统、居民住宅二次供水设施监管系统和健康档案;生态环境信息化系统,加强整合生态环境监控网络数据,初步建成了生态环境大数据管理平台,汇聚污染源、环境质量、环保政务等生态环境数据,为生态环境业务大数据分析奠定坚实基础;智慧城管建设市、区、街镇三级城管执法指挥体系,内部库、外部库、音视频库三大数据库,网上办案、网上勤务、网上督察、网上考核、诉件处置、管执联动等 N 个城管执法业务系统的"1 套体系+3 大数据库+N 个业务系统"。

(二)民生服务方面

智慧社区建设提升社区综合服务品质。2012 年初,为积极推进智慧社区的建设,本市启动了智慧社区试点示范工作,并于 2019 年 9 月组织开展了首批智慧社区建设示范点评选,推选出 11 个智慧社区建设示范点。经过近两年的示范建设,首批试点街道结合各自的管理特点,以居民需求为导向,利用各种智能技术和方式,整合现有的各类服务资源,围绕信息基础设施、社区生活服务、社区管理与公共服务、智能小区和智能家居等方面开展试点,探索出了各具特色的智慧社区应用示范,对促进管理与服务的转型升级,提升管理效率、提高服务质量起到了积极而有效的作用,让居民享受到更加安全、便利、舒适的生活环境。

智慧燃气提高供气质量和安全保障。燃气管理部门依托"一网通办"平台,推广线上和线下一口受理服务,天然气用户安装接入和用气成本降低,业务办理周期和手续大幅缩减。智能管网、智能调度、智能服务同步推进。主干管网监控率达到100%,输配管网监控率大于80%,终端智能计量覆盖率达到80%,线上业务办理率超过40%。智慧燃气系统建设包括智能终端载体、智能气网平台和智能物联网络三方面,为数字化转型的推进奠定了良好的硬件基础。

气象服务提高城市风险防控能力。气象服务业态的变化伴随着大数据、云计算、物联网、人工智能等新一代信息技术的广泛应用,气象服务赋能城市数字治理和数字减灾,构建立体化的防灾减灾第一道防线。同时,气象不断进行深化改革,建立科学高效的气象服务运行机制,打造开放融合共享的服务生态。建立了气象部门内部和各类创新资源共同参与建设的实体化气象服务技术研发创新平台。

(三)产业发展方面

加强产业发展服务。例如,为加强产业用地管理,市规划资源局牵头建设了土地全生命周期管理信息平台,从2014年开始,对新增供应的产业用地(工业、研发)纳入全生命周期管理,以土地出让合同为依据,对项目在周期内的实施状况进行全过程的动态监管。全生命周期管理对象是出让土地上的产业项目,从产业项目准入到动态监管、绩效评估、退出管理、项目到期续约进行全生命周期管理。

加强科技应用推广服务。一是积极推进BIM技术应用。上海住建系统多维度开展BIM技术研究,积极探索BIM应用区域化或企业化试点,并大力推进BIM技术在重大工程、重点区域及保障性住房中的应用,截至2019年满足规模以上项目应用BIM技术的占比达93%。覆盖房建、市政、水务、水运、交通运输等各项目类型。上海中心、国家会展中心、北横通道等重大项目通过应用BIM技术,实现了项目建设过程中的多专业协同、建设管理产业链的信息共享,提升了业主方的投资管控能力。申通、城投、申迪、申康等大型国有企事业单位在其投资或者代建的项目建设中初步实现了BIM技术应用的全覆盖。二是装配式建筑加速推进。建筑工业化产业链初具雏形。成立了上海建筑工业化产业技术创新联盟,涵盖建设、设计、施工、构件生产企业及科研单位等全产业链单位,形成了良好的产业互动平台。

企业自主转型提升。上海建工集团一方面积极参与新型数字化基础设施建设,比如大数据中心、人工智能超算中心建设等,另一方面将布局传统基础设施的数字化改造,比如市政、环保、医疗、能源、水利、交通等项目与建筑工业联网的结合。未来规划,上海建工将继续加大在关键共性技术、前沿引领技术的科研攻关力度,构建完备的绿色建筑与建造技术体系,加快推动新一代信息技术与建筑工业化技术协同融合,开发基于工业互联网的建筑工程设计、建造、运维平台,引领行业绿色化、工业化、数字化技术发展。上海隧道股份推进企业数字化转型,一是推进数字化盾构管控。数字化管控平台实现移动化管理、集中化管理和智能化管理,盾构数据100%接入,实现包括实时核心关键参数梳理,关键参数阈值报警,关键参数关联报警和风险案例模型报警等。二是推进城市运营数字化管理。针对城市设施的老化问题,在城市路网智慧运维方面,实现了路网设施技术状况评价数字化,路网运营数字化和应急保障数字化等。实践全生命周期运维,在理念和手段上都做出转变,并对施工期数据和运营期数据进行健康监测,例如沉降监测、机电监测。同时实践全生命周期评价体系和数字化考核体系等,实现了实际效益的提升。

但是,对标国内外先进城市和地区,对标人民城市建设的新要求,上海城建领域数字化工作,在融合发展、资源共享、系统集成、制度支撑等方面尚存在不足。

1.数字化发展站位不够高。信息化应用平台设计,尚缺少经济、民生和城市治理的整体性考虑,不能有效推进行业监管、民生服务和产业发展的整体性转变。原因:一是对数字化转型的意义、价值理解和认识不足,一些部门还停留在信息系统建设的认知层面,没有把数字化看成行业发展的变革性力量,还没有从全局的高度来认识和推进信息化工作,重视不到位、部署不到位、推进不到位。二是一些行业数字化建设基础依然薄弱,一些行业内部系统性整合尚未完成,一些行业业务条线涉及多个领域,每个条线的管理及服务内容差异较大,信息化处理机制及流程很难简化通用。三是一些跨部门系统间互联互通障碍多,业务流程难以贯通,"信息孤岛"现象依然存在,全过程管理体系尚难建立。

2.共享融合的技术基础比较薄弱。城建领域部门、行业内部以及部门、行业之间,缺少系统性关联,信息孤岛、系统孤岛存在较多,缺少统一的空间数字底座。目前的情况:一是城市空间数据体系有待进一步完善。随着智慧城市建设不断深入,需要建立以时空信息为基础、依托大数据、物联网、云计算、人工智能、虚拟现实等技术,实现各类数据时空可视化、融合分析、深度学习、预测预警与仿真模拟等,而传统的地图服务无法满足这些深层次需求。二是空间数据服务能力有待进一步完善。随着各行业各部门的深入应用,需要空间底座能够提供更加精细、更加全面的空间服务能力,如城市地理信息的智能化查询与分析、二维平面和三维立体的可视化呈现、基于物联网的城市虚拟与现实的集合,形成能够智能化识别和管理城市空间实体的深度应用。需要解决好"最先一公里"智能感知数据动态积累和"最后一公里"按需服务的问题,构建由汇聚、处理和管理三大数据区构成的时空信息大数据,统一各类结构化和非结构化数据的汇聚、存储、处理、融合和服务化。三是空间信息共享机制有待进一步完善。城市地理信息的共享与安全的前提是标准化和规范化,在确保国家安全的前提下,科学合理地确定测绘成果保密范围、内容和等级,推动测绘地理信息广泛应用,真正做到科学有效的管和更大限度的放。全面推进城市数字化转型,促进城市治理能力和治理体系现代化,提升国土空间数据资源交换、共享、应用、管理能力,提升城市规划、建设、管控的智慧化水平,需要建立全市统一的空间地理数字底座。

3. 应用场景建设数量少应用性不强。民生需求强烈的高频急难服务场景仍然不多。建成场景服务能力有待提升。如市民供水服务场景无法满足市民及时获取用水量、水费信息等需求。燃气安全保障与优质服务等应用场景有待进一步深挖。气象服务方面,为保障上海超大城市安全运行,还需不断深挖城市运行保障场景化需求,将气象数据与城市运行保障相结合,使气象服务深入各个细分服务领域,在精准场景中发挥作用。

4. 社会和市场主体参与数字化发展的动力不足。出于技术支持、政策环境、公司治理传统、成本以及人才储备等方面的原因,社会主体参与渠道少,市场主体主动性不足。如智能建造呈现发展势头,但总体效果还有差距。因为在支撑智能建造的数字技术方面,我国市场占有率最高的BIM软件都源于国外软件商,自主研发的BIM产品在参数化设计、多专业大场景协同建模、专业化分析自动化制图等方面还有较多技术壁垒。总体上国内目前尚未形成标准的、适用于不同规模和复杂程度的工程项目及企业的供应链运作模型和管理体系。此外,智能建造的发展还存有标准不统一、技术路径不明确、自主知识产权的装备硬件缺失等挑战;装配式工业化建造的设计、制造、施工各阶段还有待融合,一体化集成和精细化管控方面的智能化水平有待提升。建筑信息模型(BIM)技术的推广应用覆盖面,仅涵盖设计、施工阶段的新建工程项目,大量城市存量建筑物、构筑物的BIM技术尚未铺开应用。同时,企业层面针对数字化业务的独立部门机构陆续成立,在技术实施层面已取得初步进展。然而,新技术未必能立竿见影带来效率提升和成本下降,甚至在部分场景中增加了企业的资金和人力投入,加大了成本负担,这直接导致了部分市场主体对数字化转型内生动力不足。

二、上海城建领域数字化转型建议

上海全面推进数字化转型,是市委、市政府贯彻落实习近平新时代中国特色社会主义思想和系列指示精神,站在新时代起点上,做出的重大决策,是上海"十四五"发展的重要抓手,具有重要的时代意义和实践价值。全面落实上海市委、上海市政府《关于全面推进上海城市数字化转型的意见》文件精神,坚持以"人民城市人民建,人民城市为人民"理念为指导,把握数字化时代带来的新趋势新机遇,以数字化思维统领城市建设和治理全周期管理,以数字化方式统筹再造城建领域工作流程,以数字化技术赋能城建领域标杆及各类场景应用,形成超大城市建设和治理新路子,营造人民城市美好生活新范式,铸就智能建造产业新高地,努力打造我国城市数字治理样板,向世界展现"中国之治"新境界。

(一)总体规划

1.聚焦数字孪生城市建设,推动城建领域经济、生活、治理整体性转变。按照城市管理和信息化发展的新形势、新要求,围绕"数字孪生城市"建设目标,开展顶层设计,推进一体化发展。把握城市"生命体征",通过全域感知,构建信息透明的城市。建立分布式构架,实现高效精准管理。

2.围绕数据要素流动、新技术应用、数字底座基础体系,推动全方位赋能。从群众需求和城市治理突出问题出发,对标一流,高水平谋划数字化转型目标任务,推进数据汇聚、管理、治理、开发利用的全面升级。

3.提升"两张网"功能,推动管理流程革命性重塑。着力提升政务服务"一网通办"、城市运行"一网统管"工作成效,重构业务、重塑管理,实现线上共享,线下协同的治理体系。

4.优化工作推进机制,形成政府、社会和市场合力。发挥政府宏观指导和制度支撑作用,发挥市场高效配置资源的优势,发掘社会市民自治共治的动力和智慧,以数字化转型推动社会治理变革,实现产业转型升级。

(二)"五个一"具体目标

围绕总体规划,立足城市治理、民生服务、经济发展的融合,提出城建领域全面推

进数字化转型的"五个一"具体目标：

1.建设一个城建领域统一的城市CIM底座,推动数据共建共享。着眼数字孪生城市建设,按照"统筹规划、共建共享"的原则,建立分布式架构,打造"物联、数联、智联"的城市数字底座。以数字包容行动切实提升多元主体数字化技术获得感、满意感。以数字均等化助力优质公共服务向基层延伸扩展,弥补信息资源"下流"不畅短板。

2.建设一个城市精细化综合管理服务平台,切实提升管理服务效能。基于城建领域统一的城市CIM底座,紧密衔接市"一网通办""一网统管"平台,构建城建领域两张网互为表里、相辅相成、融合创新的综合性管理和服务平台。

3.建设一批实战管用的应用场景、系统与示范项目,破解城市高频急难问题。突出问题导向、需求导向、结果导向,聚焦建设管理、民生服务和产业发展高频急难问题,编制"要素字典",打造"算法仓库",形成"场景工厂",建设实用、管用、好用的应用场景、系统和示范项目,实现管理服务的精细精准。

4.形成一套全周期的城市运行机制,实现规建管协同高效。依托统一的城市CIM底座和精细化综合管理服务平台,推进各类基础设施建设和运维管理的跨行业、跨领域、跨部门协同。

5.发布一批与数字化转型相适应的政策、法规和标准,强化数字化转型制度支撑。建立适应数字化转型的政策制度、业务规则、技术标准和数据规范,构建数字化转型条件下的制度体系,体现上海法治政府和制度建设的优势和特色。

三、重点工作与任务建议

(一)建设基于空间地理数据的城市CIM底座

依托全市空间地理数据"一张图",叠加城建领域基础数据,形成城建领域数据共享畅通的基础底座。以数字底座为支撑,全面赋能城市建设和管理复杂巨系统,强化系统集成、整体提升,经济数字化形成新供给,生活数字化满足新需求,治理数字化优化新环境,推动三大领域相互协同、互为促进,整体推进城市数字化转型。

(二)打造城市精细化综合管理服务平台

紧密衔接市"一网通办""一网统管"平台,深化融合城建领域管理和服务效能,建设城市精细化综合管理服务平台,形成"两张网"互为表里、相辅相成、融合创新的治理新格局,推动管理流程革命性重塑。作为"两网融合"的基础,进一步拓展城建领域"一网通办"服务,进一步升级"一网统管"功能。

(三)打造实用、管用、好用的应用场景、系统与示范项目

着眼提升政府治理服务能力、解决民生高频急难、推动产业转型发展,抓紧建设一批实用、管用、好用的应用场景、系统以及示范项目。突出全覆盖、精准性、智能性、高效率、便捷性、人性化等特色,打造综合性强、带动面广的应用场景,形成一批可复制可推广的示范案例,为全市乃至全国数字化转型创造经验、提供样板。

1. 围绕精细化治理,形成数字治理新范式。推动城市治理数字化转型,提高现代化治理效能,打造科学化、精细化、智能化的超大城市"数治"新范式。围绕城市基础设施运维、风险防控等城市管理突出难题,建设一批跨行业、跨区域、跨部门的实战管用的应用场景,实现闭环式解决"一件事"的精细化精准化目标,形成具有城建领域特色的"场景工厂"和"算法仓"。实现智慧城市自我学习、自我发现和自我修正的能力,维护城市整体运行安全有序。

2. 围绕"乐居上海",塑造数字生活新生态。以场景建设为着力点,聚焦市民群众生活居住在小区所碰到的日常事、急难事、烦心事,构建完整的"一件事"服务场景,满足市民对美好生活的向往,打造智能便捷的数字化公共服务体系,加强政府、企业、社会等各类信息系统的业务协同、数据联动。通过数字化技术,提高居住便捷度、公共服务人性化以及环境安全感。

3. 围绕产业升级转型,打造智能建造新优势。完善城建领域经济数字化转型制度环境,激发企业转型发展的活力,培育新的数字经济业态。推动建造行业经济数字化转型,提高经济发展质量。加快推动数字产业化、产业数字化,放大数字经济的辐射带动作用,打造智能建造新高地。培育智能建造产业集群。依托上海丰富的智能建造产业资源,包括同济、交大等具有一批兼具土木工程、计算机技术、自动化控制、机械制造、工程管理等专业的双一流高校,上海电科智能集团、上海自动化仪表研究院、新松机器人(上海公司)拥有机器人国家工程研究中心等平台的企业,以及上海建工、上海隧道、上海城投等在智能建造方面有大量应用场景需求的大型企业,通过建立智能建造产业联盟等社团组织,培育上海智能建造产业集群,助推上海城建领域数字化转型发展。

(四)提升"规建管"协同的城市服务能力

进一步完善城建领域各行业、各部门和各类主体协同共治的机制,提高城市运行

全周期和一体化治理能级,实现超大城市的协同治理。体现上海法治政府体制机制和制度建设优势,树立上海城市数字治理样板意义。

1.实现城市规划管理可观可控。以数字孪生模型为底板,构建城市虚拟化数字实体,打造规划、建设和管理全过程可视化、可模拟、可分析能力,赋能城市管理、土地规划、工程建设等"规建管"应用场景,全面提升城市规划与建设管理数字化、智能化水平,实现城市规划自动修正,城市建设全程可控,城市运行精准呈现。

2.实现社区综合事务处置内外联动。推动社区物业系统与城市网格化综合管理平台联动,及时互通住宅小区各项监管要求,实现信息互联互通,如住宅小区及物业管理企业的基本情况、防冻保暖、高空抛物、消防通道占用、消防龙头水压监测、防汛防台等极端天气期间的预防准备工作和灾情处置情况、行业动态巡查及其整改情况、诚信记分情况及相关数据统计等。深入了解和掌握孤老、残疾、重大病、失业、丧劳等保障家庭情况,更主动关怀和服务好弱势群体及困难家庭,全面提升社区安全性、便捷性、智慧性、共享性和居民的获得感、幸福感。

3.强化城市安全韧性建设。建立城建领域风险防控和应急联动机制,整体提升基础设施运行维护水平。加强城市景观安全监管,加强生态环境监测,加强智慧气象保障,加强民防重点服务。

4.提高城管执法效能。以"智慧城管"为队员执法实践减负赋能,提高执法效率水平,提升城管执法活动科技含量。推动基层创新实践,着力打造智能化应用场景。重点聚焦具有鲜明行业特色的智能化应用场景试点建设,积极探索"非现场执法",开展街面违法行为自动甄别的应用试点,丰富智能化发现、研判、分析技术手段,推动城管执法由人力密集型向人机交互型转变,由经验判断性向数据分析型转变,由被动处置型向主动发现型转变。健全制度监管,守牢"智慧城管"安全底线。

(五)完善与数字化转型相适应的政策与制度环境

把制度建设与机制创新作为上海数字化转型重要的发力点之一。重构数字时代的管理规则,推动管理手段、管理模式、管理理念变革,加强相关制度建设。积极梳理法律法规与相关标准,探索完成已有制度调整、完善和创新工作。

1.形成城建领域全面推进数字化转型的实施方案。明确转型工作推进的指导思想、基本原则、主要任务以及责任主体,提出实施的时间表和路线图以及保障措施。

2.研究制订精细化治理法规标准和技术导则。进一步完善精细化管理标准体系,加强跨领域、跨部门、跨行业、跨层级的协调联动,实现"线上"和"线下"的相辅相成。完善城市建设数字"底座"基础性功能平台以及底层数据代码的共享机制,在保证数字化信息安全的前提下,方便政府、社会、企业、市民数据信息的获取。建立数据标准化体系,提高数据开放程度,通过代码开源减轻各方在系统开发资金方面的重复投入。示范引领,更加突出网格化服务功能,进一步向基层社区延伸,拓展助老、医疗、助教、应急等服务内容和功能,助力智慧社区建设。

3. 以政策创新引导企业实现基于数据的"决策革命"。以明确的政策化解复杂市场环境的不确定性,优化资源配置效率,构筑新型数字化能力和竞争优势。重点实施包容审慎、支持创新的监管制度,试点监管等创新支持机制,着力消除数字化转型过程中新技术、新业态、新模式发展的政策性门槛,为千行百业的数字化转型提供制度保障。

4. 围绕数据安全、网络安全制度建设构建大安全格局。完善安全制度,制订统一的安全标准、完善的安全等级测评制度,确保信息安全工作做到全面防御、重点防护。建立健全安全检查、安全演练制度,提升安全隐患的发现能力和安全事故应急处置能力。加强数据信息资源隐私保护能力建设,强化数据加密、脱敏、封锁的规则制定和技术应用,为数据信息资源的开放利用营造良好的安全基础。

加强极端天气风险智慧应对着力提升城市基础设施韧性
——以上海桥梁设施运维为例

孟海星　钟　颖

摘　要：近年来，全球气候变化加剧，极端天气及衍生灾害频发，给城市基础设施运行和人民生命财产安全带来巨大威胁。在此背景下，韧性城市建设理念日益受到国内外城市普遍重视。党的二十大报告与国家"十四五"规划中，明确提出"打造宜居、韧性、智慧城市"的目标。上海"十四五"规划也明确提出了"共建安全韧性城市"的目标，强调在组织层面、社会层面和技术层面形成城市风险治理的长效优势，全面提高科学化、精细化、智能化水平。

桥梁是城建领域的重要基础设施，在城市的日常运行中有着举足轻重的作用。近年来，极端天气对上海桥梁设施造成的损害，以及衍生的人员和财产损失，令人震惊。然而实际运维管理工作中，还存在监测预警智慧化程度低、决策方式落后及信息分散异构等困难不足。在此背景下，借助数字化转型契机，厘清极端天气对桥梁设施带来的风险隐患，构筑智慧化风险防控体系，并形成与之相适应的监管机制和制度安排，对提升城市桥梁设施韧性与应急能力具有重要意义。

本文聚焦极端天气对城市基础设施运行维护带来的风险隐患，分析既有技术基础和存在的困难不足，以上海桥梁维护"＋气象"技术示范为案例，提出数字赋能城市基

孟海星，博士，上海市城乡建设和交通发展研究院博士。
钟　颖，博士，上海市城乡建设和交通发展研究院建管所副所长，上海市固定资产投资建设研究会特约作者。

础设施韧性提升的对策思考。

一、极端天气对上海城市基础设施的影响

上海是典型的超大型城市,具有复杂巨系统特征,城市老旧基础设施改造和新增扩能建设规模、体量巨大,城市生命体脆弱性不容忽视。在极端天气频发背景下,城市基础设施安全风险呈现"三超"趋势——"黑天鹅"式突发风险日趋频发并屡超历史纪录,"大白象"式潜在风险集中爆发超越承载,"灰犀牛"式日常风险巨大冲击超过以往经验,加之30多年大规模快速推进城市建设,积累问题进入质量爆发期、集中报复期,安全风险亟需重视。

(一)对关键基础设施的影响

根据相关资料,研究组整理概述了常见极端天气对城市关键基础设施产生的不利影响和主要风险(如表1所示)。以城市交通系统为例,极端天气作为一种致灾因子,给交通设施的影响包括三个层面:一是极端天气发生时,直接威胁交通设施相关人员的生命安全,包括接受设施服务的公众和设施运行维护工作人员;二是对设施造成急性损害和慢性折损,增加修复和平时维护成本,降低运行效益。三是阻断城市正常的交通运行秩序,造成连带损失和不良影响。

表1 极端天气对城市关键基础设施的主要影响

基础设施系统	主要影响
城市交通系统	损害交通设施结构,影响交通出行和运营管理,影响车辆驾驶安全和舒适度
城市电力系统	引起电力负荷激增、电燃料供应受阻、电力设施损毁、断电等
城市供水系统	咸潮入侵、强降水等影响供水安全,并易引发社会恐慌
城市排水系统	强降雨影响下,易引起居民区内涝
其他设施系统	易引发危化品燃爆等重大事故

(二)对城市桥梁设施的影响

城市交通设施类型多样,包括道路、桥梁、隧道、轨道等多种设施。各类设施结构特点和环境条件不同,极端天气对各类设施的影响方式、作用时间、影响强度以及风险阈值会有所不同。以城市桥梁这一特殊城市基础设施为例:以极端天气为代表的自然灾害,是引起桥梁风险和安全事故的重要诱因之一。极端天气不仅可能直接冲击桥梁

设施,造成短时间严重的结构损伤或巨大生命财产损失,也有可能加剧设施老化和积累性损伤,在桥梁运行载荷等其他因素叠加影响下,增加桥梁设施的运行风险和管养成本,还有可能影响通过改变城市道路桥梁路面抗滑性能、车辆稳定性以及人的视程而影响城市路面交通情况,降低车辆行车安全和行车舒适性,轻则影响车辆行驶速度,进而导致交通堵塞,重时会导致交通事故甚至人员伤亡等灾害发生(如表2所示)。

表2　　　　　　　　　常见极端天气对城市桥梁设施的主要影响

天气类型	主要影响
高温	诱发路面车辙、裂缝,影响行车稳定性
大风	桥梁在风作用下会发生驰振、颤振、涡振、抖振、涡激共振以及斜拉索的风雨振;台风风力更强,影响时间更长,且一般伴随着强降雨天气,产生风雨叠加的效应,造成桥梁在发生风致振动的同时,强降雨还容易导致路面湿滑和驾驶员视线模糊,容易产生行车风险事故
降雨	洪水和漂流物对桥体的冲击作用,造成结构损坏,严重时造成桥体墩柱开裂甚至倒塌;伴随洪水的滑坡、崩塌、泥石流等地质灾害对桥梁的破坏,严重时桥梁会发生大幅错位开裂或直接被全部掩埋;易引发交通事故;易引发渗水、空腔积水等问题
积雪	改变路面抗滑性能和人的视程,容易出现交通事故
雷击	空旷地区的斜拉桥、悬索桥等桥梁主体结构较高,更易成为雷电袭击对象。造成桥梁附属的收费系统、安防系统等损坏,还会对桥面上行人构成威胁,甚至可能引起桥梁的结构损伤
雾、霾	影响路面行驶安全,易造成交通事故

二、上海城市基础设施应对极端天气的技术基础与困难

(一)技术基础

智慧气象技术为城市气象风险防范和处置提供了新途径。相关工作主要体现在体制机制、数据共享、模型构建、系统融合和预警发布等方面。例如,体制机制方面,市政府颁布了《关于本市推进智慧气象保障城市精细化管理的实施意见》,与多个部门签署战略合作协议,确保气象信息融入城市运行管理平台,建立了部门协同的预警联动机制,构建了多渠道的预警发布系统,确保预警信息高效传达和广泛覆盖。

打造了一批适用于城市重要基础设施韧性建设的典型数字化场景及应用示范。通过基础设施信息化、数字化,设施监控自动化、智能化,建立区级(片区级)基础设施数字孪生底座和一体化管理平台,实现基础设施韧性建设和管理的科学化、精细化、智

慧化,以数字化赋能市政设施建设和管理转型升级。

以桥梁方面为例,不断强化健康监测技术应用,借助智能传感监测、数据无线传输、损伤智能识别等数字化手段,建立智能管理以及健康检测系统,自动完成对桥梁工程的动态监测、健康检查等多项管理工作,并为管理决策提供了参考依据。

(二)存在困难与不足

"基础设施+气象"话语体系建设有待加强。传统的气象灾害防控系统只做到灾害天气预报,向下游工作平台提供精细化的预报产品。但气象信息与具体场景、设施运行信息的融合性、连续性、智能化程度仍有不足。

设施风险管控难点、滞后点多。设施管理存在管理对象众多、信息分散异构、时空特性复杂,决策方式落后等特点。设施维修保养计划都以"客观数据+主观经验"相结合的方式,大量的性能检测监测数据信息与实际运行工况尚未实现耦合,信息无法实时互通,存在手法落后、时间滞后、信息片面、决策靠人等滞后点。

以桥梁为例,极端天气背景下,桥梁设施韧性与应急能力提升系统性不足,缺少整体设计,没有完善的技术路线和机制支撑。具体表现为:目标性不清晰,对低频高损性、高频低损性及两者耦合性的风险类型与等级判定不明,对城市韧性的免疫力、治愈力、恢复力的侧重点不清晰。桥梁设施结构复杂、管养分散、衔接不畅,缺少整体协同机制。预警阈值指标不完善,缺乏精细化、高分辨、高时效监测与预警平台。另外,在资金配置(财)、设施管养(事)、应急保障与社会参与机制方面有待优化。

三、上海城投桥梁设施体检管家"+气象"技术示范

大量案例表明,考虑极端天气对桥梁设施的影响,以及开展定期桥梁检测工作,制定应对预案,是确保公众交通安全和预防设施事故发生的必要举措。结合历史事故、历年气象数据和桥梁设施体检数据,建立针对桥梁设施的极端灾害事件安全风险数据库,开展相关的风险评估和预警系统研究,对于有效预防因气象诱因产生连锁反应或"蝴蝶效应"式的重大事故,具有重要意义。

上海城投桥梁设施体检管家,围绕桥梁设施可持续健康运行需求,提升桥梁结构病害检测能力,建立数据清洗标准,构建桥梁设施健康状态评估体系与预测演化模型,高效开展桥梁结构损伤识别、运行状态评估和演变趋势预判及相关衍生业务。在此技术体系基础上,以"+气象"的模式,开发桥梁气象风险管理功能模块,通过构建气象数

据接口,接入精细化空间定位的气象数据,结合桥梁设施构件"病历本"建立历史追溯能力,针对不同极端天气情况下可为不同层级的桥梁设施构件提供极端天气事后深度专项体检、气象风险预警和处置方案咨询等服务,有效提升桥梁在不同工况下的长期运维能力,推动桥梁设施健康管理从被动性和事后性向主动性、预防性转变,实现桥梁运管科学化、精细化、智慧化,从而促进城市桥梁设施在极端天气频发背景下的韧性与应急能力提升。

四、数字赋能上海城市基础设施韧性提升思考

城市基础设施应对极端天气的影响,要从传统的应急管理转向更加综合的风险管理,实现从被动式的补救转向主动的预防,具体可从以下四个方面开展。

(一)构建一个面向极端天气提升基础设施韧性的总体技术框架

为增强城市基础设施气象风险管理的系统性、整体性与协同性,离不开一套系统化的顶层设计。有必要从城市风险管理和韧性提升的关键要素、流程着手,构建一个极端天气背景下提升基础设施韧性总体技术框架(如图1所示)。融合气象数据、设施运行数据、健康监测数据等,通过场景应用和大数据建模,为基础设施管养、风险管控和应急处置等决策提供智能支撑。

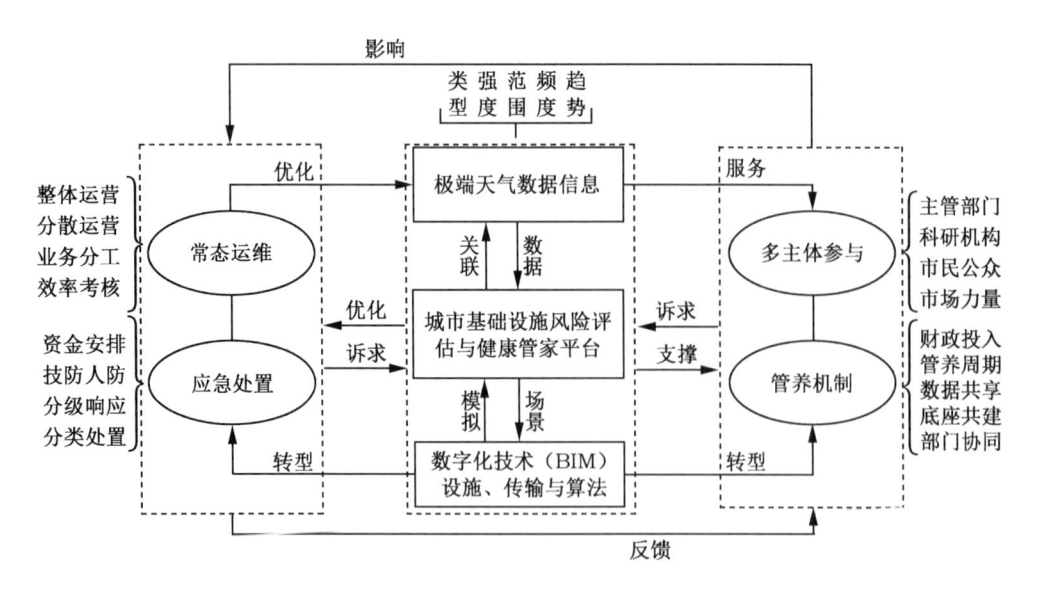

图1 城市基础设施韧性提升总体技术框架

基于该技术框架,一方面为基础设施的常态运维和风险应急处置提供决策支撑,同时接收设施运维方的诉求予以持续优化,促进基础设施运维的数字化转型;另一方面,基于该平台可整合政府、设施运维方、市民公众和社会保险等多方力量参与风险管控和应急恢复,同时可积极融入"一网统管"平台,更好实现极端天气情况下快速反应、部门协同、问题化解、安全管理、疏导管控和应急保障等工作,赋能基础设施风险管理从事中事后为重点的应急处置向事前预知预判为重点的精细化预防升级转变。

(二)开发一个"设施+气象"深度融合的气象风险管理场景

针对具体类型的基础设施运维实际,融合极端天气信息数据,共同研发基础设施气象风险管理场景,通过场景需求分析、话语体系转换、数据标准对接、影响模型构建和风险阈值设置,促进智慧气象和基础设施维养的深度融合。构建基础设施气象灾害风险数据库,利用基础地理信息数据、设施体检信息(风险隐患点信息)、交通运行信息、历史气象灾害信息等资料,完成对城市基础设施历史风险点的全面摸排,及时发布基础设施气象灾害风险分布示意图。在此基础上,构建城市基础设施气象监测和预警服务平台,实现极端天气对城市基础设施影响的实时监测和风险预警等功能,与设施运维管理部门协同,形成一套面向极端天气的短时临近分级联动响应方案和长期维养方案。

(三)编制一部"分级响应、分类处置"的极端天气应对实战手册

对易受极端天气影响的脆弱点进行风险评估,风险等级从高到低划分为重大风险、较大风险、一般风险和低风险,分别用红、橙、黄、蓝四种颜色标示。针对极端天气类型,设定事故事件发生的可能性判定准则、暴露于危险环境的频繁程度判定准则、发生事故事件偏差产生的后果严重性判定准则,并最终设定风险等级判定准则及控制措施。不断细化明确风险源、风险因素、风险等级、风险等级颜色、风险可能性,及主要预防处置措施。

以桥梁设施为例,相关措施包括:基于"检测"增加桥梁免疫力,考察结构静力、动力安全性以及耐久性;基于"避免"增加桥梁免疫力,防止个别"灰犀牛"和"黑天鹅"事件发生;基于"结构优化"增加桥梁抵抗力与治愈力,降低事故概率,将事故后果最小化;基于"监测预警"提高桥梁的免疫力与适应力,全天候监测桥梁状态,发现隐患后及时预警和处置;基于"管控"提高桥梁的免疫力、治愈力与恢复力,提高风险应对速度,降低风险影响等。

(四)优化一套多元主体共同参与的气象风险防控配套机制

社会力量是气象风险防控体系的重要补充,建议进一步构建政府和社会力量的沟通平台,采用购买服务、组织志愿者队伍等方式,充分利用社会组织的优势,提供专业的防灾避险技能培训、应急救援和灾后恢复服务。其中,保险是转移灾害风险的重要手段,建议在部分地区试点推行气象灾害保险,为市民的人身安全和财产安全提供更好的保障。城市桥梁设施主管部门应树立"保险的营运价值不仅是承保理赔,而是风险防控"的理念,指导保险公司从风险管理的角度配合政府部门参与行业风险防控工作。将社会资源引入城市桥梁设施行业风险控制中,运用保险机制,形成第三方风险管理机制,解放政府资源,实现政府从"权重威严"的刚性管理到"有效服务"的柔性管理转变,依靠第三方监管分担政府安全生产管理职能。

城市数字化转型对基建项目投融资改革的影响

刘瀚斌

摘　要：基础设施投资是支撑社会经济发展的重要抓手,如何在数字化治理中提高基础设施的投资效率和项目效益是值得研究问题。本文从传统基础设施投融资体制改革现状及问题、城市数字化转型特点及对基础设施投融资的影响、新形势下基础设施投融资机制的新理念和新措施三个方面进行了分析思考。

引言

随着城市功能的提升和民生需求的多元化,城市建设一直处于高速发展的阶段,布局了许多提升城市功能的基础设施,城市数字化转型对基建投融资改革的理论意义日益凸显。基础设施领域投资具有政府直接可控、政策传导畅通、短期直接提升经济的优势。同时,基建投资通过需求拉动的乘数效应能够快速影响经济增长,因此,许多城市都将基础设施投资作为支撑社会经济发展的重要抓手。作为稳增长的重要手段,自2000年以来基建投资相继经历了基建发力、投资增速和快速拉升三个阶段,有效形成了一批重大项目,据统计,近三年全国基建投资的复合年均增长率接近20%,基建投资对全社会固定资产投资增长的贡献达约60%。

根据定义,基础设施投资是提供所需要的基本消费服务,改善不利的外部环境的服务等基本设施建设的投资。从整个生产过程来看,基础设施为整个生产过程提供

刘瀚斌,博士,上海市发改委环境资源处,复旦大学经济环境研究中心研究员,上海市固定资产投资建设研究会特约作者。

"生产条件",它具有公用性、非独占性和不可分割性,这些特性决定了它具有"公共物品"的一般特征。另外,基础设施特别是大型基础设施,大都属于资本密集型行业,具有初始投资大、建设周期长、投资回收慢的特征,这些特点决定了大型的基础设施很难由个别企业的独立投资来完成。从经济性质看,基础设施从总体上说可以归类为混合物品,可以由政府提供,或由市场提供,也可以采取混合提供方式。基础设施的"公共物品"属性和投资量较大,决定了许多地区都探索创新了许多投融资模式,但"十四五"时期,许多地区都提出数字化治理目标,如何在数字化治理中提高基础设施的投资效率和项目效益,是值得思考的命题。

一、传统基础设施投融资体制改革现状及问题

从当前的实际案例来看,传统的基建投资主要依赖于地方政府的预算外投资,即"土地财政"的收支,这一方面为地方的社会发展提供了充足的资金,但也积累了不少隐性债务。面对"十四五"期间各地高质量发展的需求,地方投资需求预计将会依然保持强劲,为此,对存在的投融资问题需要深入总结分析。

(一)处理好基础设施建设的转型升级和投融资体制改革之间的关系

传统大量的基础设施投资主要投向交通类项目,但随着高质量发展的要求逐渐细化,与生活密切相关的民生类项目、与科技创新相关的科创类项目、与绿色发展相关的生态环保类项目等将成为基础设施的重要组成部分。

(二)处理好基础设施投融资体制与新型政府治理工具之间的关系

当前各地都紧抓城市数字化转型机遇,将互联网服务引入政府日常治理中,物联网、大数据、云计算等相继应用在不同治理场景中。传统的基础设施建设投融资机制,如何在项目识别、项目储备、项目决策、项目实施、项目监管等环节,有机融入新型的治理手段,将成为未来相当一段时期地方政府需要思考的问题,特别对于地方政府的融资平台管理,需要借助新的治理工具进行优化提升。

(三)处理好基础设施投融资体制与金融创新之间的关系

基础设施的投融资是一项复杂的系统性工程,需要地方政府、开发性金融机构、商业性银行、社会性资本等多种资源的投入,而基础设施的建设大多以社会公益为目标,兼具一定的收益性,因此基础设施建设的投融资模式就是需要将不同类型的资产回报要求和不同风险承受能力的资金进行组合。而金融创新就是为了对标的项目或产品

进行高收益低风险的设计,符合基建项目特点,基于此,将金融创新应用在基础设施建设场景中,可以提高建设效率和经济效率。

二、城市数字化转型特点及对基础设施投融资的影响

"十四五"时期,多地提出创新社会治理手段,提高政府行政效率,但城市建设范围广、关系繁、信息多,迫切需要通过信息化手段提升管理和统筹能力。多地的"十四五"规划也提出全面推动城市数字化转型,提高数字化治理水平。通过信息化手段,能够实现信息透明共享、管理精细化、辅助人工决策。为更好服务基础设施的投融资决策,需要把握数字化治理的若干特点。

(一)城市数字化治理需要对数据运用具有一定的宏观性

城市数据运用的核心是数据的使用场景要明确,要回答数据的本质是什么、数据使用方法和开放规则是什么、如何保护数据隐私和确保数据安全等核心问题。在对数据本质有深刻洞察的基础上,才能够科学制订出城市数字化转型的愿景和举措,实现数据从采集、共享、开放、流通、应用等全流程管理,形成全社会推进数字化转型的强大合力。

(二)城市数字化治理应构建扎实的数据基础

数字底座是数字城市的桩基,是所有城市数字化应用的基础支撑。在基建投资领域,所要构建的数字底座应包括三个层面:一是投资形成的基建项目对城市运行产生什么样的影响,包括地理空间、生态环境、建筑结构、物品标识、人员活动、车辆状态、安全监测、能源状态、设施设备运行等数据,形成实时映射的城市信息的物联感知体系。二是构建各类基建项目的关联性,通过部署采集城市数据的各类感知终端,全面实现城市数据的 AIoT(人工智能物联网)化。三是制定基建领域较为统一的数据规则,包括数据标准、接口规范、调用规则,实现跨部门、跨行业的系统平台多源异构数据的对接。如 2023 年 7 月 15 日,《中共中央国务院关于支持浦东新区高水平改革开放打造社会主义现代化建设引领区的意见》对外发布,浦东迅速制定《实施方案》,将经济治理、社会治理、城市治理三大智能治理平台有效整合,57 个智能应用场景投入运行。目标就是构建"技术+载体+平台+资本+场景"的数字化转型生态,这将对基建项目的可行性、资金来源、项目的技术经济性提出了更高的要求。

(三)善于运用城市数字化治理工具创新治理产品和服务

城市数字化转型,会在不同场景中有意识的构建数字创新生态体系,激发全社会

数字创新活力,例如数字孪生、智能物联、车路协同等城市数字化热点领域,以及类脑智能、量子通信等前沿技术;同时,全力推进城市数字服务创新,包括打造数字服务平台、发展各类在线新经济业态、构建数字社区、数字商圈、数字楼宇、数字物流等数字服务生态体系。

(四)高度重视数据安全

数字时代的一个值得关注的问题,就是在数据开放、透明的背景下,如何更好地保护数据隐私、确保城市治理相关数据安全。为此,围绕数据安全、网络安全,加快构建与城市数字化转型相适应的大安全格局。加强国家利益、商业秘密、个人隐私等领域的数据保护,强化数据资源全生命周期保护和分类分级保护制度。积极运用区块链等技术,强化数据追踪,防止数据篡改。对于敏感数据,要推进数据脱敏使用,建立"可用不可见"的数据使用规则。同时,加大对侵犯数据隐私、数据非法采集、非法买卖转移等的打击力度,为城市数字化转型提供有力的数据安全保障。

三、新形势下基础设施投融资机制的新理念和新措施

基于上述基建投资面临的问题和城市数字化转型的特点,优化基建领域的投融资,需要从以下几方面着手探索优化。

1. 加强顶层设计和组织协调,运用数字化手段规范和完善政府投资工程管理方式。通过信息化手段对政府投资类项目实行投资、建设、运营相分离管理,建立专业化的政府投资工程管理体系,控制政府投资工程成本,提高投资收益和工程质量。善于构建信息化管理功能平台,如将项目的融资方案进行科学比选以提高投资决策的科学性;在政府内部构建科学民主的计划编制项目决策程序与政府采购制度原理。

2. 善于通过大数据精准识别基建领域组合项目类型,基础设施营运管理改革为先导,探索政府项目的综合开发模式。投融资改革的核心是为各类资本寻找适合的收益匹配和风险承担,通过信息技术对储备库内的项目进行"收益-风险"测算,将"公益性项目+经营性项目"组合,将两类项目用地进行整合使用,运用在道路、水利、教育、医疗等公益项目中,以此吸引社会资本的兴趣,发挥社会资本管理的高效率管理盈利能力。比如,未来的基建项目在前期构思策划阶段像"网购"一样,邀请利益相关方提出项目的质量要求和工期要求,最终倒逼了基建项目建设的数字化转型。

3. 针对新型基础设施建设应采用创新的、市场化的投融资方式。传统基础设施

建设主要围绕城市工业、运输业和生产性服务业为主;在信息技术时代,数据中心、5G基站等新型服务业载体不断涌现,特别是许多企业基于互联网、物联网技术设计了不同类型的应用场景和商业模式。基于这些新变化,政府未来对于这些新型基础设施,将会整体布局规划相关配套设色,以市场化方式推进信息基础设施的建设。

4. 发挥金融创新模式在基建投融资改革中的作用。未来的基础设施建设面临不同的投资主体、不同的融资需求,资金的期限、风险、信用担保等都将可以运用创新的金融手段进行解决,特别对于政府融资平台,借助金融创新手段注入各类资产扩大融资平台的资产规模,提高资信等级;通过发行企业债券、资产证券化及收费权益转让等方式,拓宽融资渠道;通过兼并、改制重组等方式完善融资平台治理结构,提升市场化运营能力、资产质量和偿债能力,从而促进地方融资平台转型发展。

上海市交通行业数字化转型的现状与思考

蒋 舜

摘 要：数字化是当今世界经济和社会发展的大趋势，交通数字化换转型是实现交通高质量发展的重要途径。按照数字交通发展、交通强国建设、新型基础设施建设、智慧城市建设等要求，本文梳理了上海市交通行业数字化发展的现状，分析了数字化转型的趋势，对上海市交通行业数字化转型进行了思考，提出要夯实交通数字底座、提升数据赋能能级、推进综合信息服务、打造产业集聚高地、助力碳达峰碳中和以及加强信息安全保障，推动数字化全方位赋能交通行业发展。

引言

数字化正以不可逆转的趋势深刻改变人类社会，交通更是数字化转型的重要领域。2019年7月，交通运输部印发《数字交通发展规划纲要》提出，到2025年，交通运输基础设施和运载装备全要素、全周期的数字化升级迈出步伐，北斗导航、5G、交通运输大数据等应用水平大幅提升。《交通强国建设纲要》《推进综合交通运输大数据发展行动纲要（2020—2025年）》《交通运输部关于推动交通运输领域新型基础设施建设的指导意见》《国家综合立体交通网规划纲要》等文件也均提出，要推进数据资源赋能交通发展。

2020年，上海市委、市政府先后印发了《关于进一步加快智慧城市建设的若干意见》《上海市推进新型基础设施建设行动方案（2020—2022年）》等文件，进一步贯彻落

蒋 舜，硕士研究生，上海市交通发展研究中心工程师。

实新发展理念,推进数字化转型高质量发展。2021年1月,上海市正式发布《关于全面推进上海城市数字化转型的意见》,提出从"经济、生活、治理"三方面推进数字化转型,到2025年形成国际数字之都基本框架,到2035年成为具有世界影响力的国际数字之都。同年4月,交通行业率先发布《上海市交通行业数字化转型实施意见(2021—2023年)》,推进交通经济新转型、形成行业治理新模式、创新交通生活新场景,力争将交通行业打造成为本市数字化转型建设标杆。

交通行业已进入数字化转型的加速上升期,上海市作为全国改革开放排头兵、创新发展先行者,需要结合本市交通数字化发展现状,在数字化推动交通高质量发展上提出前瞻性的思考。

一、上海市交通行业数字化发展现状

"十三五"以来,依托进博会举办、公交都市和交通运输示范城市创建等契机,交通行业正成为上海城市数字化转型的重要领域,上海市交通行业的数字化水平在全国也处于领先位置。

(一)交通要素数字化程度不断提升

积极推进VHF(船用甚高频)应急通讯系统、AIS(船舶自动识别系统)通讯基站、视频监控终端等外场港航智能感知设备建设,实现视频信号对本市港口、内河骨干航道的基本覆盖。积极推进BIM(建筑信息模型)技术应用,实现市郊铁路、地铁、隧道、快速路等建设项目的数字化、可视化管理。全面推进电子不停车收费系统(ETC)应用,全面拆除高速公路省界收费站,试点推进ETC在停车领域的应用。创新提出"四全一融合"自动驾驶测试场景布局,累计开放测试道路数231条,总里程530.57公里,测试应用场景超过5 000个。积极推进智慧港口、智慧机场、智慧高速等场景建设,洋山港四期建成全球最大规模自动化集装箱码头,智能重卡准商业化示范运营,港口业务实现全程无纸化;虹桥机场T1航站楼全面推进自助安检验证和自助登机设备布设,成为国内首个全自助乘机流程航站楼;高速公路更新模拟视频设备、增补监控点位,实现每2公里1对视频覆盖,G15(嘉浏段)、G50、S32等智慧高速建设稳步推进。

(二)公众服务数字化品质全面提升

轨道交通依托手机端应用,打造"地铁+生活"的综合性服务平台,通过扫码过闸等多种方式的共享融合,逐步形成票检合一的智能售检票模式,推出线路客流拥挤度显示,便于乘客避开拥堵和发生故障的区段。地面公交探索墨水屏、"LED 灯＋小型液晶显示屏"相结合等公交电子站牌设置形式,实现本市中心城 7 个区以及浦东新区中环以内区域实时到站信息预报服务全覆盖。巡游出租汽车推出"一键叫车"服务,满足不同人群的叫车需求,中心城区已累计建设完成 200 余个具备"一键叫车"信息化功能的巡游出租汽车候客站,对标老年群体实际需求,升级"一键叫车"设备及功能,推进"一键叫车"服务进社区。建成上海市公共停车信息平台及"上海停车"应用程序,实现全市公共停车资源联网、统一支付、错峰共享、停车预约等功能,破解"停车难"难题。建成"E 卡纵横"、"港航纵横"等平台和 APP,汇聚港航信息,推进集卡进港提箱预约管理,推进集装箱相关业务集中受理、统一服务,优化资源配置,提升服务效率。

(三)行业治理数字化能级持续提升

以"一网通办、一网统管"为牛鼻子,初步建成了"综合业务平台＋大数据中心"的行业数字化底座。建成综合交通指挥平台,形成日常风险监测、突发事件应急处置中枢。建成公交、"两客一危"、网约车、共享单车、停车等智能化监管平台,实现企业监管闭环、行业考核闭环、执法监督闭环,为辅助决策、精准查处提供支撑。探索非现场执法,基于电子取证、智能识别、大数据等技术,实现超限超载、省际客运车辆站外带客、危险品非法运输等场景的应用。积极开展城市快速路出口匝道与地面道路协调联动控制技术研究,并在宛平南路出口匝道进行试点示范应用,明显提高了内环内圈宛平南路地面右转车道通行能力,缓解了出口匝道拥堵状况。

二、上海市交通行业数字化转型趋势

在"新发展阶段、新发展理念、新发展格局"的背景下,交通不再仅是海空铁公水几个垂直领域独立的客、货运输,而是便捷顺畅、经济高效、绿色集约、智能先进、安全可靠的综合立体交通,数字化则是实现融合的核心。

(一)数字化的转型场景将全面推进

2021 年,市委、市政府大力推进数字化转型工作,交通行业作为本市数字化转型的重要组成,发布了本市第一个行业数字化转型实施意见,聚焦基础设施发展、监管模式重塑、运输服务提升,提出 20 项主要任务和 60 个重点项目,以重点场景建设为牵引,创新数字交通发展生态,构建数字交通新框架,培育数字交通新格局。

(二)新基建的研究应用将全面布局

近年来,以 5G、人工智能、自动驾驶等新技术为核心的新型基础设施建设如火如茶。2020年3月,中共中央政治局常务委员会召开会议提出加快新型基础设施建设进度,我国新基建发展进入快车道,其中交通行业是新基建落地的重要场景。未来,先进技术将深度赋能交通基础设施,推动传统基础设施数字转型、智能升级,促进传统与新型基础设施融合发展。

(三)协同化的运行管控将全面推进

长三角区域一体化发展、政务服务"一网通办"、城市运行"一网统管"等均对设施协同管理、数据协同共享、业务协同联动等提出了新的要求,也将促进突破跨部门、跨领域、跨层级、跨区域的壁垒,形成交通协同管理新格局,助推交通运输一体化、高质量发展。

(四)大数据的科学决策将全面提升

大数据是智慧交通的核心资源,数据的互联互通、融合应用能级预示着行业发展状态。未来将通过加强信息系统整合力度,支撑行业管理和服务的模块化切分,推动数据赋能运行监测、运营管控、设施管养、运输管理等核心业务,实现数据交互无壁垒、监管环节有闭环、管理决策有依据。

(五)一体化的出行服务将全面试点

我国正步入高品质出行服务的体验经济时代,应坚持MaaS(一站式出行服务)理念,以数据衔接出行需求与服务资源,推动公交、出租等传统道路客运与网约车、定制公交、分时租赁等新业态融合发展,提供从单方式到多方式融合衔接的、安全、可靠、便捷的全链条出行服务。

三、上海市交通行业数字化转型思考

根据交通强国、长三角一体化、人民城市建设等战略要求,以及智慧城市、新基建、数字化转型等文件精神,结合上海市交通行业数字化发展现状及转型趋势,以实际需求为导向,找准多跨协同场景,推动交通数字化转型走深走实,全面构建数字治理新模式、全面打造数字生活新范式、全面激活交通产业新动能。

(一)夯实交通数字底座

目前,本市交通全网全息感知能级不够,基于大数据的交通智能中枢尚未完全建成。因此,需加快推进5G、高精定位、物联网、智能视觉、人工智能等新技术与传统基础设施融合,深化前端感知设备的布设和应用,采集海量信息,感知交通态势。加强与

交通运输部、上海市大数据中心、长三角兄弟省市之间的数据共享交换,并依托 GIS(地理信息系统)、BIM(建筑信息模型)、CIM(城市信息模型)等数字化手段,开展三维高精度建模,打造交通数字孪生系统。

(二)提升数据赋能能级

一网通办、一网统管已初见成效,但跨部门、跨行业、跨区域之间的协同闭环管理尚未实现,数据驱动的交通管控效率有待进一步提升。因此,需稳步推进交通行业一网通办、一网统管建设,通过流程再造、业务重塑,实现跨部门、跨行业、跨区域的数据共享和业务协同。以危险化学品数字化监管、道路设施数字化养护、智慧高速建设等场景为驱动,不断提升数据对行业治理的支撑能级,逐步实现由人工经验决策向智能数据决策转变、由被动管理反应向主动干预防控转变、由事后追溯向事前预警转变。

(三)推进综合信息服务

利用数字化技术实现便捷出行和高效物流仍有较大提升空间,老年人"数字鸿沟"现象较为突出。亟需打通航空、铁路、水运、道路交通等多方式出行信息,依托 APP、小程序等载体,实现出行链全过程交通信息服务的整合集成,探索 MaaS 试点应用;持续推进"智慧停车""一键叫车""统一支付"等服务,打造普惠的便捷出行场景。大力推动多式联运物流服务体系建设,利用"互联网+"模式,探索区块链等技术应用,推动多方式、多主体信息共享,提升多式联运效率,打造产业链生态圈。

(四)打造产业集聚高地

聚焦智能网联、智能制造、人工智能、清洁能源等重点领域,加强前沿技术与交通行业深度融合,推动长期制约行业发展的关键技术和装备取得突破,重视新技术研发应用平台培育,促进科技成果向现实生产力转化。推动五大新城发力,吸引高端装备产业、技术人才集聚,推进长三角一体化示范区、临港自贸区新片区创新试点示范,形成可复制、可推广的数字化转型应用场景,打造国内外数字化转型建设标杆。

(五)助力碳达峰碳中和

有数据统计表示,交通领域占全国终端碳排放的 15%,在 2030 年前碳达峰、2060 年前碳中和的目标下,交通节能减排是重中之重。要实现双碳战略目标,一方面"绿色新基建"要加速,建设和优化清洁能源终端布局,促进交通能源动力清洁化,大力发展城际高速铁路、城际轨道交通等集约化出行方式,并通过数字赋能,优化运输组织、提高运转效率、降低能源消耗;另一方面也要推进制造环节的低碳、超低碳甚至是零碳化,推进清洁能源载运工具研发,推进能源获取的低碳化。

(六)加强信息安全保障

加快新技术交通运输场景应用的安全设施建设,强化信息系统统一认证和数据传输保护。推进网络与信息安全防护技术和装备应用,强化行业数据、关键信息基础设施安全自主可控。健全信息通报、监测预警、应急处置、预案管理等工作机制,提升网络安全保障能力,推进重要信息系统密码技术应用,加强信息共享、协同联动,形成多层级的纵深防御、主动防护、综合防范体系,加强风险预警研判。

结语

在"十四五"开局之年,交通运输进入高质量发展阶段,交通数字化、网络化、智能化发展是主线,数字化转型既是机遇又是挑战。上海市交通行业的数字化转型,要落实国家战略、立足上海实际,统筹规划、需求引领,大力推进前沿技术与交通行业深度融合,推动数字化全方位赋能交通行业发展,打造交通数字化转型标杆。

区块链在能源互联网的应用和上海发展建议

施伟杰　张瀚舟　王　昊

摘　要：当今，在能源互联网的研究和应用中，区块链技术日益受到重视。本文基于能源互联网当前发展瓶颈的分析，研究提出上海能源区块链技术发展的三个阶段路线图，构建新一代智能综合能源管理和服务系统，以期项目具有经济效益，兼顾用户体验，实现经济社会的可持续发展，推动我国加速达成碳中和的目标。

引言

人类经济和社会活动离不开能源的生产和消费，保障能源安全和高质量发展是国家的长期战略，当前我国的能源领域正酝酿着一场巨大的变革。互联网＋智慧能源将目前能源科技进步和互联网技术紧密结合，将引领能源生产和消费领域的深刻革命。另一方面，高速发展的信息互联网和能源清洁化供应、分散化应用构成了能源互联网发展的基础。能源互联网的核心是将互联网、物联网等信息技术赋能传统电力系统和分布式能源系统，有效协同不同种类的能源，实现高效率的能源生产、输送和储存。

本文结合国家和上海市能源互联网发展基础和需求，借鉴美欧及发达经济体的研究和示范经验，梳理区块链技术在互联网＋智慧能源的协同管理、信任机制建立和安全性增强等方面的可行性，并在能源资产管理、能源交易、绿色认证和安全监控领域打

施伟杰，上海纳步数据科技有限公司。
张瀚舟，上海市发展改革研究院。
王　昊，上海同祺新能源技术有限公司。

造应用场景。

一、能源互联网的瓶颈

由于能源互联网需要依靠大量关键技术将众多复杂环节打通和融合，导致能源节点和节点之间的联接方式仍然处于理论研究和框架设计阶段。随着各类分布式能源站的加速扩张，能源互联网的参与主体愈来愈复杂，继而出现协同管理、信任机制、信息透明度和安全性等问题，加剧了对问题解决迫切性的要求。

（一）多能协同的管理问题

随着能源多样化发展，风能、光伏、天然气等不同能源之间的用能管理，往往涉及不同法人主体单位之间的协同，但因信息透明度不足、控制权受限导致多方在协调管理时需要花费额外时间和精力，造成运行成本高和效率低下。

（二）能源交易复杂性提高

以能源互联网为平台的综合能源服务延伸出多样化的商业模式，除了可交易传统的电力、蒸汽、热水等能源品种，还有碳指标、节能指标、排污指标等各类权益。导致交易变得复杂，提高了购销双方的交易成本和监管机构的管理成本。

（三）绿色认证方式

能源互联网中的众多可再生能源沉淀了大量绿色资产，借助绿色金融可有力支撑绿色项目的发展。可是目前绿色认证成本和收益不匹配、额外成本内化和环境效益外化的矛盾尚未解决，加上投入绿色技术项目所需资金量大、回收期长及政策不确定性大，金融机构面临的风险也较高，影响其为绿色技术项目融资的动力。

（四）安全监控

多能源的接入导致系统复杂化，需要投入更多的人力、物力以保证安全性，导致运行成本增加，最终传导至能源价格上，用户的用能成本也因此而提高。

面对以上瓶颈，作为超大型城市，上海需要以创新的思维和技术方案解决上述问题，才能继续发挥好综合能源服务领头羊的作用。

二、能源区块链的价值

区块链是一种去中心化、不可篡改、可追溯、可扩展的跨行业应用技术，其特性与能源互联网所需要的关键技术相符合。发展能源区块链将有望进一步推动能源互联

网的发展。

在区块链技术的演进过程中,区块链技术已逐渐应用在金融、政务、医疗、知识产权、司法、网络安全等领域。我国对区块链的关注正逐渐提升,特别是在2019年10月24日,习近平总书记在中共中央政治局第十八次集体学习时提出需要把区块链作为技术自主创新的重要突破口,发挥其在促进数据共享、优化业务流程、降低运营成本、提升协同效率和建设可信体系这五个方面的价值。[1]

上海市拥有众多的能源互联网项目和丰富的管理与技术资源,有条件优先研究和应用能源区块链技术作为改革能源服务的手段,通过创建新一代的智慧能源互联网去提高能源效益、降低用能成本、提高营运安全和实现多能协同。从而实现能源资源调动和使用最优化,并最大化降低碳排放而加速实现我国2060年前碳中和的目标。

三、上海能源区块链的发展框架与阶段目标

在2018年工信部发布《2018中国区块链产业白皮书》,提出区块链可成为有效结合能源行业的重要工具。[2] 考虑到区块链在能源行业和在上海市的应用特点,本文提出上海市发展能源区块链的三阶段框架(如图1所示)。

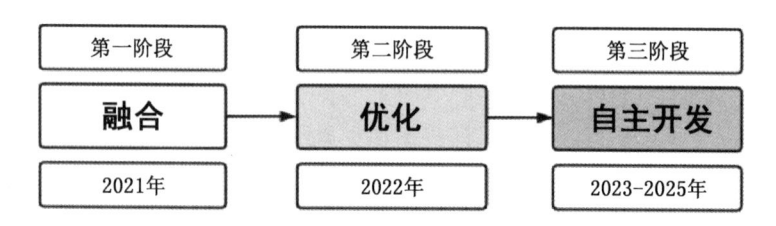

图1 能源区块链的三个发展阶段

在第一阶段的能源区块链发展以技术融合为首要目标,在2021年从小规模项目逐渐实施测试。首要利用区块链技术解决多单位协同的信任问题;而在2022年开始第二阶段,以优化为主要目标,逐渐增加项目规模,并且满足一定程度的效能升级需求;最后阶段利用三年时间以自主开发为主要目标,通过吸取第一和第二阶段的经验,

---

[1] 把区块链作为核心技术自主创新重要突破口,加快推动区块链技术和产业创新发展[EB/OL].(2020–07–15).http://www.xinhuanet.com//2019–10/25/c_1125153665.htm.
[2] 2018中国区块链产业白皮书[EB/OL].(2018–05–15).http://www.miit.gov.cn/n1146290/n1146402/n1146445/c6180238/part/6180297.pdf.

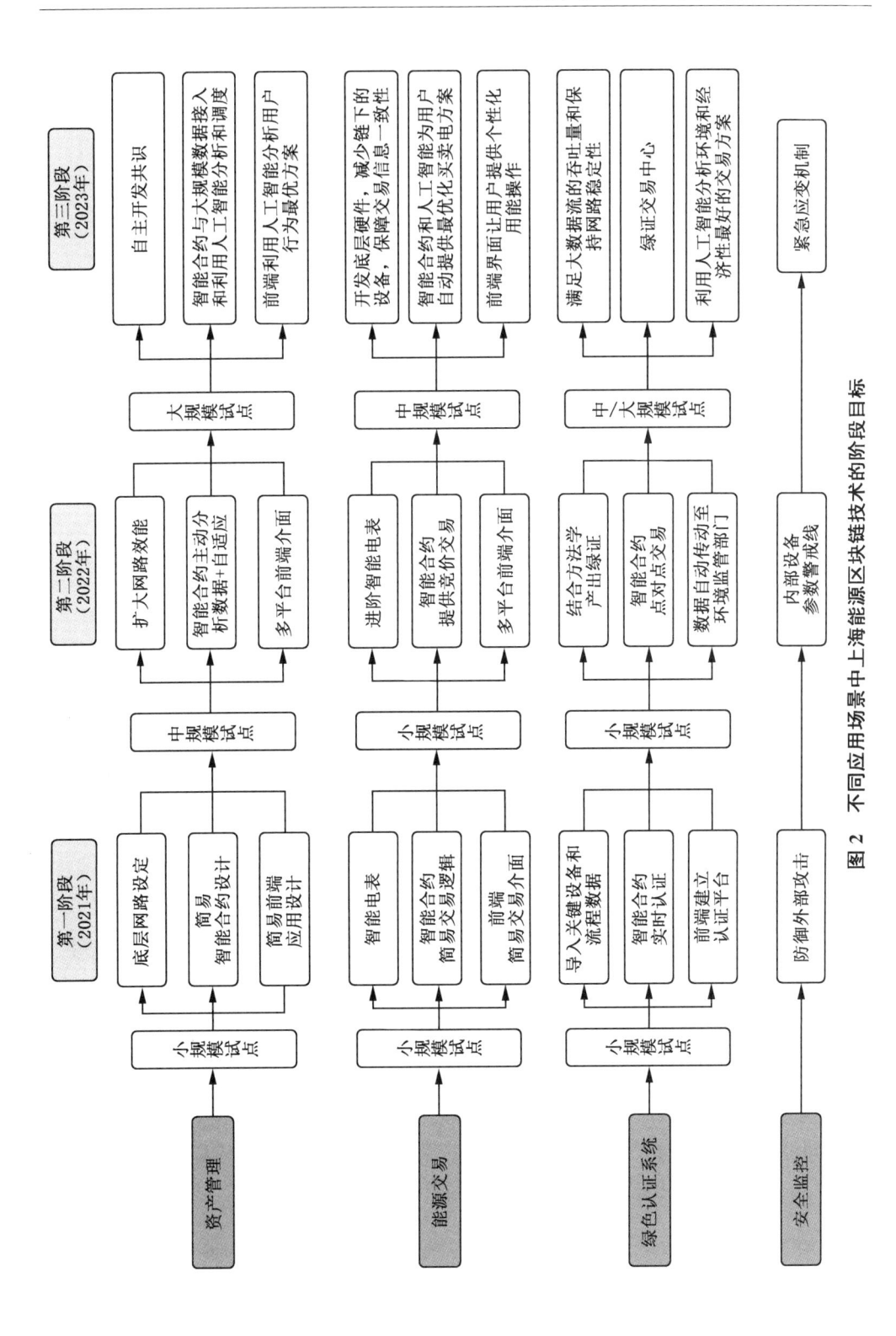

图 2 不同应用场景中上海能源区块链技术的阶段目标

开发专属于能源行业的区块链底层技术,成为能源互联网内可依赖的"自适应核心系统",可迅速部署在我国大量类似的能源网络上。图2详示了不同应用场景中各个阶段的核心技术,下文将分阶段详述能源区块链的发展目标和实现途径。

四、上海能源区块链的应用场景与实现途径

能源区块链的应用方向需要从能源行业的四大要素出发(如图3所示),即资产管理、能源交易、绿色认证和安全监控,结合上海市作为超大城市、金融中心、创新中心的特点,在初期选用现有主流的区块链技术的同时,逐步加大自主底层软件开发和配套硬件开发力度,最终实现应用场景的落地,以下按不同应用领域分别阐述具体的实现途径。

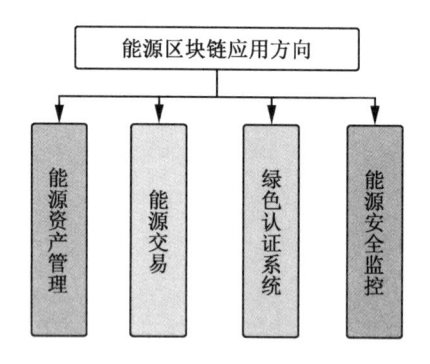

图3 能源区块链应用领域

(一)能源资产管理

传统的能源行业角色分明,只有生产者和用户,生产者负责所有供、输和配网,而用户按需求购能和使用。随着具有能源转化率高、安全可靠、安装灵活的分布式能源在上海的广泛应用,逐渐形成了新型的综合能源服务框架,这里"用户"可以是用户,也可成为生产者(如图4所示)。实际上是在特定的区域响应其他用户的需求,达成短距离的供能服务,可提高整个能源网络的效率。[1]

大量个体能源生产者的出现导致所有的资源整合变成为首要问题,而区块链的智能合约可作为管理工具之一。智能合约是一种自带信任机制的代码,由创建人预先写

---

[1] RUI Wang, HUI Tang, XU Yinliang. Distributed cooperative optimal control of energy storage systems in a microgrid [C]. Power and Energy Society General Meeting. Boston, USA: IEEE, 2016: 1—5.

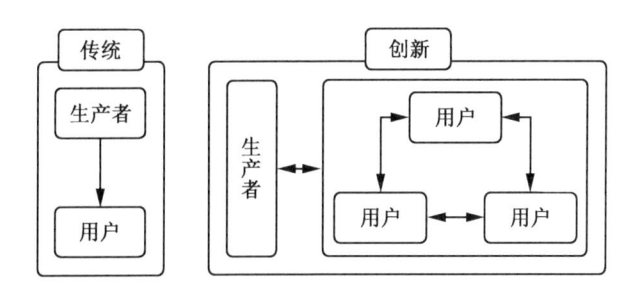

图 4 传统和新型能源服务下的角色转变

入执行流程,触发特定条件便自动执行,优势在于可排除人为干预的因素执行预先写入的流程。利用智能合约可自动化为各个单位/用户创立、确认和转移用能需求的合约,并快速进行能源的调度,实现多能源的高效接入和协同。在这个方面美国的 LO3 Energy[1]和大洋洲的 PowerLedger[2] 太阳能交易平台已进行了成功示范,他们均利用以太坊让小区用户可售卖额外的太阳能电源给其他用户,智能合约在交易确认后自动执行输电操作。

自 20 世纪末开始,上海率先打破了用户完全依赖市政集中供电的模式,开始了分布式能源技术的推广,许多项目历时近二十年至今仍在发挥着重要作用。随后,在各级政府的积极倡导下合同能源管理(EMC)模式迅速推广,但是在实现节能增效的同时也产生了许多能源资产管理的问题,导致很多项目诉诸法律。近年来,随着上海电力负荷调节重要性的显现,虚拟电厂进入了实践阶段,这将使得能源资产的管理比以往愈加复杂化,亟需引入新的管理手段和模式。

在能源区块链用于能源资产管理方面,其核心是物联网的接入、智能合约对上链数据流的分析和管理,最终按用户需求自动化分配能源资源(如图 5 所示)。作为基础设施,近年来上海开展的智慧水表、智能电表和智能气表工程,为后期能源区块链的实施创造了良好的条件。但是,为应对各类商业模式带来的挑战,升级相关智能终端,使其具备上链功能,并将更多的可调负荷、再生能源、分布式能源以及各种类型的用户接入系统,才能逐渐发挥区块链的能源资产管理价值。

---

[1] LO3Energy. The USA's first consumer energy transaction begins 'power to the people' revolution in New York [EB/OL]. (2016-04-12). https://lo3energy.com/usas-first-consumer-energy-transaction-begins-power-people-revolution-new-york/.

[2] Power Ledger White Paper[EB/OL]. (2018-08-12). https://cdn2.hubspot.net/hubfs/4519667/Documents%20/Power%20Ledger%20Whitepaper.pdf.

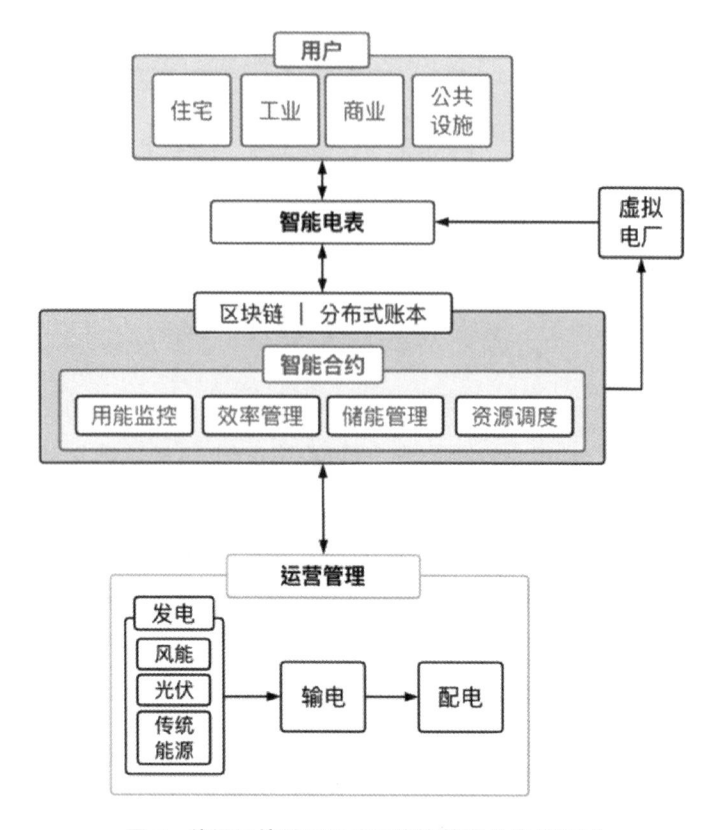

图 5 能源区块链用于能源资产管理的应用领域

(二)能源交易

2017年,国家发改委和能源局下发的《关于开展分布式发电市场化交易试点的通知》,在110kV电压等级下的分布式能源站可以获得售电资质,因此可预见新型的综合能源服务中将出现大量的售电方,生产和购电模式将复杂化,如继续沿用现时的中心化交易模式必然产生维护和监管成本高,数据缺乏透明度和数据安全等一系列问题,这需要更灵活和快捷的交易方式来支撑新的能源运营模式。

生产者可利用区块链提供的开发者工具建立售电平台,用户可按需求向就近的生产者购买电力,系统将透过智能合约进行核对合法性,通过核查后自动进行结算并执行输电的操作。整个流程将记录在所有相关方的分布式账本上,完全保持数据一致,简化交易结算,如图6所示即为依托区块链的能源交易过程。2017年,WePower采用以太坊的区块链底层技术建立一个绿色能源交易平台,2018年4月WePower在爱沙尼亚发行能源代币,正式在国家层面上推行基于区块链运行的能源互联网。①

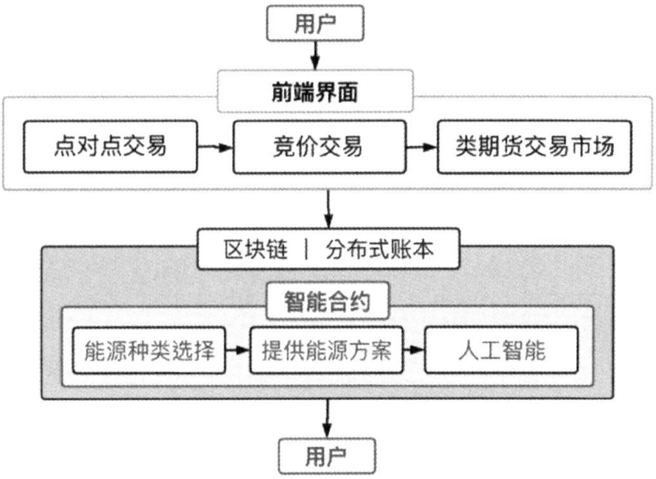

图6 能源区块链用于能源交易的应用领域

虽然上海市的增量配电设施较少,但存在大量的屋顶分布式光伏、电动汽车、分布式能源站以及参与负荷交易的商业楼宇等潜在的能源交易相关方。如果以部分具备上链的智能终端为基础,选择小型、分散的客户需求为切入点,为供需双方提供简洁的交易和结算模式,未来在人工智能等其他技术的支持下,再赋予这类广泛分散能源规范化的金融属性,最终将会形成巨量的交易规模。

(三)绿色认证系统

绿色认证是绿色能源政府监管和绿色技术市场评价的重要保障机制。如果不能正确、及时、长效地进行认证管理,绿色能源的环境效益就难以发挥,从而导致有限社会资源和政府资金的浪费。传统的绿色认证方式在实施上需要依赖强大的监管力,相关企业不仅应具备自我监测和报告的能力,同时还涉及第三方的核查能力和公正性。

低碳、环保和高质量发展是未来上海绿色认证的主要应用领域,上海正在通过碳交易、绿色金融和绿色技术转移转化等方式积极服务于国家碳达峰、碳中和的目标。在此过程中,能源区块链可以把资源调度和交易信息加密保存在分布式账本上,并可在相关物联网设施的配合下解决绿色认证的环境效益评估问题,尤其是对微量、分布

---

① WePower White Paper[EB/OL]. (2019-02-27). https://www.wepower.com/media/WhitePaper-WePower_v_2.pdf.

式的绿色效益的流通定价提供量化标准(如图 7 所示)。

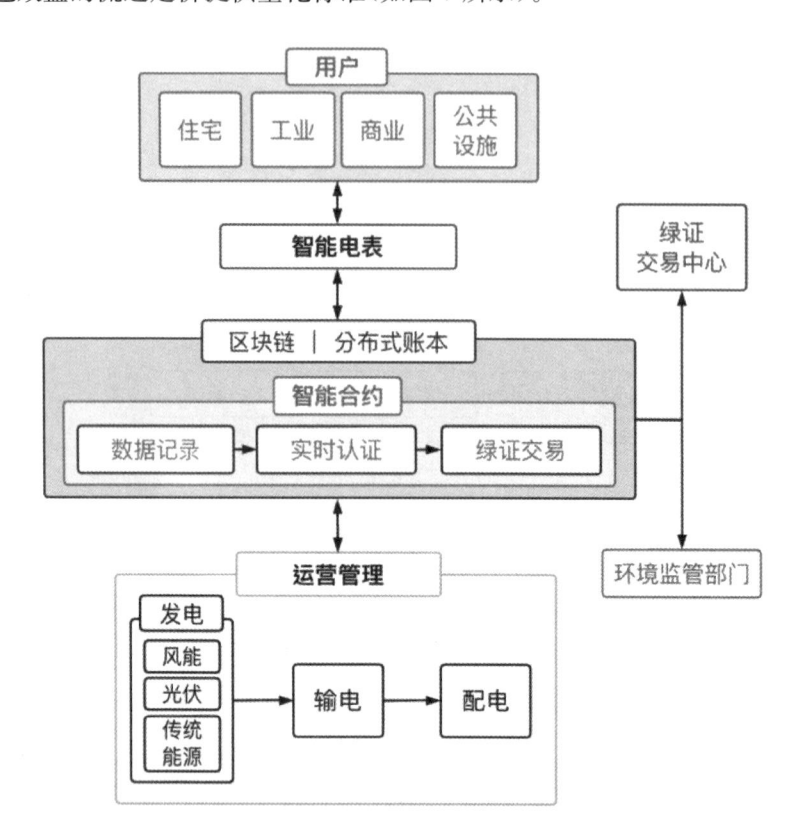

图 7 能源区块链用于绿证交易系统的应用方向

(四)能源安全监控

能源区块链除了可在经济性和环保性方面做出贡献之外,对于能源生产的安全监控也可起到重要作用。由于综合能源服务将产生大量结构多样的数据,而且来源复杂。[1] 尤其是不同的数据掌握在不同机构单位上,缺乏有效平台对所有数据进行全面的安全监控,若某一单位发生问题,有可能对整个能源网络造成严重影响,例如 2015 年乌克兰电网和 2019 年委内瑞拉的水电站曾遇网络攻击导致大规模停电。

在能源区块链用于安全监控的应用的三个阶段上,主要的核心是共识机制和智能合约的利用,如图 8 所示。由于区块链上存在一个"不可能的三角",即高性能、安全性

---

[1] 中国电机工程学会信息化专委会.中国电力大数据发展白皮书[M].北京:中国电力出版社,2013.

和去中心化并不能同时满足。[①] 所以应先对不同规模能源系统的最优共识机制进行综合测试。在确保系统对外部攻击有足够的防御措施后,向智能合约导入各种设备的运行参数及警戒阈值。在面临突发情况时,可让智能合约拥有相关权限进行内部系统的设备操作,以保障人员和财产安全。

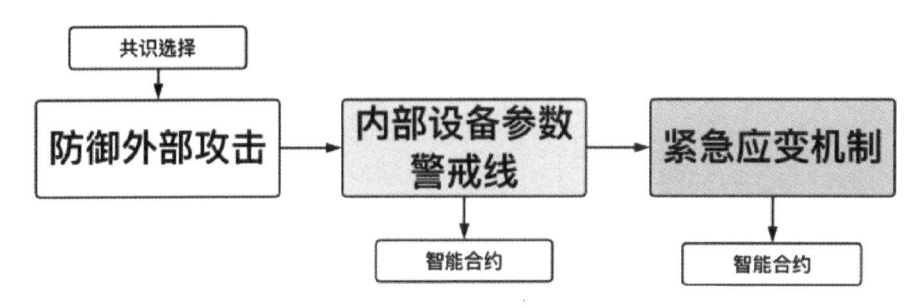

图8 能源区块链用于安全监控的应用方向

从上海城市能源供应特点、用户诉求和建设超大型城市的能源安全保障要求看,只有通过构建用户参与、多能互联互通互保的微网,建立跨越法人之间的信息交流体系,才能强化城市能源系统事故模式下的自预、自保、自愈能力。"物联网+能源区块链"可以根据不同响应要求,在判断故障发生的空间和时间,快速协同不同法人之间的控制与优化调度具有一定的优势,在能源安全监控与保障中发挥重要作用。

五、总结

本文分析了能源互联网当前所面临的瓶颈,从能源资产管理、能源交易、绿色认证和安全监控四大方面结合上海市的能源行业发展状况,提出了分阶段的应用和优化路线,总结建议如下。

1. 结合物联网技术,持续升级能源基础设施的智能终端,使其具备上链功能,为后期能源区块链的实施创造条件。

2. 重点关注能源交易与绿色认证的小微型、分散型客户需求,解决其交易和结算的痛点,赋予其金融属性,通过碳普惠助力碳达峰、碳中和。

3. 合理设定智能合约保障能源互联网的安全性,建立安全的跨越法人的信息交流体系和优化调度体系,强化大型城市能源系统事故模式下的自预、自保、自愈能力。

[①] 陈一稀.区块链技术的"不可能三角"及需要注意的问题研究[J].浙江金融,2016(2):17—20.

无论是能源互联网,还是能源区块链都是近年来出现的新兴技术,他们的成熟与成功还有赖于更多的应用场景的落地,通过大量的实践才能在用户体验、经济性和安全性等方面逐步完善。

后　记

《上海城市投资建设与高质量发展研究》一书是综合反映上海市固定资产投资建设研究会近年来开展以"上海城市基础设施投资建设与高质量发展"为主题的学术研究成果。在研究会的组织下，广大会员、专家学者和中青年作者积极参与，先后征集了一百多篇学术论文，在此基础上，为了更系统地反映高质量发展学术研究成果，又进一步定向征集了部分稿件。期望以此书的出版向社会及广大读者分享学术研究成果，也为当前深化高质量发展研究发挥一定的作用。

本书编委会由研究会部分理事和专家等组成。根据拟定的编写大纲，在历年征文中，从不同角度、不同领域，选用了与本书主题相关度较高的25篇论文，其中论文作者大部分是研究会负责人、理事、专家和特约作者，半数以上的论文是新近所撰写，相关企业集团也积极参与了撰稿。

因出版周期时间紧、组稿任务重，得到了方方面面的重视与支持。特别要感谢市社联、市住建委相关领导和部门的关心和支持；感谢上海财大出版社为此书出版所给予的悉心指导和帮助；感谢作者们的倾情参与；感谢所有关心和支持此书出版的理事、会员、专家、学者！

由于编辑时间仓促，编者水平有限，难免会有不足之处，敬请读者谅解。

编委会

2023 年 12 月